U0094160

佛教义学

基于佛教本位的学问

周贵华 ◎ 著

宗教文化出版社

图书在版编目（CIP）数据

佛教义学：基于佛教本位的学问 / 周贵华著 . -- 北京：宗教文化出版社，2022.7

ISBN 978-7-5188-1272-1

Ⅰ . ①佛… Ⅱ . ①周… Ⅲ . ①佛教－研究 Ⅳ . ① B948

中国版本图书馆 CIP 数据核字（2022）第 119279 号

佛教义学：基于佛教本位的学问

周贵华 著

出版发行：宗教文化出版社

地　　址：北京市西城区后海北沿 44 号 （100009）

电　　话：64095215（发行部）　　13621175961（编辑部）

责任编辑：王鸣明

版式设计：贺　兵

印　　刷：河北信瑞彩印刷有限公司

版本记录：880 毫米 ×1230 毫米　32 开　9.25 印张　250 千字
　　　　　　2022 年 7 月第 1 版　2022 年 7 月第 1 次印刷

书　　号：ISBN 978-7-5188-1272-1

定　　价：60.00 元

自 序

一

近年经常遇到有学友问："现今在佛教研究中屡有提及佛教义学，到底何为'佛教义学'？"这不是单纯在问"佛教义学"观念的界定，更涉及佛教义学本身的意义问题。实际上，甚至一些立志从事佛教义学的义学者，对于"佛教义学"观念，包括其性质、意义、内容、方法、规范等，缺乏清晰的认知。正是基于此问题意识，才有本书的写作。拙作以佛教义学观念为主题，试图对前述问题有所探讨与回答，其中主要讨论了佛教义学的定义，及佛教义学与其他学问尤其是佛教学术之间的分界，并在此基础上，讨论如何开展佛教义学。当然，这些内容是放在近现代文化背景中，并通过对佛教从印度到中国、从古至今的学问开展脉络的梳理，以及与佛教学术的性质、意义、内容、方法、规范等的对比展开的。

二

在中国传统学问中，有"道"与"术"的区分，如儒家与道家学问。"道"学乃中国传统学问之本，"术"学则是各种辅助之学。因此，道学作为中国传统学问的主体，体现其本质与意义，是其存在、延续的前提与基础。中国佛教作为中国传统学问之一，也有这样的区分，实际在佛教经典以及印度佛教开展中也是如此。

在佛教经论中，佛教理义的开显基于内道与外道的意义划界。其中，"内道"意为趣向解脱、趣向实相之道，指佛教自身，而"外道"意为随顺世间、随顺生死流转之道，指非佛教。在大乘佛教中，进一步将内道称为学，所谓"内明"。"明"本义是智慧、知、知识等，引申为学、学问之义，此处即指后义。如此之学，用于开显、证得真实，实现涅槃，故名为道，而称道学，即内道学。在此意义上，又成立辅助性"外明"，即世学中最具公共性的部分，包括四大部分，即因明、声明、医方明与工巧明，依次相当于现今的逻辑学、语言学、医学以及科学技术。由此，以内明为根本，方便摄受外明，而成菩萨之学，即菩萨学处，所谓"五明"。以中国传统的"道"与"术"二分观察，内明相当于"道"学，外明则相当于"术"学。

在古代印度与中国，作为"道"学的内明皆有全面、深入的开展，而作为"术"学代表的四种外明的发展却既不平衡也不充分，但到现代，四种外明作为逻辑学、语言学、医学以及科学技术的发展系统而深化，乃至建立有空前广泛的庞大学术知识体系，远非古代中国与印度可比。在现代各种学问空前分化与发达的时代背景下，以四种外明为支撑的、针对佛教而开展的学术研究，即佛教学术研究，也形成了一种庞大的学术知识体系，即佛教学术，但本于内明而开展的现代佛教义学，及其研究，即佛教义学研究，反而沉寂了下来，尚未形成完整学问体系。

从现代学问的开展即研究角度观察，佛教义学作为内明的代表，成为现代的佛教道学，而与此相对的"术"学，以基于外明的佛教学术为代表。故在道与术的划分中，佛教义学与佛教学术形成对待，且二者作为学问既然是以各自立场为出发点的研究，也构成二种相对待的开展，即佛教义学研究与佛教学术研究。由此可知，在现代佛教学问中，处理"道"学与"术"学的关系，实际就变成了处理佛教义学与佛教学术或者佛教义学研究与佛教学术研究的关系。

现今学术及其研究被广泛视为构成知识及其产生的基础，有"学术是公器"的强大共识，故佛教义学，作为与佛教学术乃至一切学术性质相异之道学，其学问之体得以建立的前提，当然是明晰的划界，在此基础上，方能与佛教学术共存而建立文化意义上的佛教学问的完整空间。同时，"道"学与"术"学相互依待，通过"道"学摄受"术"学，即以佛教义学摄受佛教学术，方是在佛教视野中佛教学问的良性生态。

三

当要对佛教义学进行一个简略的界定时，我们会说"佛教义学是基于佛教本位的学问"，即佛教义学是从佛教本位立场出发开展的学问，故得名"佛教义学"。这实际上是对佛教义学从基本性质角度的界定。如果从存在状态与归属看，也可以将佛教义学称为"佛教自己的学问"，或者，如果将佛教本身看作求道的学问，佛教义学就是此学问。因此也可以认为，佛教义学实际上就是佛教。这样的界定显得非常笼统，难以具体把握。这其中关键要明确，何为"佛教本位"？"佛教本位"是太虚大师经常用之语，现在用来给佛教义学下定义，原因在于，它能够凸显佛教义学的本质，同时又具有从各个角度、层面予以进一步解释的灵活性，故"基于佛教本位"就成为我们现在界定佛教义学的一种基本方式。"本位"相当于"本质性"，故"基于佛教本位"就意味佛教义学的本质规定性来自于佛教的自我设定。换言之，既然佛教义学实际就是佛教之为学，故通过佛教的基本性质，即可获得佛教义学的基本性质界定。

按照佛教的经论，佛教可略分为两部分：一者教法，二者证法。教法是依于言教之所安立法，而证法是依于修行实践之所证法。证法最终归摄在诸法实相，而教法却有无量建立。佛教作为教法可分为几个层次。从根本上而言，佛教的教法就是佛陀的言教。我们知道，佛陀的教法本有身、口、意三方面，但根据娑婆世界一般众生的接受性、分享性，故以言教为主，而摄佛陀教化的其他形式。这就意味着，佛教教法的根本一分，即主体，是以佛陀的金口玉言以及其他善知识在佛开许、加持下所说而构成的言教系统，即三藏所摄的经教与律教。在此意义上，佛陀所说的教法，一是法方面，一是律方面。在佛弟子中，圣弟子、贤弟子有独立著论，这些作为本佛宗经之所作，也经常是后世佛弟子修学的对象，故亦可归摄在教法中，但属于枝末的一分。

如果对教法的内容构成予以划分，可分为教、理、行、果。其中，教是作为言教的部分，理、行、果是教所开显的部分。理、行、果，又称境、行、果，是用以修道、证真、成圣而得涅槃的道次第系统。整个教法的四分，有其内在逻辑关系，即依教诠理，依理起行，依行证果，依果立教，构成一个整体。显然，佛教是依于经论教言而建立的道法，即证悟真实而成就圣果的圣道法，故在此意义上佛教义学称圣道学，如前文所述，即佛教道学。显然，圣道是本于佛陀建立的，故佛教义学作为圣道学是"本佛宗经"之学。

从前述作为圣道学的构成可知，佛教义学这种学问甚为特殊，并非一个单纯认知性学问，而是知行相应以达圣境的实践之学、修证之学。而且，即使是在认知方面，也绝不可将其视作追求知识的学问。按照现今学术对知识的界定，佛教不是知识。事实上，佛教义学作为圣道学，是为达成涅槃的学问，其最终之所趣求在超言绝相（所谓"言语道断、心行处灭"）境界，故其种种言说分别的安立皆是方便，而非止于言说分别的知识。

简言之，佛教义学作为基于佛教本位之学，是佛教道学，是涅槃之学，是本佛宗经之学。

四

佛教义学有其判定准则。将佛教义学放在佛教教法传统中去观察，要求符合佛法的法印。根据概括的角度不同，法印可有种种，其中佛陀所说的"三印"，在大小乘经论中都有所提及，可作为佛教义学的判定准则，而称"佛教义学三印"，即"入修多罗，随顺毗尼，不违法相"。[①]

"入修多罗"指应随顺、相应于佛陀所说的经教（契经，Sūtra），契合于经教的理义与意趣。其中小乘（声闻乘、独觉乘）义学所直接契应的经教是佛陀的声闻乘经，而大乘义学需契应的经教是大乘与声

---

① [印]坚意菩萨造，《入大乘论》卷上，北凉道泰译，《大正藏》第32册，第38页上。

闻乘经，但有本末二分，即以大乘经为根本，以声闻经为枝末。这其中的契应，在浅表层面是文句顺奉；在较深层面是理义贯通；在深入层面是意趣悟入。需要强调，大乘义学意在依止于经教而于佛之知见"开、示、悟、入"，故多用力在言诠表相之外。

"随顺毗尼"指应不违背佛陀所建立的律教。首先，是与根本毗尼（毗奈耶，Vinaya）不相违；其次，是在符合佛陀制律意趣的前提下，因地制宜舍去、改制枝末戒，所谓"小小戒可舍"。但在大乘中，基于菩萨戒意趣，更强调在自利利他的前提下的随宜开遮、取舍。故大、小乘义学"随顺毗尼"的方式与意趣是大为有别的。

"不违法相"指应随顺、相应、开显诸法法相。此中的"法相"，勘梵文，是法性（dharmatā），指修多罗所开显的诸法法相以及毗尼所开显的诸律律相，这些最终都归摄在诸法实性（诸法法性、诸法实相）上。在小乘义学中，一般可以表述为不违背"诸行无常、诸法无我、涅槃寂静"三法印（或者加上"有漏皆苦"，而成四法印），或者不违背诸法实性，即缘起性所摄的无常、苦、空、无我、寂静性。而在大乘佛教中，诸法实性，或说甚深空性，或说甚深真如，或说甚深如来藏，但根本而言，归摄到甚深真如，故"不违法相"意指佛教义学的一切开展需依止、随顺、相应于甚深真如。

此三印既是审量是否佛教义学的准则，也是开展佛教义学要遵守的三原则。正是通过对经教、律教以及法相的"契入"、"随顺"、"不违"，确立了佛教本位，从而奠基了佛教义学。其中，前二者显示了佛教义学基于佛陀所开展的佛教传统的传承性，后一显示了佛教义学应认知与开显的甚深、微妙、广大的真实性。由此，佛教义学作为基于佛教本位的学问，才能得以明确定位。

五

本书的雏形是笔者所作的佛教义学讲座。第一章源自于"佛教与现代性"的讲座，而其他四章源自"佛教义学系列讲座"，由改写、增扩讲座记录稿而成，正好构成一个整体。附录是笔者过去发表的一篇同名文章，与主题相契合故收入。深切感谢邹岚女士对录音稿的录写，同时深切感谢责任编辑王鸣明女士、版式设计贺兵先生不厌其烦的编辑工作，也深切感谢王志宏女士为本书出版所作的一些前期工作。

目　录 │ CONTENTS

第一章　佛教与现代性

一、引子

这章题目是"佛教与现代性"，而实际上我这里要说明的是佛教（Buddhism）与现代文化的差异，及佛教应如何来应对这样一种差异和时代的变化。纵观佛教的漫长开展历史可知，佛教已经做了很多这样的"因应工作"，但这些"因应"之举措却又不断带来新的问题，将自身不断置于时代状况和佛教进路的复杂纠葛与持续冲突中。进入现代直到如今，这种"因应"仍然处在不断探索之中。而佛教若欲面对其与时代现实的差异，并予以调适和应化，其基本出发点则在于认清这种差异的性质与内容。否则，无法针对当下所面临的种种重大问题展开系统的"因应"，现代佛教"契理契机"的开展就无从落实，佛教的未来不论在教化还是文化上仍难以有所期许。

二、"现代性"诸方面

1."现代性"

首先我们需要说明一下此处"现代性"（Modernity）的意义定位。"现代性"本是哲学意义上的说法，后又被赋予了种种涵义，而我们这里的思考更多带着一些"感性"色彩，而非逻辑化的理论建构。"现代性"这一概念可用来概括现代世界的性质特征，故其可以是一个多具客观性的描述与说明，也可以是一个充满意识形态色彩的判定与赋值，下面主要用它作为一个带有客观倾向的指称性符号，来表示我们从传统世界进入了一个新的世界，也就是现代世界。或者可以认为，在这里我们更加留意的是对"现代性"在精神层面所展现出来的普遍的本质性特征进行一些思考。

故此，我们就赋予了"现代性"这样一种"中性"观念的标记意义，而暂不表那些现代比较流行的、意识形态性质的解读，比如常常把"现代性"与各种所谓的"普世价值"联系起来，试图对"现代性"赋予一种完全积极与普遍意义的价值判断，而这在一般现代社会文化层面上是主导性的。当然，也有对"现代性"做消极价值判断的，这尤其反映在传统思想里，比如在传统宗教或者文化传统中就大多如此。其原因不难理解，毕竟"现代世界""现代性"的诞生，在相当意义上是通过对"传统"予以批判、消解甚至终结来实现的。也因此，作为重要传统宗教和文化思想的佛教，在"现代性"强势标记的世界中一直处于不容乐观的境地。这也是我们即将要阐述的问题的出发点。

依照笔者对佛教的理解，从佛教本位（Own standpoint）而言，"现代性"与现代世俗化（Secularization）联系在一起，意味着"世俗化的充分化"①。对"现代性"做出这种价值判断，是佛教的精神特征的一种表现。换言之，所谓"传统"，无论是宗教性的"神""圣"传统，还是其他一些文化思想传统，都经历了至少长达十数世纪的久远的历史传承。这种有久远传承的传统一般都以一种批判性态度面对现实世界，如此便形成了一种由神圣与世俗所构成的本质上不可通约的张力。但是现代世界的"现代性"基本上消解了佛教等传统中的神性、圣性维度。既然无此神圣性，传统宗教和文化中本由神圣与世俗构成的价值与真理意义上的二元张力即遭破坏，其二元结构便不复存在。

在此意义上，"现代性"就是一种世俗化，而且是一种充分的世

————————

① "世俗化的充分化"是笔者在说明现代全球化的文化特征所常用的观念，可见于拙著《本怀与时代》《完整佛教思想导论》等书中。

俗化。何谓"充分"？是指在古代任何一个时代，世俗化从未如此被"充分地"实现过，换言之，现代世界的世俗化发展比以往任何时代都走得彻底，可谓全对象、全方位、全层次。以中国儒家为例，一般认为儒家是一个非宗教的文化，但因儒家有圣人的理想，故其属于"圣"的传统。而这种"圣"的传统提供了一种二元张力，以显示作为一般人的大众与超越一般人的圣者之间存在着一种大众难以跨越的差异甚至鸿沟，而传统社会以此作为文化的意义依据，以及凡俗人生的价值高标、认识胜境和生存理想。但现代文化将这种差异视为了价值或者形而上学的意识形态设定，在存在性上予以了彻底解构。这种普遍的、彻底的对"神圣性"即"神性""圣性"的消解，唯在现代才全面出现，构成了空前的世俗化。这正是马克斯·韦伯所说的现代文化的"祛魅性"（Disenchantment）。所以在笔者看来，以这种"传统"为视角作观察，"现代性"意味着神圣性的失落，意味着世俗化的充分性。在现时代，这早已经成为现实。

从不同的视角来观察"现代性"，我们可以获得很多相异的看法，上述所说也仅是这些认识中的一个例子。面对这种种看法，有一点需注意，凡是作为传统，或者作为一种具有很大影响力的思想系统，它对人类都不无价值。换言之，没有一个传统能够被完全的抛弃和埋葬。即便暂时被批判甚至否定，传统也总会在不同的时间、不同的条件下，以某种方式复活。盖因它代表着人类自身的内在精神的一种价值积淀和长久传承。在此意义上就可进一步说，诸如佛教等仍具有生命力的传统，它们在现代文化中的存在，以及对"现代性"的看法，也就变得极为重要，不应遭到轻视而被忽略。

当然，在这样的思考中，我们首先应该看到，"现代性"还有其他方面的特征，甚至它代表着更具有主流价值色彩的一些立场。这也是佛教所必须面对的"现代性"在价值层面所遭遇的挑战。佛教要应对"现代性"，应对这种价值挑战，就需对自己的传统通过重新诠释、阐发，做某些调整、改变，而调适现代社会和文化，以维持自己的传承，延续自己的慧命，并据于佛教自身的价值诉求，更积极地影响乃至化导这种现代性，让"现代性"转变为一种对人类真正较为有益的生存境遇与方式。

我们今天谈佛教，拟从它的本位性来考察其与现代文化的差异问题，同时也思考，按照佛教自己的价值立场，面对这种差异，它应如何开展其"因应"工作。当然我们这里所要涉及的，只是从与我们学者身份相近的一些侧面所展开的论述。

2. 人本经验理性

要客观说明"现代性"，则需要从其特征入手。按笔者个人的理解，"现代性"实际上是我们人类精神运动的一种结果，或者在根本上，是人类理性运作的一种体现或者方式。这种理性可称为"人本经验理性"（Humanistic empirical rationality）。它涉及到三个相关联的观念：一是"人本"，二是"经验"，三是"理性"。由此可知，"人本经验理性"实际上有很复杂的义涵。

这个"人本"首先暗含着一种价值指向的转向。传统社会从来就不是真正人本的，即使像"儒家"这种所谓的"人文"传统也不能说是如此。比如按照儒家的设定，孔子是圣者，其与芸芸大众就有根本的不同，完全是在另外一个精神层面上，或者说，他作为圣者与大众作为俗人构成了"圣—凡"境界与存在的二元张力。如果以人本化来思考这个问题，那一定会抹杀了这种圣者对于社会凡俗在存在和意义上的超越性。而其他如基督教、佛教这种传统更是如此，它们提供了不同类型的超越性视角和层次，这些超越性的张力亦被深植于其各自的传统当中。如果否定了这种张力，这些传统就会随之消亡。然而，在现时代，"人本"转而成为时代的基本价值尺度，这种超越性的张力被全面消解，传统的命脉似乎注定要遭到颠覆。

所以，"人本化"作为我们这个时代（或者现代性）的一个基本价值尺度，定然已无容质疑。这样的"人本"自然具有了一些基本含义，比如是以人为中心的，或者说是人类中心主义的，甚至是唯"人间"的等等意义。下面主题是佛教，所以这里用的"人间"这个词带有一分宗教性义涵。基督教认为有现世还有天堂，佛教认为有三界及有净土，它们体现出一种更加立体的世界观。那在"现代性"意义上说"人本"，就意味着对这种"立体性"的彻底消解，而唯剩下一个平面的生存空间，也就是"人间"，或者说"人世""人世间"。这是"人本"观念所应用的事物、生命及精神的存在时空，历史、现实和未来在其中通过必然与偶然、生存与死亡的复杂纠葛而不断流逝与涌现，但永不能超越。

"现代性"所说的"人本"还指"以人为尺度"，其中人的情感、认识、体验都涵括在内，无论是宗教的、哲学的、科学的还是审美的等等都是其统摄的范畴。当我们说"人本"之时，就意味着它构成一个特定尺度，而在此尺度下，我们会看到有相应的特征与之自然地联系在一起。在此意义上，这里谈的"经验"，不是别的，正是"以人为本""以人为中心""唯人间""以人为尺度"来开展的"人的经验"，即它与前述的那种特定意义上的"人"的认识、情感和体验直接关联。由此，"人间"构成了一种特定的世俗价值平台。

我们时刻身处这种"人本经验"的观察中，从认识角度而言，"人本经验"式的观察又使我们加固了与其相应的各种思维方式。比如现在我们一听"人本经验"，即会直接关联到现代所谓的"理性"运作方式上，而这一"理性"运作方式又具有条理化、逻辑化即合理化的特征。换言之，"人本经验"诉求与逻辑、条理的认知方式（或者说信受、思考、呈现、验证、预测方式）相结合所成的理性，即是"人本经验理性"。这种理性经过科学认识方式的规范，又可称为"科学人本理性"。

但是"人本经验"并不必然与这种理性认识方式结合，"人本经验"完全也可以是唯我的、感性式（而非客观、非知性式）的，即所谓"非理性的"指向。所以，"人本经验"也可以有"非理性"一面，而体现出"非理性"的认识特征。这也就是后现代主义所谓的"非理性"。因此我们可以说，"非理性"观念实际也是从"人本经验"而来的，可称"人本经验非理性"。

简单而言，过去我们一说"人本经验主义"，就指条理化、逻辑化的认识方式，但实际上这种"看问题"的方式，并非本然的、先在的，而仅是一种文化价值的选择而已，事实上还有与其他文化价值相应的认识方式。

这样可以说，不论是理性还是非理性，都能和人本经验性相结合。我们现在所思考和反映的"现代性"，就是人本经验与这个以条理化、逻辑化的认知方式为体现的理性相结合的一面。当我们以对立的方式批判"现代性"时，就进入了一种非理性的境况，即以非条理化、非逻辑化的所谓非理性思维方式来批判、取代条理化、逻辑化的理性思维方式。这也是相当多后现代主义者的观点。在这两种相互竞争的思维模式中，只有理性和非理性两种"对立"选项，只能二选一，非此即彼。但是二者实际都根植于"人本经验"，不过，这点早已被遗忘。

其实，还有一种超越人本经验理性及非理性的认识方式，可称超越性认识方式。它既不是我们前面所说的那一种理性化，也不是后面的那一种非理性化，而是一类超越此二者的思维方式。这类思维方式在历史上的存在性是不容置疑的。如果只承认有人本经验理性和非理性这两个维度，那就不能反映历史真实。在古代传统世界，其宗教与文化思想的最高成就主要出现在超越性层面。比如，西方的基督教（虽然基督教也是从东方传过去的），和我们东方的佛教，都以一种超越性认识方式奠定了它们各自的传统。如果离开超越性认知方式，这些传统就丧失了独特性，其价值也就几乎荡然无存。当然，不同传统的"超越性"各有其不同的超越方式，比如基督教和佛教的超越方式就相异极大。也就是说，各种"超越性"认识方式的具体性质和内容大为有别，甚至是根本对立的。我们必须承认，这已成为一种常识。虽然如此，它们都超越于我们刚才所说的"平面化"的人本经验理性、非理性的范围，不能以理性或非理性去规范和评判。

前面讲到，只要是一个传统，它就是人类在很长的历史时期，在其精神与物质世界中开展出的重要成就。在此意义上，任何一种传统对于人类而言都是非常珍贵的。此外还有一种广泛默许的看法：传统实际上是人类基因里已然固有的东西，虽然后来在某种新文化的影响下，被人类有意或无意地予以遗忘，但是仍然在悄悄地起着作用，今后还可能走上前台来，展示出其巨大、持久的影响力。这就是说，任何人都没有资格理直气壮地否定任何一个民族传统、人类传统。所以，超越性的认识方式、思维方式也是人类的重要精神成果，是人类基因里已然固有的内容。无疑，超越性这一维度应是人类正当的精神诉求的一个重要层面。这一观点也得到了当今世界众多思想家的承许。

3. "客观知识"诉求

现在回到我们刚才谈的人本经验理性上。实际上，正是这种人本经验理性塑造了"现代"意义，也就是说，"现代性"的内在本质正是"人本经验理性"。同时，我们通过上面的分析也认识到，人本经验理性实际上带有某种价值选择、价值设定，但这通常不为大众所知。即使是具有一定哲学基础和思辨能力的人，最终大多也会遗忘这种"理性"必然带有的价值"设定"。结果我们看到，在现代社会文化层面，人本经验理性早被视为是理所当然、自明的，是客观如此的，而罕能承认其流行是带有价值取向的文化选择。

这种"人本经验理性"在认识领域的体现之一正是现代所谓的"知识化"或者说"客观知识化"的倾向。正如我们通过当今的种种知识渠道所了解、所学习的那样，这种"客观知识化"的倾向有众多特征。人们普遍认为，在其中，客观化是其首要特征，直接具有自然而然性、理所当然性。然而，这种客观化实际并非真正意义上的客观，它仍然是从主观里面挣扎出来的。换言之，我们可以通过学习，而按照这种方式去思维，来获得这种"客观"，从而能制造这种"客观"知识，但不能天然如此。所以，任何一种所谓的"客观知识"（Objective knowledge）都有其关联前提，在这些前提下，这些"客观知识"方显示出恰当性、正确性与重要性。这就可以看出，它并非天然就是恰当、正确或者重要的，即并非真正意义上的客观。

此外，这种客观知识化还具有一些特征，比如对象化，要求认识对象与认识主体分离，所谓能所分离，以求认识对象能够为众多认识主体所公共认知。通过一种知识化思维方式表现出的差异性也是这种"客观知识化"倾向的重要体现之一。具体地说，一旦面对某种事物，现代人习惯从不同方面去认知。与这种差别性即差异化的认知相一致，还有定量化的诉求，至少在相当多情况下，我们有着这种冲动。又如抽象化，这需要从具体里面走出来；还有普遍化，这要求超越特殊所在的层面。与这些相应的对事物做出类别乃至层面、层次的各种区分，即科层化，也体现着"人本经验理性"，体现着这种"客观知识化"倾向。

工具化也是这种客观知识化的重要特征。所谓工具化，意味把客观知识视为工具，即将这种思维方式视为一种不带价值设定的中性存在。实际上，这种思维方式有其价值设定，而内在于人本经验理性里。由于价值已经被先在地、隐密地设定，在其普遍存在与广泛应用的环境中，我们又经常忘记这一点，便习惯性将其工具化，认为这种客观知识化思维方式是一种没有价值设定的中性工具。

还有实证化。实证化意味着它要求一种经验的符合性，即要求它在经验上是真的。当然这种"真"需诉诸检验，而且这种检验不仅由自己来实施，更要求其他人在设定的条件下也能够予以验证。这种实证化显然是一种公共可验证性。

又，客观知识还有合理化的诉求，即要求具备合理性这一特征。这就是说，客观知识必要有其根据，必须要能得以说明和辩护，必须要与其他知识获得关联。任何一个不能被辩护的立场，一个无法在现在的知识里获得承认和认可的立场，绝对会被人们判定为武断的、自说自话的、不可置信的。一般而言，客观知识都需满足合理化的要求。

客观知识还有规范化方面，即要求这一知识符合一定的基本规则，且必须能够以普遍可接受的某种模式进行传递和复制。这一点并非不重要，它实际已成为现代知识系统最为自傲的特征诉求之一。

需要指出，上述客观化、对象化、差异化、定量化、抽象化、普遍化、科层化、实证化、工具化、合理化以及规范化等等特征属于略举，是根据本章的主题，又考虑现今普遍的思维方式中我们最关心的部分，而对客观知识化这一诉求所具有的无穷多差别与联系中略加归纳与整理而成的。但无论"客观知识化"具有多少特征，我们都可以说，由这些特征所刻画的所谓"客观知识"并非真正意义上不可动摇的客观事实，即使人们已经按照这一思维方式建立了无量无边这种"客观知识"。当然，这一点不是我们这里要进一步论证的，毕竟这在现代西方哲学思维中早已属于常识。

4. "客观知识"的典型代表——科学技术

"客观知识"的代表是科学技术（Science and technology）。现代知识界早已经普遍地将科学技术视为最典型的客观知识，甚至客观知识的标准。然而科学的本质为何？这实际并没有一般想象的那样明晰，但我们可以从科学的自我设定中窥见一斑。科学通过定量的方式建立事物间恒常的联系，试图成为唯一的一种能把握规律的学科，唯一的一种以系统的方式把握客观事物整体规律的学科，以及唯一的一种能够对整个世界的存在、运行进行定量说明与预测的认识方式。这种自我设定虽然指向唯科学主义，但必须承认，确实，科学在现代社会中成为了迄今为止最具公共性、最有权威的一种学问。三百多年来，科学在破除神权与迷信、启发人的良知方面，具有伟大的贡献，而且，通过技术，极大地增进了人类的健康与生存能力，乃至种种福祉。这些给人类留下了难以磨灭的深刻印象。

然而，以科学技术为主导的工业文明引发战争高死亡率、环境污染、生物灭绝等，人类又感到深深的忧伤与焦虑。从原子能技术的震撼出现，到生物技术、互联网络与人工智能的强势崛起，在技术越来越快速的进展中，伴随着欢呼的是越来越多的沉默、疑虑与反思。应该说，在第二次世界大战之后，即使是大众也逐渐意识到，从整体而言，科学技术给人类文明带来的种种实际是苦乐参半的。

但科学的重要性，随着技术不断取得不可思议的成就，得到更加强力的维护。技术是科学在具体事物当中的应用。这种应用的极大成功引发出一种价值倾向，即事物乃至世界的意义在于其实用性，而技术正是判分、掌握与操控事物的基本能力。比如自然界，在技术的视角下，变成一种纯粹物质性的存在，其价值决定于实用意义，不再是古代人心中莫测的神秘和威力，相当程度上打碎了人类传统中审美性与神圣性的期望。自然界作为技术所应用的对象，被征服、操控，通过形式塑造与程式规定，为人类奉献出服务。

西方历史上最初并非为了技术而探求科学，反而大多认为科学是有闲阶层的思维与认知，是非功利性的求真，与追求有用性、操控性的技术相区别。在此意义上，技术的发展是人类功利心的深度体现，科学倒有破除功利的色彩，只不过现代科学兴起以后便与技术不再分离，到后来在相当程度上，科学本身的发展甚至也是技术刺激的结果。这些问题甚为复杂，总体而言，科学与技术结合起来构成一种特殊知识，树立起客观知识的典范，人们以这个典范为基础又日益发展出更加丰富的知识，比如现在图书馆、互联网里存储着很多类似的被公众所承认的客观知识。当然互联网上充斥着更多个人色彩、编造性的"信息"，这些"信息"还远没有上升到"客观知识"这个层次，但由于广泛的传播性，已经被这样误用。

5. 学术的本质

现代世界创造的"客观知识"已经是难以想象的丰富。在 20 世纪 70、80 年代，公众都在谈论"知识爆炸"，但那时并未想到未来有互联网。现在发达的互联网更直接地体现了这种"知识爆炸"，或者更准确地说，其伴生物"信息爆炸"。我们往搜索引擎里键入一个词，点击搜索按钮，得到的常常是爆炸性的搜索结果，会连带出现海量的相关词条。而当我们随意挑选其中一个词条继续点击搜索，马上又得到海量的信息。在这种重重无尽的背景里，人们往往认为这些输入的、显示出的各种词条就是知识，甚至就是客观知识。换言之，这种未经严格审查的所谓"客观知识"正以一种令人绝望的数量呈现在我们面前，形成一个我们已经无法摆脱的语言与数据的汪洋大海，我们堕在其中难以自拔。

客观知识又和一种特殊的学问，即学术（Academic learnings），相互联系。所谓"学术"是一种追求学问的特定方式，即客观知识本身，及其获得方式。具体而言，客观知识是学术（即以学术方式）所追求的认识成果。这样一种学术，现今被人们视为文化的"公器"，而所谓"公器"意味着，通过它能够超越个体的主观性，获得一种公共的、经过严格审查甚至可验证的客观性知识。所以，学术也被现代读书人、做学问者尤其是大众视为最可靠的学问方式、最确定的知识表达，甚至就是真实本身。而学术，作为客观知识的代名词，所诉求的目标是客观真实性，略具有三大基本特征，即客观性、中立性以及公共性。

具体而言，学术要求它的认识对象客体化，换言之，它认为必须以主客二分的模式进行认识活动，否则便无法追求与获得客观知识。除开以主客二元分离的认识模式为基础、平台，这种客观知识还进一步要求认识者进行认识活动时不能有价值偏向，也就是要坚持人们常说的"价值中立"原则，即认识者不能把自己的好恶、情感与成见等价值偏向带到研究对象中去，否则，所形成的认识结果就不能如实反映对象的真实面貌。学术或者客观知识的真实性诉求首先体现于这两方面。

在这个基础上，学术还需要具备公共性。所谓"公共性"是指知识共同体对这一研究结果的可接受性。如果研究结果并未被其相应知识共同体所接受，便不能视为客观知识。也就是说，即便某种认识实际已经很好地满足客观知识所要求的其他条件，但只要不被学术知识共同体所承认，仍无法获得客观知识的地位。在这种情况下，它是否属于"客观知识"反倒变得不重要了。所以，某个认识要成为客观知识，离不开知识共同体的普遍接受。这实际是一种影响广泛的"公共"权力。在其中，知识共同体的审定程序，如同研究者的认知过程一样，都有人本经验理性在起核心作用，当然还有其他种种东西会挟带而入。一旦能够清楚认识到人本经验理性本质上也是一种价值设定，认识到这个价值设定包含诸如事实、真理、世界观、方法论、价值观等诸多方面的要求，我们就能够把握住知识的"客观性"的本质。由此，我们进而可看到，所谓客观知识实际上并不意味着绝对、客观、自然而然、理所当然，而是一种经过知识共同体的挑选、接受而形成的"共许知识"。当然，众所周知，在一些情况下，形成这种"客观知识"的运作过程由于挟带着某些权力意志、意识形态与文化背景，以及其他种种不能敞开的"内幕"，更曾推出了许多纯属虚假而后来自我破灭的所谓"知识"。

甚至可以说，现代学术从来就未曾达到真正意义上的客观真实性，即未能获得真正的"客观知识"，而且不可能真正实现这个目标。在本质上，客观性、中立性以及公共性只是学术的自我价值判断与诉求，在"客观真实性"光环下的现代知识并非像公众一般以为的那样客观、真实。原因在于，在本质上，它仅仅是一种特定时代理性、一种特定文化模式的生成物，即是一种特定文化方式的建构。这在现代科学哲学以及其他知识学的研究领域中，实际早已经有广泛的共识。

若在佛教看来，这更是不言而喻的：不论客观知识，还是学术，以及其所依据的人本经验理性，都属于人类特定时代的共业模式，并不具有客观与中立性质，也不可能获得客观真实性，这在后文还要详说，这里先略过。

6. "现代性"在社会生活中的具体体现

以人本经验理性为本质，不仅客观知识与学术在表达着"现代性"，我们的社会生活也处处体现出"现代性"诉求，或者说，人们普遍具有一些"现代性"信念。这是因为现代社会的组织运行与精神性格皆与人本经验理性的高扬密不可分。其中，社会政治生活中的"自由与民主"观念以及社会经济活动中的"市场经济"观念就是这类信念中的代表性例子。

现代社会普遍认可"自由与民主"观念，视其为一种普世的正当观念，甚至接受其为一种超越意识形态的客观的社会精神存在，但由于它仍是现今暂未完全获得而需继续追求的愿景，所以许为一种信念。"自由与民主"作为"自由"与"民主"内在关联着的信念，具有复杂的内容设定。比如，"自由"要求保障人权、保障个人私有财产以及思想言论的充分开放等等要求；"民主"要求公共权力的分化和制衡、监督机制，还要求社会大众的广泛参与，并给予支持和维护。显然，"自由与民主"实际上是一种权力的分配、运作与监督机制，而这个"权力"的含义是宽泛的，不论是体制的行政权力，还是人们在网络世界以及通过各种媒体所感受到的那种思想的力量、舆论的力量等，都属于权力范畴。

而在与人类的欲望、利益相关联的经济领域中，市场经济模式被视为现代社会持续增加社会财富的基本经济运行方式。人们普遍相信，在市场经济模式运行中，经济活动能够以一种自由、公平、透明的方式合理与有效地进行，在其中资本能通过恰当投入生产和市场运作，使资源配置和利润获取达到最优与最大化。

"市场经济"信念及"自由与民主"信念，作为"现代性"的体现，与现代学术知识信念一道，皆依于人本经验理性而互为必要条件。在此意义上，"自由与民主"信念与"市场经济"信念二者的体制化，仍只是一种特定价值、文化与历史选择，不具超越性的崇高地位，故并非是超越时空、不问国情而有普遍模式的。在佛教看来，历史、文化背景与现实境况，显示出全球化共业与国别化别业的差异，在很多方面无法允许直接生搬硬套。

三、佛教遭遇"现代性"的困境

在对"现代性"体现在一般认知意义上的一些特点做简单介绍后，现在我们来看佛教遭遇"现代性"的困境。具体地说，我们拟通过分析佛教与现在我们所身处的这个"现代性"世界之间的差异，尤其是精神意义上的差异，来思考佛教在这种"现代性"中面临着怎样的困境。

1. 佛教之道的界定

对于佛教，人们一般会有种种不同的印象，甚至"佛教"这个词可能会引发人们构想出十分丰富的图像，尚且不论种种偏见与好恶的存在。事实上就自身而言，"佛教"也包含了非常复杂的涵义。其中，略有三基本义。一是作为宗教的意义，即基于合法信仰，体现为崇拜、仪式、仪轨等安定人心的宗教活动，以及对社会有益的种种善举；二是作为文化的意义，即基于善正价值，体现为文学、艺术、思想、学术等丰富与提升大众精神素养的文化活动；三是作为圣道的意义，即基于悟性认知，体现为以闻思、修行解脱与菩提道而趣向涅槃的义理开展与实践活动。

不过，在"佛教"众多界定中，我们应首先注意到佛教自身如何定义"佛教"。按照其自身即本位的界定，佛教是一种"道"（Mārga），即圣道。东方人会比较熟悉"道"这种观念，西方人理解可能稍显困难。西方世界有一个相似的概念叫"学"（Learnings，Science），但从根本上看，二者义涵有本质不同。故就实而言，佛教属于"道"的范畴，而"道"正是东方世界传统文化的根本。

东方的"道"分有很多层面，而佛教的"道"更是如此。在佛教作为道的意义上，"圣道性"层面最为根本，可以分作两个基本层面，即小乘道（Hīnayāna- mārga）、大乘道（Mahāyāna- mārga）。考虑到南传佛教地区的佛教弟子认为"小"带有歧视性（实际是就其性质与内容而言的，并非贬低之义），小乘道可分为独觉乘道（Pratyekabuddha-yāna- mārga）、声闻乘道（Śrāvaka- yāna- mārga），或者独觉道（缘觉道）、声闻道（阿罗汉道），而大乘道也可称为如来乘道（Tathāgata-yāna- mārga，佛乘道、菩萨道）。这些属于出世善道（出世间善道）。如果加入世间善道，即人天乘道（Deva- manuṣya- yāna- mārga，人天道），可成三类四种道。三类即人天乘道、小乘道与大乘道，四种即人天乘道、声闻乘道、独觉乘道与如来乘道。在其中，大乘道是所有道的根本，原因在于，一切佛教之道是佛所说，而唯有大乘道直接是成佛之道。

中国弘传的主要是大乘道佛教，即大乘佛教（Mahāyāna Buddhism）。但具体看，中国其实有三种佛教。一种是在汉地所传的大乘佛教，称为"汉传佛教"。"汉地"一词指它的弘传范围主要是汉族集聚之地，在这一范围内主要弘传大乘道。西藏所弘传的也是一种大乘道，属于大乘的密教（Esoteric Buddhism），所谓"藏传佛教"。此外，云南地区也有一种佛教，所谓"上座部佛教"（Theravada Buddhism），又称"南传佛教"。它实际上是斯里兰卡、缅甸传来的一种声闻乘佛教，属于小乘道，即小乘佛教（Hīnayāna- Buddhism）。在这三者中，"传统中国佛教"一语主要指在汉地弘传的大乘佛教，也就是"汉传佛教"。下面的分析主要以大乘佛教为例。

首先要知道，作为"道"的大乘具有哪些特征？具体非常复杂，不过其中最核心的特征是"涅槃性"，换言之，大乘之道实际就是"涅槃之道"。在现今俗化的观念里，人死了称"涅槃"，佛教里也常用"某某法师圆寂了""某某法师涅槃了"等话语来意指"某某法师去世了"。古代印度一般以"涅槃"表示生命的最高存在方式的实现及其完结。但是，我们这里说的"涅槃"（Nirvāṇa）并不是"死亡"的代名词，亦非一般生命的最高存在状态与完结，而是指佛教自身对"涅槃"的定义，即从佛教本位出发对"涅槃"做出的界定。在此意义上，"涅槃"意味着作为佛教最终趣求的最高、最理想的存在状态。

我们可以从三个方面来说明"涅槃"这种存在状态：一者，指实现了绝非世间意义上的全知可比的圆满觉悟，所谓无上菩提，即无上正等正觉（Anuttara- samyak- saṃbodhi）；二者，指获得了绝非世间意义上的自由可比的最高自在无碍状态，所谓究竟解脱（Atyanta- vimukti）；三者，指获得了世间意义上的愉悦快乐无法比拟的最胜妙乐，及超越于一切动荡与寂灭的最上安住，即是超越一切众生包括超越一切阿罗汉与独觉以及菩萨的、不可言说思议、无上安乐相应的最高存在状态，所谓无住涅槃（Apratiṣṭhita- nirvāṇa）。我们的亲身经历早告诉自己，作为凡夫，每当我们感受到愉悦，苦便随之而来，也就是说，这是一种有副作用的愉悦，与佛教之谓安乐有本质区别。佛教意义上的安乐又尤其以涅槃之际的安乐最为殊胜。这种安乐相应的涅槃就是最高的涅槃，它是佛（佛陀、觉悟者，Buddha）实现的最高境界和最胜存在状态，完全免于一切负面因素，故谓无漏，故谓圆满。只有佛才实现了这个涅槃。

那么佛又如何实现这个涅槃呢？佛教常说"般若波罗蜜多"(Prajñā-pāramitā)，即"智慧到彼岸"。"般若"(Prajñā) 是智慧，"彼岸"(pāram) 则是涅槃。这告诉我们，佛陀借助智慧之舟到达了涅槃之彼岸。换言之，佛陀圆满地证悟了真理，即真理如其本来、直接、全部地显现于佛陀面前，相应在存在状态上，即灭除了一切烦恼执著，而五蕴身发生根本转变，而成圆满无漏，谓获得了究竟涅槃。这意味着，没有真理的证悟就不能达到无上涅槃状态。但是佛教的最终目的并非单纯追求真理，而是通过觉悟真理，实现这种涅槃状态。当然涅槃与真理又并非相离之二物，涅槃状态本身就包含了对真理的圆满把握，而且这样的涅槃是通过圆满地证得真理来实现的，所以佛教的这种涅槃之道也叫成佛之道（Buddha- mārga），而"佛"意味着觉悟，所以涅槃之道又叫觉悟之道（Bodhi- mārga）；同时涅槃是对世间的彻底超越，又称"出世之道"（lokottara- mārga），而涅槃之果是菩萨所趣求、所修证，又称菩萨道（Bodhisattva- mārga）。

由此我们看到，佛教的"道"涉及到的两个最关键的"义项"，即涅槃和真理。当然在佛教看来，涅槃和真理（真实，Tattva；实相，Tattva- lakṣaṇa）不是言说安立，而是佛陀在实践中已经亲证的事实，且佛陀现在仍然以这种涅槃的状态、觉悟的状态存在着。释迦牟尼佛也只是诸佛中的一个佛，而且只是一类佛身中的一种佛身（化身，Nirmāṇa- kāya），此外还有无量的佛，种种的佛身，诸佛、诸佛身都以这种涅槃的状态、觉悟的状态存在着。在佛教看来，这种涅槃、这种真理才是一种客观的存在——如果我们不得不以"客观"一词来表示其无可疑的真实存在性。这种存在是一种常在地存在，也就是说，无论众生是否有所认知，这样一种真理、这样一种涅槃状态都是常在的、真实的。

要圆满证得真理而觉悟，由此获得彻底解脱，而实现自在无碍又无上安乐的涅槃，则需要一个过程、一个桥梁，这一桥梁就是佛教作为道的主要涵义和作用，换言之，佛教是"道"，是通往涅槃之"道"，整个佛教的真正核心就是这个"道"。这个"道"实际代表着证得真理、获得解脱而实现涅槃这一过程，也代表着修行过程里的不断上升的阶段、境界、功德及其方法，也就是我们常说的"次第"（Anukrama）。而"道"其实是修行实践者所行的，依照佛教的称呼，这一修行实践者就是佛子（Buddha- putra），即佛弟子。因而，佛教之道还包含着道的实践者。简而言之，佛教是佛子作为佛教修行者为达到涅槃所行之道。如果计入佛教建立道所依之理，佛教则可视为一个包括理论与实践的道系统，所谓教、理、行、果。理是一切事物即一切法的本来面目，即真实、真理，行是依于理的修行实践，果是行所要达到的目标。这三者则由佛教的教说（Deśanā、Śāsana）所显示。

2. 佛教之道的教法与证法

这个道从何而来？它当然不会自然而然地显现在我们面前，从佛教本位看，这是由佛陀获证觉悟实现涅槃后，为引导众生最终都能实现这样的涅槃而作的言教（Vacana），即佛陀所教说的法（Dharma），也就是常谓的"佛陀出世说法"所说之法。在这种宣说里，又设立了度化（或教化，Vinaya）与修学（Bhāvanā）的基本关系，在其中佛陀是最高的度化者，称为根本导师，即本师（Mūla- śāstā），其他配合性质的度化者实际是佛陀的学生，统称善知识（Kalyāṇa- mitra），这样佛陀也可称最高善知识，而受度化者则是一切众生（Sattva），其中修学者，作为佛陀的学生，称佛子、佛弟子，如前所说。

"众生"这一观念指一切没有成佛的生命形态。其中，首先指凡夫（异生，Pṛthag- jana），不仅人，还要加上地狱、畜生、恶鬼、天神和阿修罗等五个界面，也就是我们常说的"六道"的众生，都是佛陀度化的对象。其次，指尚未成佛的圣者（Ārya），也就是介于凡夫众生和佛陀之间的圣者，如阿罗汉、独觉和菩萨等，可统称"因位圣者"，他们也都受佛陀摄受、引导和度化。简单地说，"众生"是佛教中一个非常宽泛的观念，包含了一切没有成佛的生命体，囊括处于六道轮回中的一切凡夫生命，以及一切超越六道众生但暂未成佛的大小乘圣者在内。我们学习佛教一定要牢记这个观念，记住这一观念的基本设定，否则我们对佛教的思考一定会出现问题。所以，佛教的度化域包括三界、净土及其所摄的一切凡圣众生。

前面我们说到，涅槃之道是已圆满证得真理、成就涅槃的佛陀向发心趣向成佛的众生所开示显现的达到涅槃的桥梁。这一桥梁以我们所见的三藏（经、律、论）圣典为载体。圣典包括经典、律典与论典。经典、律典主要是佛所说之经教和所制之律，论典则是佛的杰出弟子对佛陀经、律的诠解、阐释与组织，皆可作为典范而集成。

经典是佛陀弟子根据佛陀住世时针对各种不同的修行者、佛弟子而宣讲的内容，举行结集加以编辑整理而成，比如《阿含经》这一类经典的形成就是如此。此外，还有一些宣讲内容当时未被编辑结集，这些佛陀教诲则通过师徒之间世代口耳相传的形式得以传承，直到后世稍晚时候才被编纂成文字形式，部分大乘经典的形成过程便是如此。大乘经典很多，人们耳熟能详的《心经》《金刚经》《般若经》《维摩诘经》《阿弥陀经》《法华经》《华严经》《大般涅槃经》《解深密经》《楞伽经》等都是大乘经典。虽然部分大乘经典是通过口耳相传而来，但也有部分大乘经是通过结集而传来的。所以大乘经典的传承情况比较复杂，如果我们以学术的方式对它们进行历史考证，就变成一个难题。但是，如果我们以佛教本位立场来观察，则会发现这种传承的复杂模式实属正常。

形成经典的目的在于显示与传播佛陀出世所说的这一代时教，而佛陀教说的意趣（意指、用意，Abhiprāya）则在于揭示这一涅槃之道，包括显示涅槃本身，涅槃之道所要证悟的真理、所要对治的烦恼执著，以及涅槃的实现方式。由此我们可以将其分为二分，即言教所直接表达而有助于实现涅槃的一切法叫"教法"（Śāsana- dharma）；教法所要引导悟入而无法以言说直接表达、只能通过修行实践最后证得的真理本身、涅槃本身称为"证法"（Adhigama- dharma）。教法与证法作为佛法真理的全部，都包括在涅槃之道中。在作为佛教的基石而为佛弟子进入佛教所要皈依的三宝（Tri- ratna）佛法僧中，法宝即以教法与证法构成，以此统摄一切世间、出世间善法。

证法出于言表之外，当然非世间性法，乃出世境界，而教法虽然仍是言表之法，以世间相显示，但意在指向出世境界，也非世间性法。所以，属于涅槃之道的佛法，不论是否以世间相显现，都绝非世间性，在性质上根本有别于世间性法。世间性法，简称世间法，由三界六道（所谓欲界、色界与无色界，以及天道、阿修罗道、人道、畜生道、饿鬼道、地狱道）所摄，与流转（轮回，Saṃsāra）相应，随顺于流转。其中，人道作为世间道，其本位理性即人本经验理性，构成了人道世间法的本质。在此意义上，佛教的证法、教法，作为出世性法或者出世间指向性法，都与人道世间法，乃至一切世间道法，性质不同。

3. 佛教在现代的困境

这样的佛教作为超越世间的涅槃之道，面对现时代，应然地又现实地陷入了带来世俗化的充分化的现代文化环境中，而成佛教的"现代性困境"。从历史角度来观察，"现代性"被赋予的基本意义之一就是它实现了一种空前强大的新的文化消解力，可以通过对传统文化意义的全面消解而终结一切传统。不幸的是，这个时代恰好又是佛教本身力量较为薄弱的时代。可以说，在现代，佛教的根本困境就在于陷入到了这种世俗化的充分化的时代状况中而几近束手无策，急速趋于深度"末法"（Saddharma- vipralopa），即正法（Saddharma）急剧衰亡的状况。

这个根本困境，实际无关于佛教外在表现如何，而是根源于在佛教与现代之间存在本质上的内在差异。前面说到，佛教之真理以及涅槃不能用言说表达，需要以修行实践来证悟，然而在人本经验理性（及其升级版科学人本理性）里，凡是这种要被证悟的东西都恰恰是要被消解的对象，也就是说，人本经验理性中没有容受出世法的空间，不会承认佛教的涅槃和真理。盖因人本经验理性反映的是与人类的存在、经验认知及其体验相平齐的境界，在佛教的义境中完全是世俗性的，而且是人道层面的、局域化的世俗性，与佛教超凡入圣的出世境界不在一个层面。现今一般习惯以人本经验理性这种现代性思维方式去思维佛教，结果可以想象，这种现代性思维方式看到的是佛教在世俗层面的投影，根本无法如实把握、更遑论实证唯有出世智慧才能证得的涅槃和真理？由此人们"理直气壮地"判定佛教所阐述的真理和境界并非真实的事实，而是佛教自说自话的宗教"虚构"。

除此之外，佛教的困境还表现在现今少有圣者显示于世，而且即使是佛教徒也完全缺乏分辨圣者的能力，普遍对一切超越性即甚深境界信心不足而无法如实承许，何况社会大众对甚深境界多是怀疑甚至直接否定，以致根本不承许圣者存在的可能性。换言之，即使一位真正的圣者明白地告诉人们其圣者身份，人们也会从人本经验理性去做观察、思维而作判断，极少可能相信这一事实，而最终免不了判他为骗子。圣者的显示不但起不到直接"表法"的作用，反而会引起普遍"谤法"的业缘。这也是在"现代性"这种强大共业下圣者罕有现身显示的原因。

可见，现代以人本经验理性为主导的世间文化很难承认甚至基本上不承认有佛教阐述的涅槃和真理。在这种情况下，佛教便与这种"现代性"内在地形成了一种难以消解的张力，具体地说，佛教所开阐的出世性的真理和涅槃与体现现代世界的精神状况的现代性——这两个本质完全不同的存在与意义层面——作为基本构成因素，形成了世间性与出世间性的二元张力结构，而且，在外现的盛衰对比下，二者间存在的本质差别更被凸显为一种极为鲜明的力量对照。前面说到，现时代是"现代性"空前强大的一个时代，因为它获得了普世性意义的地位，又在现实中已经彻底地体现为全球化大势。而佛教在传入中国后尽管经两千年传播形成传统，但种种复杂因素，如历史、文化和政治意识形态，导致其现在几乎完全失去了存在的自主性和意义的本位性，甚至在一定程度上可以认为正是它对自身做出了自我解构。现今我们看到的佛教，正处于其两千年传播过程中在意义、合法性上最羸弱的时期。处于这样的最弱期的佛教与处于其最强期的"现代性"之间便形成了鲜明对比，而这种对比的背后是二者存在的本质差异性。

既然这一困境在根本上来自佛教与现代性文化间的本质差别，这就说明现代性精神的普世化对佛教精神构成了直接障碍和普遍遮蔽，而且是以所谓"祛魅"的方式形成的遮蔽，极具隐蔽性和误导性。相比之下，人们所接触的其他文化传统与佛教之间虽然也存在差异，而且这些差异也是佛教所要认知和对治（Pratipakṣa）的问题①，然而，它们在现今时代对佛教精神的遮蔽与障碍是易于意识到的，在影响力上皆远远不及前者。当然，在佛教看来，其他那些文化传统在本质上与现代性文化并无差异，皆属世间性，与出世间性的佛教圣道间的本质张力仍不可通约，仍就不可消解。

从根本上看，佛教的真实本身不可以言说来诠表，即拒绝任何在言表或者分别意义上的直接表达，所以《法华经》等经典指出，佛教建立的诸乘都是方便之道，也就是说，佛教的所有言诠表达方式皆只是一种引导、一种方便。佛教在真理（真实）意义上反对任何言诠的确定性表达，这就明显区别于其他任何文化，它们都必须依赖（或者说可以依赖）言表这种确定的、肯定的直接表达方式来表达它们各自承许的真实。在此意义上，佛教决定有别于任何其他文化。这种文化性质的差异自古如此，佛教曾以各种方式做出积极应对，也就是以种种方便开显诸法真理和以种种善巧对治各种执见。然而，佛教在现时代所面临的现代性困境则是这个时代向佛教提出的一种前所未有的巨大挑战，其诉诸于人道极共业所成的空前普遍的、潜移默化的影响方

---

① "对治"是一个佛教术语，指佛教在面对对立面即杂染法时，通过智慧对其的灭除，或者通过观空对其的超越。

式，带来了远超过去其他文化所带来的渗透力，但迄今佛教界尚未充分认识到。

4. 佛教与现代性之间差异的具体表现

"现代性困境"是佛教在现代面临的根本困境。为了方便我们对此形成更为直接的认识，可以结合前面对现代性的概括方式再来观察佛教，并通过对比佛教与现代性之间差异的具体表现，进一步认识佛教所面临的困境。

（1）人本经验理性作为共俗理性

前文我们已述人本经验理性，若对应地观察，其与佛教的认知方式具有怎样的差异？人本经验理性从本质上看，是人道本位的理性，在现代被普遍共许，遂成普世性的理性，而被现时代默认为理所当然的性质。由此依本为出世性的佛教看来，这种理性反映的是现今人道的共业性，而且是最具共同性的共业（Sāmānya- karman）即极共业性，所以笔者曾称为"共俗理性"。所谓"共俗"，是世间中的普遍共许性，体现普遍的世俗性质，故人本经验理性在人道世间恰具有这种普遍的世俗性，即可称"共俗理性"。在此意义上我们来看它与佛教圣道性的比较，可分层次进行，略述如下。

（2）"人本"与"三界""法界"

首先对"人本"略加分析。人本经验理性的核心是人，但在佛教看来，"人"及其所属的"人间"存在层面，只是佛教所说的包含三界、六道、净土在内十方法界中的一分。十方法界才是佛教完整的世界图像，构成了佛教独有的立体世界观。在佛教看来，这个世界观揭示的是所有众生的存在状态，具有根本意义。换言之，所有众生都依托于这样一个由三界六道、净土构成的立体世界图像，而以生命形态存在，或者在三界六道轮回，或者到净土道场去修学，等等。就轮回之域而言，"三界"作为欲界、色界、无色界，意味着轮回众生必须也只能在这三个层面获得相应的生命状态，也就是从生命的种类角度来看，流转众生可具"六道"生命，即六种存在形态的生命，所谓天、阿修罗、人、畜生、饿鬼和地狱。"轮回"是指众生在这六道生命存在中通过业力牵引而转化，生生死死，死死生生，相续不绝。在走上菩提道后，众生还可发心去到无量净土依于无量佛修行。这种立体的世界观是在佛教经典中所显示的，也是一切佛教必须承许的。毕竟佛教作为佛陀为度化众生所做的一种施设，开显出这一多重世界的立体图像，以具体说明众生堕于流转与走向涅槃的真实生存域，正是在其中佛陀以种种应化身展开度化。通过涵摄着三界六道净土的十方法界这个立体的世界观，我们可以了知众生在善根（Kuśala- mūla）未成熟时在三界六道间的无始轮回，也可以了知善根成熟后未成佛的一切修行众生依凭这种种器世界和净土，开展其层层递进的广大修行与依于慈悲心的普遍度生，而这广大修行和普遍度生是成佛所必需的，否则不能具足自觉觉他的福德智慧资粮。这也是为什么我们始终强调佛教绝对不能理解为人间化。一旦人间化，一旦以平面化、局域化的人间为唯一的生存与修行域，佛教原本具有的十方法界便会被消解、替代，佛陀安立佛教的完整意义就荡然无存，真正的佛陀圣道也就不复存在。

简而言之，在佛教的世界图像里，人只是十方法界众生中的一分，不仅如此，在众生之外还有超越众生的佛。但是，在人本经验理性看来，佛就是人，在成佛前后都是如此，它必然不会承认有一个超越于人这一生命状态的佛的存在。所以，佛教中的"人"观念是不同于人本经验理性中的"人"观念的，同样，佛教中的"佛"与人本经验理性中的"佛"也具有本质差异。虽然佛陀在人间出现，而且以人的样貌示现（Saṃdarśana），但是佛陀本质上不是我们一般观念里所认为的"人"，通俗地讲，佛陀不是人，不同于人体性。一般人都很敏感于"某某不是人"这种表达，但是在佛教的义境中这么说并不是在辱骂佛陀。其实，"佛"这个词本身就包含着"不是人"的意思，佛陀便处于这样一种"不是人"的存在状态中，也就是说，佛教的最终价值取向不在人的这个层面，而是在超人、超众生的这种层面，佛就存在于这样一种超人、超众生的层面。这也是佛教修行者所追求的目标，太虚大师在其人生佛教中就强调了这一点。现代性宣扬"人本"，这便与佛教开阐的超人、超众生境界构成鲜明的反差。

在此意义上，我们作为人，出生在人间，虽然一切当以此为立足处、出发点，但并非"人本"的，即不能割裂于三界乃至整体十方法界，必须关联、开放于三界乃至十方法界。正如太虚大师所说，不能"孤取人间"。否则，自利利他、普度众生的成佛之道不可能真正有所开展。

（3）"经验"与"证悟"

再对"经验"予以略析。"经验"是人本经验理性中特别关键的内容，其中无论是"人本"还是"理性"，它们本质上都在"经验"上定义。佛教实际也建立在类似于"经验"的意义上，不过，佛教的经验不是六道中人道的世俗经验，也不是六道中其他道的世俗经验，而是"证悟"（亲证，Adhigama）。换言之，"证悟"就是佛教的经验，一种无分别、如实、直接的经验。但佛教的证悟完全不同于人本的经验，恰是要去除人本的经验才可能实现，决定超越于人间、人本的经验，乃至六道一切众生世俗的一切经验，这些经验包括了世俗中诸如情感体验、审美体验、宗教信仰体验、认识等种种方面，也就是说，佛教证悟的境界超越了我们人类乃至一切凡夫众生的认知与体验之境界。所以在佛教圣道看来，人类的知识在本质上离不开颠倒和执著，不仅不是真实、真理，相反，还遮蔽真实、遮蔽真理。对于这种遮蔽事物本来面目的人类知识乃至一切凡夫众生的有执认知，佛教称之为"无明"（Avidyā），或者"所知障"（Jñeya-āvaraṇa）。

（4）"理性""非理性"与"悟性"

再观察一下人本经验理性的"理性"。此"理性"是指在人本经验基础上的一种条理化、逻辑化的思维方式。与之相对的是非理性，也就是后现代主义所主张的非理性思维方式，它反对理性思维所带来的本体论、逻辑中心主义等预设，要打破这些带有建构性、条理化的路径。然而从佛教的立场来看，这种非理性思维仍然隶属于人的层面，它本质上仍然是人本的，佛教的认知方式则不同。佛教所要认识的真理、涅槃是超越于人的境界的。在此意义上，我们可以方便地把佛教的认知方式定性为"超理性"。这个"超理性"也被称为"觉悟性"，或者简称"悟性"（Jñātā）。但是得注意，从其本身而言，此"悟性"直接以真理（实相）为其认识的所缘境，超越于一切表相、言说，无分别地与对象直接见面，此时"对象"不复成为对象，主客消泯，能所双亡，与世间平常所说的"理性""非理性"那种主客分离、取相分别、言说诠表的认识方式截然不同。还可以总结说，悟性是无执的认识能力和认识方式，理性、非理性是有执的认识能力和认识方式。在此意义上，悟性是佛教圣者方具有，而理性、非理性是凡夫所具。其中需要注意的，凡夫的认识能力皆是有执的，但善根成熟的凡夫走上修行之路后，其依于善根与发心、随顺经教的认知，虽然仍是有执的，但随顺于无执、能引生无执，故也方便称为"悟性"。换言之，圣者的认知与凡夫在修行态下的认知，皆可称"悟性"，虽然有真实与随顺之别。其中圆满圣者，即是佛陀。

由此可知，"悟性"可分为三大类：修行凡夫的随悟性（随顺悟性的认知能力）、因位圣者的悟性（作为悟性的认知能力）、佛陀的圆悟性（作为圆满悟性的认知能力）。而非修行的轮回凡夫，其认知能力无例外都是无明性，其中人本经验理性、人本经验非理性就是现时代有代表性的两类。

（5）"理性""非理性"的表达方式与"悟性"的似理性与似非理性的方便性表达方式

悟性的发生有其因。虽然众生皆可以本具悟性之因，但其发生必须依于作为方便的涅槃之道，也就是成佛之道，通过学修来实现。悟性的实现，直接体现为般若波罗蜜多，即无分别智（Nirvikalpa-jñāna），而直指菩提与涅槃；而且，也可表现为种种方便善巧（Upāya- kauśalya），以随缘应机利益安乐众生。在后一意义上，借助于悟性，在自利利他的过程中，可有无量方便善巧的运用，如应用于言说，则在表达方式上可灵活多样，如似理性、似非理性等表达形式。可以中印大乘佛教的表达为例略加说明。

印度与中国的阿毗达磨与唯识论疏被认为是古代社会里最似理性、最具逻辑的佛教表达形态，完全能够与西方著名哲学著作的严谨表达相对比。这就是说，佛教完全可以以一种看似理性的方式来进行表达，盖因佛教本就是方便安立，用于开显实相、对治烦恼执著，及引导众生入于佛道，其表达形式依赖于所化众生的文化背景等众缘，即须随缘应机。

当然，佛教很多意趣以及甚深境界又必须以似非理性式表达或开显，以打破众生惯习的思维与言说方式。何谓非理性方式的表达？理性方式的表达指条理化、逻辑化的表达，而打破理性方式的表达者就是非理性方式的表达。理性式表达如 1+1=2，非理性式表达就如 1+1=3，也就是说，你本来用"1+1"推出来的是"2"，但实际上你这里要表达的是"1+1"等于"3"。这就是非理性方式的表达，从理性角度看是错缪、不可理喻的。佛教里有无数类似非理性方式的表达，如《心经》260 多个字中就不乏似非理性方式的表达，所谓"色不异空，空不异色，色即是空，空即是色，……是故空中无色……"等等。也可以说，佛教经典里在开显甚深真理时更多使用似非理性方式的表达。似非理性表达方式与似理性表达方式都是佛陀设立言教的方便，其目的都意在善巧帮助众生了知与实现佛教所说的悟性。盖因这种悟性超越于人类一切认知方式或者思维模式，它本身既是超理性的也是超非理性的，但是对于习惯于理性或非理性表达的众生而言，这种似理性和似非理性表达方式则成为佛陀为帮助众生了知和实现悟性而方便安立的桥梁。

佛教这种似理性式表达（以及似非理性式表达）与人本经验理性的理性式表达（以及非理性式表达）的本质差别也体现于此，也就是说，佛教从根本上不采用人类理性思维方式或者非理性思维方式，但是佛教可以以相似的方式为方便，引导众生逐步达到佛教所说的悟性。人本经验理性表达者会对他们认为是真的对象进行直接表达，或者说，他们会通过言说表达的否定和肯定之义，直接表明真或假的判定。非理性思维者虽然对理性不予信任，但他们的表达还是不出肯定与否定之类言说方式，只是肯定或者否定判定不那么明确和直接而已。然而，佛教在表达上意趣则大异，凡其所用似理性式表达、似非理性式表达只是一种方便，是为使众生达到佛教悟性而对众生所习惯的理性、非理性思维方式的一种善巧借用，以方便摄受、引导这些众生。所以我们应该记住，佛教中的一切文字在悟性意义上皆非直接表达，而是指向悟性的方便，即是悟性的方便引导形式或者善巧显示形式。换言之，这些文字表达的本身虽然或者表现出似理性的特征，或者表现出似非理性的特征，或者表现出二者的混合，即似种种世间言说相显现，但实际与世间言说相所摄的理性或者非理性表达在意趣上根本不同。

　　佛教用世俗谛（Saṃvṛti- satya）和胜义谛（Paramārtha- satya）说明这种情况，以此二分去摄随顺世间言说而似世间认知方式表达的似世俗法，和以似世俗法为方便所意指的出世法，也就是说，胜义谛指超越于理性与非理性认知的真理，世俗谛指方便摄用的似理性、似非理性认知的真理。以《心经》为例，经文前面说到"色不异空、空不异色""色即是空、空即是色"，后面又说"是故空中无色、无受想行识"，在这些表达中，前面已经说色空是不异、相即的，但是后面却又说"空中无色"，显然这些表述在某些方面看着很像理性思维，但在另一些方面看又很像非理性思维。这些都是世俗谛意义上的表达。它们看起来令人迷惑，但是实际上佛教正是要通过这种似理性、似非理性的、看似混乱的表达来告诉我们，真正的真理是在这种种言表之外，我们必须破除惯常的理性、非理性思维方式，才能把握诸法真理（诸法实相）。当我们堕入理性思维，佛教便借用类似非理性的表达来加以对治；当我们堕入非理性思维，佛教便以这种似理性的表达来进行对治，也就是说，无论我们堕入世俗理性或者非理性任一种思考方式，佛教都有相应的方式来破除我们的边见执著。

总之，在此意义上，佛教为作为凡夫的众生开示了种种善巧方便及其运用之道，以引导他们走出凡夫思维（即世俗理性或者非理性思维）困境——当然，轮回众生大都没有认识到理性或者非理性思维方式是一种对佛教真理的认知遮蔽。修行众生通过佛教这一方便工具，能够反思、批判并逐渐突破理性、非理性思维，最终实现对佛陀所开显的超越性即出世性的究竟真理的证悟。同时，也应该认识到，从认识方式、认识能力、认识对象的角度而言，"悟性"与"理性""非理性"本质上截然不同，但在言说表达层面上颇具相似之处，虽然一者非世间相而似世间相显现，另一者是世间相而以世间相显现。这种本质差异与表观相似性将在对经教如是闻熏、如理思维与如法修行的过程中得到越来越清晰的认知。

（6）信与正知

这里有的朋友可能会问，既然佛教所开显的真理必须通过悟性证得，也就是说，佛教真理作为佛教的所知境界，超越人类理性、非理性认识境界，是悟性所直接证知的结果，那佛教为什么还要强调"信"（Śraddhā）？还要谈于佛教发起正信？

关于这个问题，我们必须清楚地认识到，佛教的确讲"信"，但是这个"信"和平常我们说的"信仰"是有差别的。我们平常说的"信仰"是指一种情感的运作方式，指一种没有理性认识基础而纯以情感方式进行的认定，换言之，这种信仰的认定与理性认识是相互对立的。但佛教的"信"并不如此，是与其认知相一致的。具体而言，"信"对对象的认定恰恰要求建立在正确认知即正知（正见）的基础上，即"信"本身包括正见在其中。在此意义上，佛教才讲，"信"是一切功德的基础，也是智慧的基础。唯识学进一步指出，善心具有很多功能，"信"和"无痴"心所便是其中可同时运转的两个重要功能，而且还可以有慧心所一起运转。智慧生起，必有信同时生起，也就是说，"慧"一定有相应的"信"与其共转、与之共存，反过来也是如此。所以，正知与信是不可分的，只是隐显不同而已：正知现起，信则隐在；信现起，正知则隐在。随着成佛之道的不断深入开展，正知愈显，信则愈隐，最后成佛是佛陀的正觉恒现，而圆信虽恒伴随，但隐在于后。

所以佛教的"信"又称为"正信"，"正"就代表着它以如理认知即正知（正见）为本，但是，这种如理认知并非前面所述的那种人本经验意义上的理性或者非理性的认识，因此不能以人本经验理性为基础的认识方式去理解佛教的"正信"。佛教的"信""正知"分有层次，而最初依于六道轮回中的众生所成熟的善根而生。这种善根最初是种子状态，为众生自身所本具，从无始以来便随众生历经六道轮回并隐藏于众生内心，但在漫长的流转中通过与诸佛善知识结缘、受熏习而增长。一旦善根增长到成熟或者说觉醒，便能生成这种"信"。"信"能直接和佛陀经教的道理相应，也就是说，有"信"者能直接把握佛陀经教的意义、意趣。这种理解、认知不由世俗的理性思维或非理性思维作分别、比较、推理、判断得出，而是以众生自己内在成熟的善根所引生的、与"信"相应的悟性，便能在当下发生。

简而言之，佛教的信定与正知一致、相应，而非与正知相对立，而且，佛教信的发生，或者正见的生起，并非世俗的理性或非理性的作用。按照现代人的人本经验理性，所谓的佛教正知（正见）不过是用这种现代性思维模式去解读佛经，去判断其中事实、道理的假实、正误，所形成的认识，但实际这样形成的认识必然背离佛陀安立经教的义境与意趣，不可能属于佛教的正见、正信，同时，依凭这种认知方式及其认知结果，也不可能最终引生出佛教的、与悟性相应的真正智慧。

（7）"现代性"和佛教在文化意义上兼容的可能

前面对佛教与现代性之间的本质差别通过认知方式的对比展开了一些思考，这会引发一个问题：这种差别是否意味着佛教与现代社会格格不入？当然并非如此。佛教作为涅槃之道，是成就涅槃之方便，是佛陀随顺众生所建立的，因而可以和现代社会以善巧方式结合起来，做出善巧的摄受与引导，以化导现代有缘大众，而予以义利安乐

（Artha- sukha）。

在前文有所提及，从古代到现代，佛教一直都是一个活生生的伟大传统，它的精神早已根植于人类文化之中，根植在无量生命之中，无人能够否定。东方历史证明了佛教价值的正面与殊特的意义，只要不以偏执的心态先入为主地排斥，都会看到，佛教，与儒道一起，对两千年来民族精神的养成与守护起到了重要作用。佛教经过南北朝的融入，到隋唐实现中国化，成为中国传统文化中重要一支。到近世更是帮助改造了中国原有本土文化。比如，新道学的发展、宋明理学的建立都倚重佛教，它们在佛教的冲击与刺激下，在内容、形态和方法上都明里暗里吸收与转化佛教的理论与实践，以形成真正系统化的道学体系。现代新儒家也一样，他们虽然把佛教置于儒家之下，但是纵观新儒家取得的思想成果，其中很多也都来源于佛教，比如现代新儒家的本体论、方法论、境界论等很多方面仍是吸取了佛教的相关思想。因此在现代意义上的传统文化，其实已经不是先秦两汉语境下的本土固有文化，而是最近两千年来儒释道相互影响而形成的一种交融形态。可以说，对于中国近世传统文化的发展，佛教真正起到了重要推动作用。毫无疑问，如果没有佛教，中国的近世文化的形态样貌不可想象。

在此意义上，对于佛教相对于"现代性"所显示出的本质差异，即佛教圣道所开显的、超越于人之所以为人的本位性的、超越于人类经验与人间境界（乃至超越于三界一切世间性存在）的出世性，在文化视野中，不应视作与现代性所摄的世间性绝对地势不两立，而是应该看到，世间的存在就意味出世间的存在，完全世俗化指向的"现代性"盛行，更说明需要真正的出世性真理的一直在场。事实上，世间性在于众生具有烦恼与执著，所以烦恼与执著的普遍性便为佛教的超越性即出世性提供了存在的可能性与现实性，也就是说，佛教圣道及其所显诸法实相，可以被视为烦恼与无明众生所依存的世间境界之外存在的超越性出世间境界，所以众生的烦恼与执著既遮蔽又反显出世境界存在的合理性，即构成了遮盖出世间境界的、可彻底揭开的"幕布"。由此可知，在文化意义上，佛教并非不能与"现代性"相兼容，或者说，统摄世间的"现代性"与开显出世间的佛教，通过层次的划分，完全有并存的可能性。因为，在文化意义上，层次的差别恰意味共存的可能，这在中国古代已经发生，最终形成了儒释道互补的文化结构。

当然，佛教的根本趣求最终是要超越于人类（乃至一切众生）的境界与存在，在此意义上，佛教必定是对人类的世俗存在（乃至一切众生的现实存在）意义的一种批判、一种否定、一种超越，但是这种批判、否定与超越根本上是内在的，并非表观的直接断裂，需要以当下人生关联的人类现实存在为立足点、出发点，面向全体法界（包括一切众生在内）敞开，才能进行。换言之，从世间的凡夫境界向出世间的圣者境界的转换与超越，以众生乃至万物关联一体的意识为前提，修行应与现实众生打成一片，而自利利他、自度度他。在此意义上也可以说，佛教这种出世性境界虽然与人类依存的世间境界存在本质差异，但是这两种境界并非彻底割裂，而是有反向的关联，如同瓦的正面与反面，一个凸起，另一个必凹陷。① 这种出世境界的现实存在性又反过来显示出佛教作为出世教法存在的合理性，显示出佛教的根本价值的意义所在。在其中，佛教也向我们展示出我们作为人的存在，具有无限提升而最终成佛的可能性。不仅如此，佛教更为我们提供了具体可行的提升方法。这当然不是自说自话。从印度到中国、从古代到现代，佛教的圣道修行实践证明了佛教圣道的如实、善巧与悲悯性。即使从化世导俗的文化角度看，在最近两千年以来的中华文明史的开展过程中，佛教也起了积极正面的重要作用。在经过了"五四运动"以来近百年的"去传统化"后，现在国家提倡弘扬传统文化，越来越多的人重新认识到佛教对社会的重要意义，认识到佛教确实能

---

① 在大乘佛教甚深的理义中，也反复开显世间与出世间在最高真实意义上的平等性，所谓生死与涅槃，无二无差别。正是由于存在这种平等性，才能超越世间与生死，悟入出世间与涅槃，而又不住于出世间与涅槃、不染于世间与生死，这就是最高的涅槃，谓无住涅槃。

为人的生存提供一种精神品质提升的路径，这是佛教真正进入现代文化的一次重要契机。

四、佛教学术与佛教义学

前述对佛教与现代性的对比分析，意在凸显二者的本质差别。如果我们继续深入探讨现代性这个话题，涉及到人本经验理性的根本性地位，其中知识与学术问题当是我们首先应该关注的。下面就略探一下知识和学术这个问题，以及佛教应如何予以处理。

1. 知识与学术

前文已述，人本经验理性是一种认知能力与认知方式，其认知结果作为一种知识，由于诉求"客观真实性"，而获称"客观知识"。但由于这种知识并非真正的客观知识，笔者用"'客观'知识"一语指称。这里的"知识"观念，是以分别性认知方式获得的、在所许范围内具有公共性的认知结果，因而是属于世俗性的认知。

在学问领域中，人本经验理性的具体运用方式是学术研究方式，其运用结果则是学术。其中，学术研究方式与学术统称学术研究（Academic studies），所以"学术研究"一词用法较为宽泛，有时指学术研究方式，有时指学术，有时统指这二者，甚至泛指涉及学术的研究活动的一切。

由此可知，"客观"知识的学问归类是学术，即学术的性质是"客观"知识；同样，人本经验理性在学问中具体体现为学术研究方式，即学术研究方式的本质是人本经验理性。简而言之，"客观"知识、学术与学术研究方式，或者学术研究，都是依于人本经验理性建立的。

2. 佛法与佛教义学

如果做粗略的比较，在佛教里与知识类似的是佛法。然而，从佛教本位立场而言，佛法本身并不是知识。首先，佛法作为教法，是用于成佛的方便，也就是说，是用来方便开显真实、对治烦恼执著，以及引导众生进入佛道的善巧方便，称所说法。其次，佛法作为证法，是离于言说分别的诸法实相，唯通过佛教悟性可以证知，称所证法、所开显法、所显法。既然如此，我们就不能以知识的方式来看待佛法，倘若我们视佛法为知识，则意味着我们在用人本经验理性看待佛教，一旦如此，便背离了佛教作为出世法的真实旨趣。

如前所说，佛教作为佛法，是证得圆满智慧、实现究竟涅槃的佛陀依于所证真理，智悲双运，为引导众生而所开显、宣说之法；佛弟子们按照佛所显、所说法，进行闻、思、修实践，也有所悟解与证得，便依其悟性所生慧，以及慈悲，又有进一步言说表达。这些都属于佛法的内容。这就告诉我们，佛法里既有可说的，也有不可说的，其中不可说的是根本，可说的是方便；也有佛所显、所说者，也有佛弟子所显、所说者，当然以佛所显、所说者为主、为本，佛弟子所显、所说为辅、为末。且一切佛法首先并主要面对的是一切凡夫众生，故其中一般以教法来统摄证法，盖因证法唯是圣者方能证得。在此意义上，佛教、佛法常略称为教法、教说。而且，佛说为本故，佛教、佛法常略称为佛说。

既然佛教是佛陀开创的、用于引导各个时代众生的方便施设，它在后来的开展中，就显扬为一种与众生身处的时代相应的方便表达，而善巧地呈现出与这个时代各种特征相似的形态。在此意义上，当反映在这个时代，对应我们这些人类众生时，它的表达就大多会显得非常相似于理性化，或者说，它主要应以一种似理性而非真正理性化方式进行表达，这最典型的一个例子就是唯识学重新受到重视而被激发。可以说，唯识学是20世纪以来佛教在教学上最为盛行的一门学说，甚至在社会层面的文化思想研究中也成为一门显学。虽然在一般人看来，唯识学义理艰深复杂，与大众平日接触的佛教看似完全不同，但是在现今各宗派研究中，唯识学研究者最多。唯识学能够得以再次兴盛的原因之一，就在于我们这个时代大多数人对这种条理化的东西情有独钟，这就使得侧重以似理性化方式表达的唯识教法重新成为现时代众生修习佛法的重要对象之一。

以唯识学为例，可以引入佛教本位学问的定义。即对于似理性化方式进行的、基于佛教本位的条理表达，可以称之为"佛教义学"（Buddhalogy）。按照这个定义，唯识学就是一种佛教义学，可称唯识义学。在此意义上，针对重视理性思维方式的众生而特别施设的佛法、佛教，都是通过义学形态构建起来的。相比而言，如果说"客观"知识通过学术的方式进行开展，那么针对重视理性思维的众生而基于佛教本位建立起的佛教、佛法，则是通过义学的方式实现的。佛教义学内在的根基，即认知能力乃至整个认知方式，无疑，是悟性。即佛教义学是建立在悟性上的佛教本位学问。

虽然佛教义学的具体表达方式需要根据各个时代共业和所化对象的特殊因缘而有方便调适，但基本是采用类似理性的方式来进行表达。然而，由于佛教义学是依止、随顺与相应于佛陀圣教的诠显、阐释与发扬，以指向不可言说、不可思议的真理和涅槃的境界为旨趣，所以它以似理性式的表达为主，但也有似非理性式的表达作为辅助。在此意义上，如果不限定具体的表达方式，仅强调建立在悟性上的佛教本位性，则一切佛教本位学问，乃至一切佛法作为学问，都可以称为佛教义学。不过，对"佛教义学"观念本身的深入与系统的探讨将放在后文，这里仅是略述，不再细论。

3. 佛教学术与佛教义学

佛教义学基于明确的佛教本位立场，即以悟性为内在根基，以佛陀圣教为外在依止、标准、方法，所以指向证悟真理，指向成佛、实现涅槃，换言之，佛教义学有特定的指向性，即带有直接的、明确的价值取向、意义旨归与目标设定，一切为了最终成就究竟的涅槃。但由于佛教义学主要是以条理化的似理性式的表达为主，因而与绑定着理性思维的学术相比，二者在形式上具有诸多相似之处，人们容易将二者相混淆。但是，学术与义学毕竟存在本质上的不同，其中最根本的差异在于，义学基于悟性，指向证悟真理，指向实现涅槃，而学术基于人本经验理性，不具备这样的指向性，仍是与轮回相随顺。即使是在将学术研究方式运用于佛教的情况下，此时的学术可称为"佛教学术"（Buddhist academic learning），本质上仍是如此。当然，也有重要差别，即是与佛教有所结缘，而在能以"同情之理解"（Sympathetic understanding）看待佛教时[①]，可视为佛教文化的一部分了。

　　学术的设定都隐含着共俗性的人本经验理性，即共俗理性，或者说，学术是学术共同体基于共俗理性而共同制造、许可与维护的一种特定知识，不过大多数人并没有意识到这一点而已。具体地说，人们往往会被这种共同性所误导，以为它是客观的，是免除了主观偏见的真正意义上的"价值中立"。但实际上，学术来自学术共同体的"共许"，即依赖于在特定时代、特定共业背景下特定人群所界定、所承认的"共同性"，所以它仍然是一种特定文化的选择、特定理性的产物。在此意义上，所谓的"客观知识"在背后仍是价值判断，学术里并没有离开共俗理性的真正客观的东西。况且，任何"共同性"都是某一共同体的共许，不可能具有普遍意义上的"客观性""价值中立性"。事实上，由于人本经验理性是本于人而基于人的，我们各自的价值判断反映的正是各别个体，不可能真正一致。我们的表达与判断只是本于我们自己的人本经验理性，不但不能具备真正意义上的客观中立性，就连相对意义上的也须学术共同体赋予。所以，每个人所做学术都承载着各自不同的价值判断，并没有标准化的模板用以比较。简而言之，学术的"客观中立"诉求虽然反映了现今人类的一定共许性，但实际上仍依赖于个体人的世俗认知、体验，即也反映了人道个体的殊特性。在此意义上，学术依赖于人道的共俗理性，又依赖于人类个体的情感、经验与认知能力、境界，并不具备离于特定时代认知方式的"客观真实性"，与现代人类共业、个体别业相关联，与现代特定认知

---

① 陈寅恪主张对传统文化予以尊重，须有"同情之理解"，这也是当时西方学界提倡在研究古典传统学问时应有的一种立场。

方式即共俗理性相表里，从而与世间性、流转性相随顺、相一致。

可见，学术指向的是人的存在及其认识、体验的境界，它与指向超越于人乃至一切三界六道众生的证悟（Abhisaṃbodha）与解脱（vimukta）的佛教义学存在本质差别。当然，我们也必须认识到，学术的出现、存在也有其时代的必然性。它是现时代人道众生即人类的普遍思维方式的体现，是现时代人道众生存在方式的普遍反映。这是现时代的事实，构成了佛教纠缠于其中的现代基本的文化与精神状况。这就引出另一个问题：我们应如何处理二者的关系？

首先，我们应该认识到，佛教学术与佛教义学二者都是客观存在的学问形态，而且是现时代佛教学问的两种代表性表达形式。这就像基督教学问，既有由基督教徒们开展的本位性的基督教神学，也有学者们对基督教的学术研究，即基督教学术。换言之，佛教学术与佛教义学虽然存在着本质差别，但在佛教学问空间中却缺一不可，应该共存。佛教学术是按照现代学术思维即人本经验理性对佛教进行的知识性研究，它的存在在现代科学人本的文化背景中有其必然性，而佛教义学则是佛弟子依于佛教的悟性即基于佛教本位对佛教进行的义理等多方面的研究，它的存在在佛教作为传统文化和传统宗教的意义上也有其必然性。也就是说，佛教学术与佛教义学在社会文化中作为佛教学问的两个主要代表都不可或缺，应共同支撑现时代的佛教学问空间。尤其要注意，在其中，佛教义学作为佛教本位学问，即佛教自身的学问，更应该处于最基础的地位。换言之，在社会文化领域的佛教学问空间，佛教义学应是佛教学问的根本，可称佛教根本学问。

佛教义学的发达无疑是佛教兴盛的基本指标。在中印古代历史上，佛教义学都有其辉煌灿烂的时代，出现了无数伟大的佛教义学家。这些义学家作为佛弟子，既是学修、传承佛陀圣道的圣贤，也是通过义学弘扬佛陀圣道的大师，如舍利弗、目犍连、富楼那、摩诃迦旃延、摩诃拘絺罗、须菩提、阿难等尊者，又如马鸣、龙树、提婆、弥勒、无著、世亲等菩萨，以及鸠摩罗什、道安、慧远、僧肇、真谛、智者、吉藏、玄奘、窥基、慧能、法藏等等法师。但随着近世佛教的衰落，佛教义学也凋零下来甚至趋于断绝。清末民初杨仁山居士，以及民国欧阳竟无居士、太虚法师等，试图重新激活佛教义学，然而一直未能充分开展。现今佛教义学意识重新觉醒，但在佛教学术的强势话语下，举步维艰。佛教正法久住世间，有赖于佛教义学的繁荣，所以现今推动与开展佛教义学，是佛教作为传统文化的必由之路。

现在面临的主要问题是，即使是佛教界自身也未清晰地认识到佛教义学与佛教学术的差别，也未深刻地意识到佛教义学对佛教教理建设与佛教文化复兴的根本性意义。这需要坚持不懈地弘扬佛教义学观念与意义，并开展出现代佛教义学的各种规范性成果，否则佛教学术将独占佛教学问领域，而使现代佛教在表面繁荣下内在精神"空心化"。

五、佛教自身的现代性问题

近现代以来，很多佛教界的人士都意识到佛教面临着现代性困境，他们有的也不断地以理论和实践来应对这个问题。但是严格地说，这些不多的应对基本上停留在探索层面，甚至在某种意义上可以说是失败的，因为这些举措没能有效解决佛教的现代化困境，甚至促使这一困境在某些方面呈现出恶化的倾向。具体而言，本来是应该在明确佛教本位的前提下契合佛教理趣去应对现代性，即通过随顺现代性，进而对治、引导现代性，最后超越现代性，但在这一应对过程中，他们不乏对佛教予以"空心化"改造，偏重于随顺现代性，而不思对治、引导与超越，最终导致这些佛教探索不仅没能找到超越现代性之路，反而把自己变成了现代性的一部分。这就是佛教自身带来的现代性问题。由此可见，佛教现在要面对的现代性问题有两个方面：一个是佛教深陷其中的作为时代普遍状况的现代性问题，即时代的现代性问题；一个是佛教自身带来的现代性问题，即自身的现代性问题。在这里我们着重谈后一方面，即佛教自身的现代性问题。我们以学问为参照，可以将佛教自身的现代性问题归纳为以下三个方面：佛教本位学问的问题、佛教经典的神圣性问题以及佛教在现时代的形态问题。

1.佛教本位学问的问题：佛教义学的退场

佛弟子自身不作为或者反向作为，致使作为佛教自己学问的佛教义学的研究方式在佛教界没落而逐渐为共俗性的佛教学术研究（Buddhist academic studies，或，Buddhist studies）方式所取代。中国历史上的佛教学问基本是佛教义学形态，但进入现代，西方学术研究立场、方法和规范通过欧美尤其是日本传入中国，在学界和教界一些僧俗学者推动下，逐渐改变并替换了研究佛教的传统方式即义学方式，本已衰微的佛教义学走向末路，其作为佛教本位学问而为佛教根本学问的性质被消解，为佛教学术所取代。在其中佛教界自身学者的推动起到了关键作用。在现代社会中，佛教学问中以人本经验理性为本的学术研究趋于主导，从本为世俗性的社会文化角度看，其合理性是不容置疑的。但这种研究方式进入教界，在世俗化已达充分化的时代背景下，对佛教的神圣性和本位价值构成全面消解，从而颠覆了佛教义学作为佛教自身学问的地位，反客为主，在教界也成为主流甚至唯一佛教学问话语。其结果，佛教义学在教内以及社会中皆失去了作为佛教学问的合理性，更遑论维持其作为佛教本位学问而为佛教根本学问的地位了。这从佛教本位看，是现代性对佛教带来的严峻挑战之一。

如果佛教学术研究只限于教外学者，则没有问题。但如果教内佛弟子也以学术研究方式从事佛教学问研究，那问题就严重了。佛弟子作为佛教的皈信者，有尽形寿即终生守持皈信的要求，故其学问研究必须基于佛教本位，而纳入自身闻（Śruta）、思（Cintā）、修（Bhāvanā）中去，并作为引导其他众生闻、思、修的重要途径，在此意义上，这种学问只能是基于佛教本位立场的佛教义学，而非提倡"价值中立"但实是共俗理性为本的佛教学术。但问题是，现在教界四众弟子中的研究者，少有意识到佛教义学与佛教学术的根本差别的，他们或者不问学问性质而随俗做学术研究，或者以为凡佛弟子所做研究即是佛教义学，而不对研究性质和立场做清醒抉择。在后一种情况下，虽然他们愿意阐扬与光大佛教，但不能区分佛教义学与佛教学术在性质、立场上的本质差异，而常常混淆佛教义学与佛教学术，结果其研究不能真正随顺与指向究竟涅槃，而是重新落回凡夫众生的业力与执著的纠缠中。

我们可以用"失落"或者"退场"来形容佛教义学所处的现状，也就是说，佛教义学失落于这个时代，几乎已经退场。佛教在古代的情形并非如此，古代的印度佛教，其兴盛或者宗派的出现，都以义学著述的涌现为标志。中国佛教宗派的成立，也是源于各宗派的创始者作为义学大师的出现，换言之，正是基于他们对义学的重新表达，佛教在中国才得以形成诸多宗派，形成不同的修学与度化路线，而使佛教在中国真正扎根与繁荣，即实现本土化，虽然在此过程中，对佛教的本来面目或多或少有所遮蔽。但现代由于世俗化的充分化及与此不无关联的众生善根的薄弱状况，佛教正法衰微，佛教义学的立场与诉求即使在佛弟子中也少有守持，以学术标准研究佛教已经成为教内大多数研究者甚至公开的共识。放弃出世趣向的佛教义学而随俗参与、推动佛教学术，对佛教而言不啻"自毁长城"，然而在教内甚至成为一种令人向往的"追求"，他们每以能与学术前沿接轨而自豪。当然，即使在这种状况下，对学术研究在教内的流行也不乏反思。事实上，佛教学术研究作为人本经验理性的体现，必定消解作为研究对象的佛教的神圣性、出世性这种本位意义，真正的佛弟子无不有所拒斥，然而在现时代，在他们心中佛教义学的意识没有觉醒，只能在迷茫中，悲观地看着佛教学术渐渐在佛教界内一统天下，而束手无策，不能有所对治，甚至堕入了对佛教学问包括佛教义学的一概排斥中。

佛教义学的退场是一个攸关佛教法运的严重问题。20 世纪初欧阳竟无先生等就已经意识到这个问题，他以"内学"来称佛弟子自身基于佛教本位的佛教研究。在他看来，内学是一种"结论后之研究"①，即在对佛陀之教信受的基础上，再予以开显阐明与学修亲证。当然以"结论"称佛陀教说在表达上并不准确，但是他在告诉我们佛教自身的学问作为内学必以经教（"圣教量"）为依据，也就是说，佛教内学不是按照我们世间这种"研究以后才下结论"的模式做出来的"研究成果"（甚至欧阳先生认为，世间学即外学是"研究而不得结论者也"）②，即世俗理性分析、判断得出的结论，而是基于佛教本位，依于佛陀教说（佛陀圣教），随顺、相应于佛陀教说，而开展的学问。简而言之，欧阳先生认为，既然佛教是基于佛陀的亲证与教导所立，佛弟子的学问研究必要依据佛教这种特殊性，以符合佛教本位意义的特殊研究方法来进行研究，即以佛教的智慧、依佛教的教理教义研究佛教，所以称佛弟子自身的学问为"内学"。"支那内学院"之名也缘于此意。在此之前，中国佛教传统把内学这种佛教本位学问称为"义学"，现今我们称"佛教义学"，实际上正是沿用了传统对这种学问的称法，而加"佛教"二字意在限定与强调佛教本位性。

欧阳先生有广大的菩萨悲心，对近现代佛教衰微和义学没落深感忧心。"悲而后有学，愤而后有学，无可奈何而后有学，救亡图存而后有学"③，他对佛教的忧患意识，他对义学的热诚期望与矢志推动，令人震撼和感佩。可惜教界内学者们至今少有人认识到义学的重要性，大多仍随俗按照人本经验理性为本的学术立场来研究佛教、表达佛教，看不到佛教学术的表达对佛教自身的教理教义和修行实践不仅难以起到正面的阐扬作用，反而对佛教的神圣性与本位意义构成直接的消解。当然，这不妨碍他们对佛教有价值偏好（甚至有皈信和发心），选择从事佛教研究也反映了他们对佛教的感情，但他们意料不到的是，随着学术研究的进行，他们自己及其受他们著述影响者，对佛教

---

① 赵军点校：《欧阳竟无著述集》（下），东方出版社，2014年，第1348页。
② 赵军点校：《欧阳竟无著述集》（下），东方出版社，2014年，第1348页。
③ 《欧阳竟无著述集》（上），第392页。

的信心和正见一般会潜移默化地遭到削弱。事实上，学术研究的"客观、中立、公共性"的基本原则，要求研究者在研究中价值中立而放弃对佛教的皈信，并接受学术共同体的知识审查，便决定佛教学术并非佛弟子思考和表达佛教的恰当路径，也决定唯有基于佛教本位的佛教义学才是佛弟子应从事的佛教学问。

所以，佛教要在现代社会重新启航，既要凸显自己的不共特色，又要能够摄受众生、利益众生，基本前提是重新推动与开展佛教义学。社会一般以学术方式研究佛教，这无可厚非，但应注意，佛教界所开展的研究须是佛教义学研究，否则就违背了对三宝的皈信。在此意义上，在现今的社会文化背景中，佛弟子在佛教研究中面临着道心拷问下的艰难选择。

总之，从社会文化的一般视角看，佛教研究，即佛教学问，应然存在两个基本空间，一个是佛教义学的空间，一个是佛教学术的空间。这如同中国古代学问的两个方向，一个是趣求"道"的维度，一个是趣求"术"的维度。又如同西方文化中基督教学问有基督教的神学和基督教的学术二分一样。在现今佛教学问的这两个并存空间中，佛教义学被佛教学术所遮蔽，所以激活、繁荣佛教义学势所必然，否则佛教整体的文化生存空间就会丧失，更遑论正法久住于世。

2. 佛教经典的神圣性问题："大乘非佛说"论的流行

佛教在现时代还面临着另一个严重的问题，即佛教经典的神圣性问题，主要指佛教经典尤其是大乘佛教经典是否佛说的问题。在古代传统世界里，佛教经典的神圣性由佛教自己的义学传统，以及佛弟子的正信、传承与亲证来阐释与辩护，社会没有其他佛教学问相抗衡，所以佛教一旦能在社会文化中扎下根而获得合法地位，就容易维持自己的本来面目，至少在教内由于义学的存在对佛教的解释权牢牢掌握在自己手中。但是在现代世界里，现代性带来了人本经验理性，人本经验理性成为普世化的共俗理性，并进一步通过学术成为裁判一切传统的裁判官。在佛教义学极端衰微的情况下，佛教几乎丧失了对佛教自身的解释权，一切有待学术的考据、判定与解释。在其中，作为佛教最终立教依据的佛教经典的神圣性就成为饱受质疑的问题。

我们这里主要讨论最受关注的大乘经典的神圣性问题。在公元前后大乘佛教经典传出时，因其在佛灭数百年后方传出以及内容、风格迥异阿含经典的缘故，一部分部派佛教论师就宣称"大乘非佛说"。到近世，人本经验理性逐渐普世化，"大乘非佛说"论重新抬头，至今，伴随学术作为学问"公器"的大势，愈演愈烈。最初在18世纪，日本思想家富永仲基提出所谓的"加上法则"，认为后世的思想都是对前人的思想予以阐释、改造、发展而成。他认为，大乘也是如此，是在小乘的基础上发展起来的，由此得出结论，大乘的经典来自后人伪造。在19世纪下半叶到中国的一位英国传教士艾约瑟也曾说，大乘的经典是后人所撰，包括诸如《心经》《金刚经》《法华经》这些家喻户晓的大乘经典在内都属于伪造。[①] 到20世纪，学术考据主宰了历史研究，"大乘非佛说"思想便全面爆发，几乎成为学术界的"定论"。"大乘非佛说"论也深深影响了佛教界。即使是大乘佛教的法师、居士，随着佛教学术研究方式的全面采用，多少对大乘经典的佛说性有所怀疑，不同程度持"大乘非佛说"论者不乏其人。就整个东亚而言，由于大乘思想的普遍与深刻的历史影响，全盘否定者并不多，大多是持温和否定型立场，即主张大乘经非佛说，但大乘道理是成立的。然而，无论是否温和，都不承许大乘经来自佛的金口玉言，从而消解了大乘经的神圣性，这实际颠覆了整个"本佛宗经"的大乘圣道，毕竟成佛之道由未成佛者而非已成佛的过来者所说如何能够成立？所以"大乘非佛说"论的流行，严重动摇了大乘圣道的根基，对中国、日本、韩国等传统大乘教化地的大乘信仰构成了严重的挑战。这是现代佛教义学必须首先要正视并予以应对的问题。

针对这种挑战，对大乘的"佛说性"在历史上也出现了种种辩护

---

① 参考拙著《"批判佛教"与佛教批判》，中国社会科学出版社2018年版，第二编第六章第一节、第二节。

方式，略举三种：

第一种辩护方式是直接辩护，即正面维护"大乘是佛说"。从大乘本位看，这些经典的经教来自从佛陀那里开始的师弟传承，代代相传至今，无数圣贤如是闻思，如是修行，故就是佛说。换言之，对大乘经的佛说性的确信，来自正信的传统性，来自传承的传统性，来自修行的传统性，在皈信者看来，是无比坚固的。

第二种是间接辩护。这些经典的经教由佛宣说以后佛弟子们口耳相传，传到后世再编辑出来，这个可能性完全存在，后世无法用考证来否定这种可能性。也就是说，即使不从佛教本位角度而言，仅从学术考证的角度，也并非不能辩护。因为，从学术考证角度、从现代性的共俗理性视角去看，并不能证明"大乘非佛说"，即"大乘是佛说"有其充分的辩护空间。简而言之，对大乘经的神圣性，即"如是我闻性"，即使从学术角度也无法否定其合理性。

第三种辩护方法则是有所放弃，有所维护，以在某个特定层面重建大乘的"佛说性"。但在这种"辩护"中，放弃是对前提的放弃，所以是突破底线的无原则后退，维护也就不能成立。因此，这种方式并不构成真正的辩护，而终究可汇入"大乘非佛说"一类，只不过属于温和型。他们说，虽然大乘经很难被考证是佛说，甚至可以承认大乘经的确不是佛亲说，但是大乘的道及其理是成立的。他们认为，佛教在从"原始佛教"（即阿含佛教）发展到部派佛教的过程中，佛弟子怀念、追慕佛陀，试图成为佛陀那样的圆满圣者，所以结合佛陀宿世本生因缘故事中的菩萨行以及阿含经教中的解脱道，而构建出成佛之道，形成了大乘经。然而，这一类所谓的"辩护"虽然有维护大乘的发心，但本质上仍然属于"大乘非佛说"。盖因其中的基本前提是认为大乘经不是佛亲说，而由后世佛弟子所撰成。既然大乘经已经不是佛所亲说，大乘的道理系统作为成佛之道如何能够成立？换言之，大乘的道理作为成佛的道理，自然无法由没有成过佛者说出，如果他们宣称建立了成佛之道，那只能是在说妄语了。只有真正圆满证得真理、实现究竟涅槃的佛陀才能宣说大乘甚深道理而开显成佛之道，其他凡有所阐发者，也是在受过佛陀的大乘教说教导后，作为大乘佛弟子，才有可能。但在现代，不乏教内学者承诺大乘信仰，又坚持这种大乘经教源自阿含佛教、部派佛教的发展观，以为是在为大乘辩护，殊不知委实仍是在自毁长城，依旧堕入了"大乘非佛说"论。但他们是以好心去说明大乘，并非意在摧破，所以可称温和型"大乘非佛说"论者。

在中国 20 世纪教内最有名的"大乘非佛说"论者，一是晚年去南亚的法舫法师，二是中年去中国台湾的印顺法师。二人皆是太虚大师的学生。法舫法师本是大乘法师，但后来深受南传佛教的影响，而反过来激烈否定大乘佛教，认为大乘佛教实是印度教的变种，是破坏佛教正法（指阿含教法）、导致佛教正法在印度灭绝的内在原因。所以他属于激烈型的"大乘非佛说"论者，这种立场对大乘予以全盘否定，认为大乘非但不是正法，反而是破坏正法的罪魁祸首，是魔法。印顺法师则属于前述的温和型"大乘非佛说"论者。印顺法师最初曾批评斯里兰卡一些佛教人士所持的激烈型"大乘非佛说"论，而对大乘佛教予以了辩护，但他的辩护以承认大乘经非佛亲说为前提，并以佛法代替佛说为大乘经典定性，从而形成大乘经非佛亲说但是佛法而可称为佛说的大乘经观。这种立场实际正是一种温和型"大乘非佛说"论，在汉语佛教圈影响甚大。对印顺法师的大乘佛教观，太虚大师在 20 世纪 40 年代曾有批评，后在五十年代中国台湾教界也有反思，甚至迄今一直不乏批评。近几年大陆一些义学者重新提出这种思考和反思，目的在于提醒佛教思想界，现今大乘经典的神圣性在人本经验理性和各种"大乘非佛说"论的影响下已遭严重侵蚀，如果不予以严肃对待，大乘佛教的信仰根基势必遭到严重动摇甚至被颠覆。

3. 佛教在现时代的形态问题："人间佛教"观的俗化与矮化

佛教进入现代，面对普世化的现代性，一方面要继承印中佛教伟大传统而有所弘扬，另一方面要契合佛陀本怀并随应时代众生根机而有所开新。后一者，是最重要的方面，毕竟时代不同，佛教作为引导众生走向涅槃的方便当然会有所差异。对于这一问题，太虚大师认为应该走出宗派佛教的老路，立足人间而面向十法界，开展人生佛教，或者说，人间佛教。近百年来还有一些佛教人士针对时代佛教的探索，不约而同指向人间佛教思想，但具体含义差别甚大。在其中，印顺法师的人间佛教思想是最为系统的，构成一种现代佛教探索的新形态。但如何评价这个形态却众说纷纭。应该说，印顺版"人间佛教"思想是诸人间佛教思想中偏离佛教传统最远的，它将大、小乘佛教放在一个连续发展的过程中观察，通过去"天神化"，而唯取人间性，构成一种以人本经验理性为本的佛教思想形态，所谓的"人本大乘法"。

印顺法师以"人间化"和"去天神化"双重约束条件来建构人间佛教思想，最终达到的思想性质被太虚大师批评为"孤取人间"。所谓"孤取人间"是指，将整个佛教建立在"唯人间"这样一个平面内，完全以人本化来处理佛教，三界、六道还有净土都被视作神话予以消解，认为只有人方能学佛，而且唯在人间方能学佛。这些完全颠覆了大、小乘佛教经论的教理传统。这是他除"大乘经非佛亲说"论外，另一遭到普遍诟病的观点。按照佛教经论，佛教度化的对象是包括三界六道乃至净土在内的一切众生，绝非唯有人道；若就修学而言，最佳修学者也绝非唯是人道，当包括天、人。总之，人只是受教化和最佳修学的众生之一。大小乘经典中也记录说，佛教出世说法最初是因天神的再三祈请；弘法时都离不开天神护持。佛陀被称为"天人师"，而非"人师"。故佛教的度化以一切众生为对象，又以人天道为重心。在此意义上，"唯人间"与"唯人"的人间化、人本化立场，明显偏离佛教经论，而堕俗化和偏狭。

实际上，佛教是从佛陀智慧海里流出的、是依据佛陀本怀开显的、超越并度化三界六道的出世之道，因此，佛陀经教的神圣性和权威性奠定了佛教正法的根基。"本佛宗经"是佛教不能动摇的最基本原则。在此意义上，要以依教契理为前提，方能随顺时代和众生的机宜有正法性新开展，否则将滑向相似佛教而不自觉。

总之，中国佛教在其现代性困境中由于应对不当而在教内引生的自身的现代性问题表现出了三个方面，即佛教学术取代佛教义学、佛教经典的神圣性被消解，以及"孤取人间"的人本化的人间佛教思想大行其道，这些方面需要严肃思考和谨慎对待。从学问角度看，解决问题的关键其实是显而易见的，即对于真正的佛弟子而言，如果从事佛教研究，定要以佛教义学的方式开展，也就是在思考和表达上要基于佛教本位进行。在现今教内学术研究方式已经普遍应用的复杂情况下，首先应是大力阐扬佛教义学观念，对开展佛教义学的必要性和迫切性予以全面启蒙。一旦教内能普遍认识到佛教义学作为佛教本位的学问，是佛教自己的学问，并能有广泛开展，佛教正法的复兴是可期的，否则佛教必定会在现代性的世俗化浪潮中逐渐世俗化，所谓"空心化"，而很快走向消亡。

我们已经看到，在大乘佛教的中心从印度移转到中国后，中国一直是弘扬大乘佛教的"主场"，但到了现时代，"主场"不再，实际发挥着"客场"的作用。这是由于佛教学术在教内反客为主，代替了佛教义学的角色，消解了佛教自己的本位思考与表达方式，佛教无法真正建立自己本位的系统表达。所以，中国要重新发挥大乘佛教的"主场"的作用，从而主动、有力地引导大乘佛教的如法发展，应该反思现今教内佛教学问的思考与表达方式，重新激活佛教义学。通过重新激活佛教义学而激活佛教的内在精神，不仅关系到佛教自身的正法复兴，而且对于传统文化的复兴也能起到至关重要的推动作用。

附：问答——有关"解脱""亲证"与"普化"
"俗化""中国化"等的问题

1. 第一问答

问：在证得了阿罗汉果位后，就已经了生死了，但是否已彻底解脱？

答：这需稍加辨析。如果成就了阿罗汉（以及独觉），就肯定不再入轮回，这个叫"了生死"，而称解脱，但是，并没有究竟解脱。《阿含经》与部派佛教认为，阿罗汉仅仅断了烦恼，但是未断习气。大乘佛教认为，阿罗汉（以及独觉）甚至还有一分烦恼未断，所谓不污染无明（不污染无知），或者说无明住地烦恼。所以，《般若经》《胜鬘经》等大乘经典都明确指出，阿罗汉、独觉还没有彻底解脱，说他们解脱只是方便语。唯有佛陀才将一切杂染的现行与种子全部消除，获得了真正解脱、究竟解脱。大乘道与声闻道、独觉道既然在解脱上不同，在觉悟、涅槃上就更有差别。这也是之所以分称大、小乘的重要原因。

2. 第二问答

问：菩萨在见道位见道，见的到底是什么？与空性有何关系？

答：在见道位见的正是空性。这里的"见"是亲证。但谈空性有两层含义：一是遮，即直接否定；二是显，即通过遮来反显真实。所以，一般大乘谈空性，由针对性有别而有不同意趣。比如，般若教谈空性主要用遮，重在否定，同时以遮的善巧化来间接地显示甚深真实，否则，若无后一义，则堕一切虚无，即顽空见（恶取空）。在唯识和如来藏教中，则更注意真实本身，即注重遮后开显真实方面，主要落实在开显上。从这个角度看，它们关注的层面不同，并不矛盾。

问：具体的见真方式有何差别？

答：般若教在开显真实上，是以隐密的方式转正法轮，而隐密相就是甚深相，即以空的甚深性隐含地显真。换言之，"隐密"也是肯定存在真实，只是没有明说，而用暗示。唯识教和如来藏教则是以显了的方式转正法轮，即直显真实。但"显了"也是有甚深义的，不是简单地直接肯定。比如，"显了"不是以言说直指，因为言说并不能直诠真实。真实是离言自性，恰恰要言语道断、心行处灭，才能契入。所以，"显了"实际是指言说上的方便开显，但根本上是指智慧生起，而能令真实直接显现在前。在此意义上，真正的"显了"，只有智慧才能实现，这就是亲证，就是"见真"。

3. 第三问答

问：现在日本、韩国、中国台湾乃至大陆都有比较严重的佛教世俗化的现象，消解了佛教的神圣性，使正法"空心化"。但也有另外一些说法，说在正法时期是以证果为主，在像法时期是以悟解为主，而在末法时期是以结缘为主。那会不会刚好这些看似世俗化的方式就是比较适合现代众生的根性或者共业呢？如果没有这样一个方式，可能佛教会衰亡得更快。有没有这样一种可能？

答：这个问题确实复杂，可以这样看。首先，佛教的本质是圣道，它有两个相互联系的开展路线，一个是上求，一个是下化（普化），这一点古代圣贤早就论述过。在这里面，根本是圣道，而上求佛道，也就是成佛，是其中最基本的诉求。如果守住了这个根本，菩萨就可以方便采取各种层次的下化的方式。但是在下化中，必要给圣道留下空间，内在地仍是以圣道为本。这就是普化。但现今很多佛教的开展方式应该叫"俗化"，即"世俗化"，而不叫"普化"，为什么？普化是不违背圣道佛法的，它属于下化的部分。但是俗化违背圣道佛法，因为它没有给圣道留下空间，消解了圣道。这是最大的问题。古代佛教中，即使是弘扬人天乘，也会给圣道留下空间。现在大多走俗化，而不是普化。俗化虽然也与佛教结缘，但代价太大，舍弃圣道，矮化佛陀，对佛教本位意义予以消解。所以，现在的种种做法，我们可以去观察、衡量，是在普化，还是俗化？这需要抉择，不能以多元化去平等看待。普化是现今广泛需要的，也合乎佛法，但是俗化不是佛法。如果对佛法负责，就有必要认识到这点：世俗化构成对佛教神圣性的消解，对佛教圣道本质的消解，没有圣道存在的余地。尤其要注意俗化的一种重要表现，就是以现实人道的有限视野，把佛陀完全人化，否认经典来自佛陀直接传承的神圣性，断定这些经典都是后世发展出来的，比如大乘经。这样的立场正是典型的世俗化。普化不同，它恰恰是提倡我们敬尊佛陀为三界导师，恭敬佛陀经典。

　　总之，不能把普化混同于世俗化。俗化肯定不是正法久住世间的路线。印度佛教在印度灭绝，最根本的原因就是俗化，失去了自身存在的意义，伊斯兰教和印度教的打压是外因。想想，与佛教同时兴起但要弱得多的耆那教为何在印度一直传承不绝，至今仍有不小声势？所以，佛教的本质既然是圣道性，那我们首先要保护的就是这个，不能弃舍，坚守就是生命力，就是正法久住。首先要能够坚守，然后才能有真正的随缘摄受和方便引导，这就是普化。换言之，普化是在守持的基础上的随缘摄受与方便引导，而摄引有多途、多门，有种种方式，越广大越好，但是不能以放弃圣道、消解圣道为前提、为代价。

　　关键是，现在的开展方式大多是世俗化性质，神圣性、圣道性被消解、被遗忘，甚至连因果轮回都回避，十二因缘都不谈，完全是心灵鸡汤，无原则的随俗，遑论圣道。所以，我们应该思考现代开展的种种佛教面向是不是如法？思考如何维护神圣性和圣道性，如何追求圣道？在这个基础上，进一步思考佛法如何走进各个层次的大众心中，也就是实现普化。要开展佛教普化，恰恰是要坚守佛教的神圣性和圣道性，因为这才是精神源泉的所在，这样才能产生力量。如果没有这个源泉来保证，普化就没有根底，就成俗化，而俗化表面上是广泛结缘，但实际上是流滥于俗而混同，导致佛教很快就会变异、消亡。免除于此而守护佛教本位意义与神圣价值的基本途径，正是开展佛教义学研究。

4. 第四问答

问：佛教的中国化，使大乘佛教在中国导世化俗、广利群生，功德无量，但也给中国佛教自身带来了一些问题，这怎么看？

答：佛教在古代中国的本土化，即中国化，主要是要解决与中国文化相适应的问题，即寻求如何能为中国本土文化所接纳而落地生根，总的策略是避免直接与儒家争夺政治、文化的社会教化权。以此方式，佛教最终实现了本土化，转化为中国化佛教，且在宗派化开展后迎来了佛教文化的繁荣，并合道家（道教）以与儒家互补的方式，共同铸造了近世中国传统文化的根干。但为此，佛教在自我建设方面也付出了极大代价。主要在于，为了与儒家分河饮水，完全转型为"方外"（"出世"）之教，专注开发内证之道，而放弃了大乘广大菩萨行的提倡。结果，中国化佛教从印度大乘佛教作为具完整道次第的渐教，转化为了重智轻悲的顿教与圆教，以及重信的净土教，在相当程度上消解了大乘道渐次修集、广度众生的资粮积累过程，所以太虚大师批评是"大乘教、小乘行"，古今社会多视中国化佛教为"消极""遁世"，不无道理。

进入现代，中国佛教由自身在入世方面的先天不足，在面对现代世界时遭遇因应困难，出现了"现代化"问题。所以，太虚大师在继承中国大乘佛教传统的前提下，提倡"人生佛教"（"人间佛教"），以补"入世"之维，即立足人生、人间，面向法界，开展菩萨行。现今这种趣向被广泛许为中国佛教因应现代性的主要选择。但这又带了新问题。毕竟太虚大师的"人生佛教"/"人间佛教"是对治性的、机宜性的、时代性的，而现今相当多走向了极端：一是割裂乃至弃舍中印大乘佛教传统，执"人间佛教"是佛陀唯一本怀，是佛教本来面目；二者割裂乃至否定十方法界，"孤取人间"，而"唯人间化"。这样的"人间佛教"观念既违背了太虚大师的"初衷"，又违背了佛陀摄三界、净土乃至十方法界为度化域而普度众生的完整本怀。

第二章 "佛教义学"观念的
缘起及其重新出场

一、引子

"阿含"（Āgama）是笔者近年思考中极为关注的一个词，不仅用指传来的佛陀教说，而且意味着"传承"之义，也就是从"如是我闻"到"信受奉行"，整个从佛到弟子的法流。对于后世佛弟子而言，这些义涵都统摄在佛陀教说也就是经教中，以其为"阿含"。在小乘那里，"阿含"就狭义指《阿含经》（Āgama- sūtra, 北传小乘经典）、尼柯耶（Nikāya，南传小乘经典），而在大乘那里，还要加上大乘经（Mahāyāna- sūtra）。实际上，"佛教义学"就建立在这样一种"传承"上，因为佛教义学正是对佛陀圣教（佛陀教说，Buddha- vacana）的阐显、辩护及发扬，这被太虚大师称为"本佛宗经"。所以，在此意义上，"佛教义学"与"阿含"的"传承"含义紧密相关，而且是以"阿含"所开显的"传承"为本，可以说，没有"阿含"，便没有佛教义学的建立与开展。佛教义学的意义关联在"传承"处，根基于佛陀及其教言，这是我们思考"佛教义学"的出发点与归趣处。这也正是这里首先提及"阿含"的意趣。以此为前提，才能探讨佛教义学作为佛教本位学问、作为佛教自己的学问、作为佛教自己的道学等的种种相关义涵。

在明了前提后，我们对"佛教义学"的探讨，将围绕佛教义学的观念、立场和方法，以及它所涉及的内容，甚至规范来展开。同时我们也会涉及佛教义学在佛教历史上从印度到中国、从古代到现代的整个开展过程（还应包括从中国到世界这一传播过程，因为后来大乘佛教以中国为故乡，但本书为使内容紧凑，暂不叙述）。在此意义上，我们谈佛教义学，便是在非常宽广的时空下，而且是在多重文化交融的背景下所进行的思考。在现代，文化的多元化，尤其是科学人本理性的普世化带来的世俗化的充分化，导致佛教面临着一个困境——这也是所有传统文化正面临的困境——所谓"祛魅"，即其神圣性和本位价值被消解。佛教义学自身正是本着应对这样一种挑战的逐渐明确的意识进入现代的。佛教既然要应对现代文化这个新背景与新形态，当有新的开展，其关键是传统佛教义学的转型，即要有现代佛教义学的发生。这其中，既有被迫的顺应，也有主动的选择。

面对"佛教义学"观念，我们现今基本上已经从感性的激情、模糊的认识进入到了系统的、深入的思考，这也是现代佛教义学开展的必要前提。佛教义学从古代到现代，在佛陀及无数大德的示范下，早建立了它特有的立场、方法和规范。所以，当现今佛教逐步走向复兴时，正是佛教义学应该而且能够开展乃至大发展的时机。正是在这样一种时代因缘下，我们这几年一直在试图阐扬佛教义学这样一种特殊的学问。越来越多的人已经意识到弘扬佛教义学的必要性和紧迫性，并认识到现今开展、发扬佛教义学的时代因缘已然成熟。当然，具体的开展模式，由于时代文化的转型，尚待因应探索与逐步成形。

关联于"佛教义学"观念的重要问题很多，所以在具体探讨时必须有所选择。其中，这一章关注"佛教义学"观念本身，包括两个方面。一者是"佛教义学"观念的界定，也就是我们如何看待"佛教义学"观念。二者是"佛教义学"观念的重新出场问题，即我们为什么要在现代探讨、激活"佛教义学"观念。其中，界定，即定义，实际上是佛教特别重视、经常使用的一种方法，所谓名义相的建立，即涉及名（Nāma）与义（Artha）的建立、开显与抉择。盖因佛教强调正见（Samyag- dṛṣṭi）为本，正见则要求必须进行清晰明确的划界。现代文化也相似，它的多元化就建立在种种划界上。佛教义学通过与世俗文化的区分，就能凸显自己的性质、意义与内容。所以，对于"佛教义学"观念，首先要明确它的本位意义，也就是明确它到底是如何定义的，与世俗观念、学问是什么关系。这是要重点处理的问题。这种界定关涉到对佛教义学性质、意义和内容等诸多问题的分析与抉择，仅仅凭借这一章无法予以深入与系统的探讨，因此在后面的几章中还会反复论及。这一章主要从狭义层面来探讨佛教义学的界定问题；下一章将从广义层面更为充分地对佛教义学观念予以分析，同时与世俗种种观念、学问甚至文化进行一些比较与抉择；最后一章则探讨现代佛教义学开展的一些条件和特点。

二、"佛教义学"观念的界定及其多重涵义

在关于佛教的各种学问中，唯佛教义学是属于佛教本位性质。"佛教义学"一语可英译为 Buddhist Yixue，或者，Buddhalogy。但在西方，这一佛教本位学问称为"内在者的研究"（Insider's studies），以区别于"外在者的研究"（Outsider's studies），比如佛教学术研究。^① 其具体名多称为 Buddhist Theology，这是根据"神学"（Theology）一语加一"佛教的"（buddhist）限定而成的，相当于"佛教的神学"。然而，"佛教义学"观念与"神学"观念的义涵完全不同，意在一切众生的内在觉悟，与上帝这样的神无关，故 Buddhist Theology 并不合适指称"佛教义学"。在佛教学术界，还拟有一词 Buddhology，一般汉译为"佛教学""佛学"，但其在用法上从开始就俗化了，含义并非"义学"，而是用指"佛教学术"（Buddhist academic learnings）。Buddhalogy 一语直接显示与佛陀（Buddha）的紧密联系，故可指真正的"佛学"，也就是"佛教义学"。这也是用其对应"佛教义学"的原因所在。而"义学"的英文对应中有一选择用拼音 Yixue，原因在于此语直接来自中国语言，而非印度经典。

从一般定义看，"佛教义学"用指从佛教自身的价值与意义出发建立的学问，即基于佛教自己的认知本位建立的学问，所谓"基于佛教本位的学问"，又称"佛教自己的学问"。在佛教看来，这样的认知

---

① 参考：Jackson,R. and Makransky,J., Ed.: Buddhist Theology，Richmond: Curzon Press, 2000.

本位，又是依于一切凡圣的内在善根，而以佛教悟性建立的。

如果要进一步追问佛教义学作为一种"学"（Learnings），也就是一种"学问"，到底是何具体义涵，则需要从不同角度对其界定予以考察。一般的佛教学问，都是因为其研究对象是佛教而得名，但这样的界定显然对"佛教义学"并不恰当，失于混乱、粗疏，毕竟即使针对同一对象，不同认知立场所得结论可以是大相径庭，甚至背道而驰的。所以，立场决定了学问的性质。在前已知，在佛教学问中，有两门最为特殊，即佛教义学与佛教学术。其中，佛教学术基于共俗理性（即现代人本经验理性，又称科学人本理性），以追求客观、中立和公共的知识（Objective、neutral and public knowledge）为目标；佛教义学则基于佛教本位的悟性，以指向觉悟（Bodhi）、解脱（Vimukti）即涅槃为特质。佛教学术虽以佛教为对象，与佛教有缘，但仍属世间性学问，而佛教义学是佛教自己的学问，则属于出世间之学。这里暂不直接讨论佛教学术的含义（放在后文），只对佛教义学的定义给出说明。略而言之，"佛教义学"可有六个层面的意义：

一者，应该明确的是，佛教义学是"佛教之学"，即不是从以佛教为对象的角度所立之学，而是从属于佛教之学，换言之，它是佛教自己的学问，也就是佛教内部的、自己表达自己的学问、自己表达其他一切的学问。这样笼统定义的"佛教义学"，作为"佛教自己的学问"，所谓"佛教之学"，又称"内学"，或者"内明"。印度古代多说"内明"，中国古代多说"义学"，而现代欧阳竟无先生说"内学""佛学"，太虚大师亦说"佛学"。

在现今时代，任何思想体系皆以"学"冠名，佛教作为道学在现代也不例外，故有"义学""内学""佛学"等的种种称名。在此诸名中，"内学"，尤其是"内明"，在佛教内部所用较多，而在社会范围内，"佛学""义学"则有更多的认知。在这二者中，"佛学"（"佛教学"，Buddhology），包括"佛学研究"（Buddhist studies），已经混滥于"佛教学术"与"佛教学术研究"，唯有"佛教义学"之名仍一直凸显佛教作为道学的不共性，以及对佛教传统本位学问的继承性，故更受现今佛教义学界的重视，成为佛教自身学问的共许名称。简言之，从传承、传统以及现代适宜性看，称"义学"最善巧，容易将印中、古今接续起来，构成一个佛教自身学问的大传统。

在明确"佛教义学"为佛教自身学问的前提下，可以此观念观察佛教在学问意义上的整体结构。既然"佛教义学"是佛教之学，即内明，实际即是佛教作为学问本身，故其代表是经（修多罗，Sūtra）、律（毗奈耶，Vinaya）、论（阿毗达磨，Abhidharma，或，Śāstra）三藏（Tripiṭaka）。大略而言，经藏是佛陀的教说，属于三藏中根本的一分，律藏反映佛所制律，也可摄在其中，而论藏则是佛陀的杰出弟子们所撰造的著述，属于从属的一分。三藏所摄佛陀教说与佛弟子论说两部分虽然在神圣性与正法性上有层次的区分，但皆是后世一般佛弟子开展义学所要依据的典范。由此可知，佛教义学的宏观结构可分为经、律、论三类，其中经、律摄经藏、律藏在内的一切佛陀教说，而论是摄论藏在内的一切佛弟子所撰造义学著述。这是佛教义学的完整范围。在其中，佛陀的教说是义学的根本，是被佛陀先在给予的部分，而佛弟子的著述是义学的枝叶，是佛弟子所开展的部分，而且后世一直处在不断开展的状态。

二者，佛教义学必相应、随顺于佛陀圣教，即是"本佛宗经"之学。佛陀是一切众生的根本导师，所谓"法根、法眼、法依"，所以佛弟子思维与言说，要以佛陀圣教为圣教量。由此，他们所开展的义学，首先是要与佛陀圣教构成随顺、相应。如果是圣者，其开展应是相应。因已证悟真实而能与诸法真理（实相、真实）平等如一，与佛陀圣教就构成了相应。此中，"相应"是"瑜伽"（Yoga），在佛教中最基本的用法是指对真理的现观，对真理的证悟，而在一般的意义上是保持一致。如果是非圣者的佛弟子，其开展就必须随顺于佛陀圣教，也就是依止、遵从佛陀圣教。盖因其尚未进入圣位，不能与佛陀圣教构成相应。换言之，相应是已证悟了真理，直接与真理相通；随顺是尚未证悟真理，未达真理境界，须要顺从。故佛弟子所开展的义学，必要与佛陀圣教构成相应、随顺的关系，即必须以摄一切教法与证法的佛陀圣教为学之本。

在佛陀示现圆寂后，佛教义学一直在开展的部分，是佛弟子的义学，故在后世说义学，一般指佛弟子所开展者，笔者称狭义的佛教义学，本书主要在此意义上使用"佛教义学"观念。当然，包括佛陀教说在内的全体佛教义学，笔者称广义的佛教义学，本书也有提及，尤其是在笼统或者宽泛意义上谈义学时，须读者根据语境区分。简言之，"佛教义学"观念的基本用法，是狭义性的，特指后世佛弟子所开展的部分，其代表是论藏，而佛陀教说，以经、律为代表，作为"如是我闻"性质，此时则是佛教义学的来源、依据、标准与方法。

三者，佛教义学是一种在佛教意义上的有"义"之学，即圣道之学。这个"义"（Artha）作为"佛教"之"义"，是代表"佛教本位意义"。这意味"义"是"非戏论"（Aprapañca）、"有胜用"之义，换言之，其所限定之"学"要有意义、要有胜用，即要能够对治烦恼、对治执着，能够引导众生积累福德智慧资粮（Puṇya- jñāna- saṃbhāra），而走向解脱、觉悟，实现涅槃，才属于有"义"之学。此"义"学既然绝非戏论，有其解脱、觉悟与涅槃的意义指向，就非任何意义上随俗之学，当然也非"为研究而研究"建立的任何一种思维构造，而是圣道之学。其殊胜意义可略归为如下五义：

1. 佛教义学必是相应、随顺于诸法真理（实相、真实）。既然佛教义学是依于佛陀圣教的开展，那就与诸法真理构成了随顺与相应，原因在于，其所依的佛陀圣教是佛陀圆满证悟诸法真理后所宣说，用于开显并引导众生证得诸法真理。其中，圣者是相应于诸法真理，即证得诸法真理，而非圣者尚不能相应于诸法真理，但可以随顺于诸法真理。比如关于空性、缘起，圣者是证悟而阐显，非圣者则是随顺而说明。

2. 佛教义学有开显诸法真理的方便胜用。如果是圣者，由与真实相应，其论可以开显诸法真实；如果是凡夫修行者，由能随顺真实，虽然不能像圣者那么善巧，但其论也可以随顺方式进行开显，即凡夫佛弟子，通过闻思，能够把握佛陀的甚深意趣，以及体会真理的殊胜意义。非圣者之论的开显胜用，相对于圣者的而言，在方式上更加曲折，在性质上难有决定。当然，这里所说对诸法真理的开显，是在言诠意义上的方便显示，而非直接显明，盖因诸法真理作为非安立谛即离言性，只有圣者的智慧才能如实证得，也正是在此意义上才能称为直接开显。

故此，佛教义学其实涵括着两个层面，一个是通过文字依于佛陀圣教表达道理的义学，一个是通过闻思修开展以获得智慧而直证真实的义学。前者不能直接开显真实，只能方便地显示和间接地表达，因为语言与分别不能直接通达离言境界。通过闻思修而证得的无分别性智慧，方是义学的根本层面，它能够直接显现诸法真理，也就是说，一旦获得了智慧，就可以直接开显真理。不过，一般所说的义学指的是文字层面、道理层面者，其对真理的开显只能是间接的。即使如此，义学也能够方便引导众生在正见与智慧上不断提升，而趣向菩提。

3. 佛教义学有对治烦恼执著的殊胜意义。佛陀已获究竟解脱，依本愿出世说法，以令众生出离烦恼乃至一切杂染，获得无上安乐与究竟清净，故义学本佛宗经，也能够引导修学者对治烦恼执著，逐渐走向彻底解脱。

4. 佛教义学有涅槃的指向性。佛陀依于无住涅槃，出世示现成道与说法，普度众生趣于涅槃，佛弟子依此垂范，开展义学，以自度度他，故佛教义学具有涅槃的指向性，而非世间或者流转（轮回）的趣向。义学的开展须以此为最根本意趣。如果一种学问根本是指向世间性（世俗性、轮回性/流转性），就绝非义学。人天乘之学，由于没有排除出世的可能性，给涅槃留下了空间，也可摄在义学之中。一方面，人天乘与大小乘一样，皈依的是三宝，有圣道的善缘与三宝的加持，故圣道处于其最亲近的缘法中；另一方面，人天乘的"五戒十善"不仅能令众生世间善根增长，而获得人天福报，还能进一步旁熏众生的出世善根，令其最终趣向出世涅槃，也就是说，人天乘保有从世间的人天福报升级到出世的涅槃圣果的可能性。在此意义上，大乘经教说人天乘善法是顺圣道的善法。也在此意义上，人天乘可视为众生进入圣道的最基本通道，而为佛教义学所摄。所以，从根本上说，如果不具备指向涅槃的意趣，就不是佛教义学。

5.佛教义学能引导众生破障证真而走向涅槃。义学的涅槃指向性，并非是单纯的道理，而是可以用于佛弟子修学的具体指导的，即修学者通过义学的闻思，能破障证真，走向解脱、觉悟与涅槃。因此，只有具备引导众生破除烦恼和执着之障、证悟诸法实相、走向涅槃这种殊胜意义，才能称为义学。这其中，实现涅槃意味着也获得了解脱、觉悟，盖因涅槃作为一种最圆满的存在状态，是要通过获得解脱与觉悟来实现的。正因为涅槃状态包含了解脱的向度和觉悟的向度，所以佛果才有究竟清净性、彻底自在性与圆满智慧性。而涅槃通过解脱、觉悟的最终实现，内在须破障证真，外在要利他普度来配合。

上述五义反映了佛教义学作为出世道学的基本性质和意义，是佛教义学之所以为"基于佛教本位的学问"或者说"佛教自己的学问"的根本原因之所在。

这意味，佛教义学之作为佛教自己的学问，须根据佛教本位的认知立场、佛教自身的基本特质以及佛教的最终趣求，才能把握和开显，故其开展的基本前提是"本佛宗经"，即须依于佛陀的圆满智慧及其境界，依于佛陀普度众生的本怀，依于佛陀出世说法的基本意趣，依于佛陀开显的诸法真理，依于佛陀建立的解脱、觉悟与涅槃之道，来成立义学。只有在这样的认知与价值立场上去看待和表达一切，即组织、阐显、维护出世性法，显示、抉择、对治世间性法，而开展的学问，才能称佛教义学。在此意义上，佛教义学具有指向解脱、觉悟与涅槃的趣向，而称佛教圣道之学。

四者，佛教义学本身是一种活动，即闻、思、修的开展，是一种研究。闻、思、修作为一种指向解脱、觉悟与涅槃的活动，以不断深化的认知与实践的互动为诉求，故是一种真正的研究。一旦闻、思、修的开展外化，即为度他而表达，就是佛教义学成果。在此意义上，佛教义学作为活动，就与基于佛教本位的研究等同起来，而称佛教义学研究。而且，这样的开展，只要满足佛教义学的意义要求，就可以普遍进行。

五者，佛教义学既然是活动，即开展与研究，就一定有从事者，也就是人，或者众生，这是佛教义学另一重要方面。基于佛教本位的价值取向，要求佛教义学开展者是佛教皈信者。在这样限定下，佛教义学可以表述为基于佛教皈信立场的研究，即基于皈信的闻思修的开展。而这样的闻思修活动，作为一切趣向涅槃的加行，包括了趣向涅槃的一切理论研究以及实践。如果进一步看，佛弟子之所以能开展闻思修的活动，是因他们的善根成熟而发生了皈信，依此才能发起涅槃趣求，进而与圣教相应，走上积累福德智慧资粮趣向涅槃的道路。在此意义上，佛教义学一定要有基于自誓皈信，或者更根本地，基于自内善根这样一种保证，换言之，佛教义学是"基于佛教皈信之学"，即"基于佛教正信之学"。此中，正信（Śraddhā）谓正知而无疑，即在正知前提下的信任、许可。故佛教义学是信与知合一的开展，不同于世俗中信仰与理性相违背之学。

六者，如果就"学"的本质看，还可给出一个更基本的定义。"学"实际指在特定的认知立场下所成立的学问系统，所以可以以认知立场来标识。"佛教学术"可以现时代的共俗理性即"人本经验理性"说明，"佛教义学"也可以类似方式予以界定。佛教的认知方式与能力称为"悟性"，是一种无执即非虚妄分别的认知方式与能力。佛教的"悟性"可分为两个层面。一者是圣者层面。圣者已经证得真理，故他们的"悟性"决定是真正无执的，但也有众多层次，在佛位为最高，即圆满。二是凡夫修学者层面。凡夫修学者尚未证得真理，但由于善根成熟，能够随顺于悟性进行思维，而且最终能够引发真正的悟性发生，因此，他们的这种认识方式与能力实际应称"随悟性"，相应于加行无分别智，虽然不能免于执着，但能够帮助众生获得真正悟性，而走向涅槃，故为"悟性"所摄，也称"悟性"，根本不同于轮回凡夫的认识方式与能力。轮回凡夫的认识方式与能力，包括学术所依的共俗理性，不仅是有执的，而且是随顺、相应于世间性，即"流转性"（"轮回性"）的。

在此意义上，"佛教义学"即是"基于佛教悟性之学"，可简称"佛教悟性之学"。与此相对应，"佛教学术"则是"基于人本经验理性之学"，可简称"世俗理性之学"。既然"佛教悟性"必然随顺、相应于佛教真理，所以也可称为"佛教理性"，由此"佛教义学"又可界定为"基于佛教理性之学"，简称"佛教理性之学"。①但如同已经发生的那样，"佛教理性"易被误执为"世俗理性"，故用"佛教悟性"最为善巧。

在佛教义学的几个常用名中，"内学""内明"之"内"，在于表明佛教义学属于佛教自己的学问即佛教本位性学问的范畴性质，"义学"之"义"则主要说明佛教义学的本质是有助于实现涅槃之学，即佛教道学，而非是世间学那样的无益戏论。这两方面含义正好构成互释，而可互摄。此中"内"、"义"二者显示了"佛教义学"观念的最基本内涵。

"佛教义学"所具有的诸义，各有侧重，又不可分割。第一，谓佛教义学是"佛教"之学，即"佛教自己"的学问，而非其他类别的佛教学问。这一方面是与世间学做了划界，强调"内"义；另一方面明确了佛教义学的大全体，摄佛陀教说与佛弟子义学著述在内，而成佛教"大义学"观念，即广义佛教义学观念。第二，谓佛教义学是"本佛宗经"之学，意在说明佛弟子所开展的佛教义学部分，即狭义的佛教义学。第三，谓佛教义学是基于"佛教本位意义"之学，即指向涅槃的出世之学，显示佛教义学作为道学的基本性质，即"义"之所在。第四，谓佛教义学是修行者不断深化的闻、思、修活动，是佛教的理义与实践相结合的开展，并为利他而表达出来，表明佛教义学，基于内在的开展，是面向真实的真正意义上的研究。第五，谓佛教义学是基于正信之学，即净信与正知相融合而非相背离之学。第六，谓佛教义学是佛教悟性所开显之学，强调佛教义学以不共世间的认知方式与能力方能有所开展。此六义可以互相解释，互相补充，也互相保证。

---

① 周贵华：《言诠与意趣——佛教义学研究》，中国社会科学出版社，2012 年。

可以这样认为，第一义为总体定性，后五义从相互补充的不同方面与层次来限定与具体说明，由此构成对佛教义学的性质和意义的简略开显。

三、在古代印度"佛教义学"的相应观念及内容

我们要深入理解"佛教义学"观念，就有必要了解"佛教义学"观念在古代印度佛教中的相应形态以及佛教义学作为佛教本身在印度的开展情况。古代印度是佛教缘起之地，但其佛教学问与中国大致相似，基本都是佛教自身开展的。印度外道众多，但都经营自己的学问，对佛教的一切认知并非出于学问的兴趣，而主要用于批判。事实上，他们的批判通过问难、否定进行，并未基于对佛教的系统、如实的研究，也就不可能形成学问。所以从研究角度看，印度佛教学问基本是佛弟子基于佛教认知本位开展的，而可摄在佛教义学范畴。

1. "佛教义学"观念在古代印度的出现形态

"佛教义学"观念是佛教作为本位学问在中国佛教中的称法，但在印度佛教中从不同角度也有种种相对应的用名。

佛教缘起于佛陀的觉悟与说法。在大小乘经典中，都称佛陀出世说法度化众生走向涅槃是一"大事因缘"（Mahā- kṛtya- karaṇīya；大事，Mahā- vastu），而三宝的建立也意味世世代代的佛弟子皆尊随佛陀及其教导自度度他走向涅槃，而共同成就这一"大事因缘"。因此，不仅佛陀所说，且佛弟子依于佛陀所说而所开展，皆是一味，皆指向涅槃。在此意义上，佛教整体本身作为学问，皆基于与随顺于佛之教（"佛教"，Buddha- deśanā，Buddha-śāsana）、佛之说（"佛语"，Tathāgata- bhāṣita，Buddha- vacana）、佛之法（"佛法"，Buddha- dharma），也称为"佛教""佛说""佛法"。以"佛教""佛说""佛法"名之，显示了佛教整体本于佛及其教说，所谓"本佛宗经"。当然，这是"佛教""佛说""佛法"的广义用法。在本书中，其他处的"佛

教""佛法"一般也是如此，但"佛说"多用狭义用法，其定义可见于本节下文。

在佛教经典中，还从与外学的关系角度说明佛教作为不共道学的性质，划分"内道"（Adhyātmika- mārga）与"外道"（Tīrthika），而以自身为内道，其他为外道。在此性质划界中，"内道"意为趣向解脱、趣向真实（真理），即指佛教自身，而"外道"意为随顺世间（生死流转），则指其他，即非佛教者。还有世间法（Loka- dharma）与出世间法（出世法，loka- uttara- dharma）的划分，而以佛教自身为出世间法，由此在道的意义上，称出世间道（出世道）；在学问的意义上，称出世间学、出世间道学。按照前述意趣，佛教作为学问，是圣道学，即解脱道学、菩提道学、涅槃道学，或者总称内道学、出世间道学、出世间学。

在小乘佛教中，侧重强调内道与外道相对立。原因在于，小乘专注于出世解脱，所谓"自利趣寂"，以发起厌舍性出离心为进道前提，而急欲与世间划清界限。因此，小乘义学即是单纯的内道学、出世道学、出世间道学、出世间学。

与此不同，大乘佛教并不追求单纯的自利，亦强调利他，即自利利他并重，以无住的菩提心，普度众生共趣菩提，故以智慧（Prajñā- pāramitā）为本，建立广大方便（Upāya- kauśalya）为辅助。换言之，大乘以内道为体，又随宜摄受种种世法为助道方便。在此意义上，大乘将菩萨之所应学，即"菩萨学处"（Bodhisattva- śikṣā- pada），分为内明（Adhyātma- vidyā）与外明（Bahirvidyā）。其中，"明"（Vidyā）本义是智慧、知、知识等，引申为学、学问之义，这里即指后义。"内"（adhyātma），不论用在"内道"还是"内明"中，皆指佛教本位、佛教自身之义。由此显现出"内明"一词具有的佛教本位学问、佛教自身学问的含义。内明作为内道学，以经律论三藏为代表，包括佛陀所开显的经教（经、律），以及佛弟子所开展的论说。而外明，即世间学问中最具公共性的部分，包括四大部分，即因明、声明、医方明与工巧明，依次相当于逻辑学、语言学、医学以及科学技术。在这样的划分中，内明和外明并非是完全对立的两极，而是以内明为根本，方便摄受外明，而成大乘菩萨道之所学，所谓"五明"（Pañca-vidyā）。在此意义上，佛教义学即是五明，分本辅二分，即根本学内明，辅助学外明。关于五明，在弥勒菩萨所著《瑜伽师地论》等中阐述尤多。此外，在《瑜伽师地论》中，还有"内论"（Adhyātma-śāstra）的说法，也译"内明论"，包含着佛说和佛弟子说两方面，也是"佛教义学"观念前行之名。[①]

2. 三藏与经、论

在前文已述，佛教在印度作为内道学可分为两分，即佛陀所开显者以及佛弟子所开展者，二者以经、律、论三藏为代表。在此三藏中，经藏收录的是佛说，这些内容由佛弟子们如是我闻地表达、传承下来。佛说，并非完全指佛亲说，其以佛亲说为主，但也有各种身份的善知识（如天神、仙人、国王、长者，以及佛弟子等）在佛的加持、开许下所宣说的内容，这部分内容也不少，属于代佛说，与佛亲说无异。总体而言，经藏以佛说为本。这里的"佛说"，包括佛亲说与相当于佛亲说的代佛说两类，称狭义"佛说"，与前文谈到的广义"佛说"含义不同。律藏，集成佛所制的戒律、律仪，其也是通过"如是我闻"的传承方式，围绕佛制，由后世人组织表达出来的佛说，故称佛制之律。论藏，则是佛弟子独立所造的论著，属依于佛说，对经律的研究，以及其他方面的论说。

在佛典中，还常见另外一种区分，即以三藏为代表的佛教内道学，可以略归为经和论两类。在此中，"经"，即经教，摄经、律，即是佛说，如前所述，包括佛亲说以及代佛说；"论"，即论说，则是佛弟子独立所说。实际上，佛弟子做的论说可有两类。一类是在佛加持、开许下所说，作为代佛说，属于佛说，归入经教中，比如《阿含经》

[①] 《瑜伽师地论》卷三十八本地分中菩萨地第十五初持瑜伽处力种姓品第八，《大正藏》第 30 册，第 500 页下 -502 页中。

中佛弟子所说、大乘经中佛弟子所说（如《妙法莲华经》中舍利弗尊者的言说、《解深密经》中弥勒菩萨的言说等）；一类是独立的论说，是佛弟子独立所造，归在论中，比如大、小乘的论（如小乘舍利弗尊者所造《舍利弗毗昙》、大乘龙树菩萨所造《中论》等）。经律论三藏中的经藏、律藏属于经教，而论藏是佛弟子独立所造，则属于论。

虽有作为佛说的经教和作为佛弟子独立所造的论说两类区分，但二者都是基于佛教认知本位的。佛所说当然是基于佛教本位，因为正是佛陀对真理圆满地证悟后，才说法建立佛教，而开显了佛教本位，也因此经教本身是基于佛教本位的表达的样板。至于佛弟子独立说的论，只要依止、随顺、相应于佛说，就如理如法，也一定是基于佛教本位的。故可以看到，经教和论说都是基于佛教本位的，皆属佛教道学，即佛教义学，而且唯此二相互和合，方能构成佛教义学。由此可见，佛教义学可以分作两个层面：一是佛陀经教，包括佛亲说以及佛加持、开许下的代佛说；一是佛弟子独立所造的论说。

3. 法与律

从具体内容看，可把三藏为代表的佛教学问整体分为两类，谓法与律。一者"法"，是经所诠显的对象，又分为教法（Deśita- dharma）和证法（Prāpti- dharma）。证法是智慧所证的真理（真实，Tattva），所谓诸法实相（Tattva- lakṣaṇa），乃甚深不可思议境界（Gambhīra- acintya- viṣaya）。教法则属于言教，用于方便显示真理与引导证悟证法。这里，佛弟子的论是依止、随顺及相应于佛陀经教来开展的，所以可以归入法里面去。佛弟子如果离开了佛陀及其圣教这个根本，就不可能对真理有所显明。因为真理作为诸法实相虽然常在，但是须佛陀出世说法才有方便开显，而且唯依佛所说教信受奉行，即闻思修后，方可能有证悟。即使是独觉最终觉悟，也离不开佛。因为独觉是过去生亲近了无量诸佛以后，在无佛世的这一生才觉悟的。换言之，若过去生从来没有亲近过诸佛，也就不可能有这一生成就独觉。在一些本生因缘经中，经常有述某位独觉过去亲近某尊佛的因缘。故佛教三乘圣道，皆一定本于佛。在此意义上，佛弟子凡基于佛教认知本位所造之论，一定本于佛，由此可以说，论也应归在法上。二者"律"，即佛所制戒律（Śīla），包括根本戒以及小小戒。后世于戒有取舍，但都应在小小戒范围内，根本戒不能动。佛弟子有些论是解释律的，也应归在律上。

简言之，经、律、论三类所摄佛一切所说、所制及佛弟子一切独立论说，都可以统摄为法和律。佛教经典里常说，佛弟子要学修法，要遵守毗奈耶，也就是应以法和律为师。如佛陀临涅槃时就这样叮嘱阿难："汝勿见我入般涅槃便谓正法于此永绝。何以故？我昔为诸比丘，制戒波罗提木叉，及余所说种种妙法，此即便是汝等大师，如我在世，无有异也！"[①] 法与律也就成为佛教整体的基本内容，也就是佛教义学的基本内容。

4. 教位、学位佛教义学与广义、狭义佛教义学

我们还可以根据教位与学位来对佛教作为学问作进一步观察。教位指佛陀所居的度化位，学位指佛弟子所居修学位。教位开示的义学是经教，作为具有最高神圣性、权威性的教说，是佛陀为度化众生而随缘的示现，属于给予的，即"如是我闻"性质，故被称为传承量、圣教量、圣言量、正教量，梵文为 Āgama- pramāṇa。这里必须要有所认识，凡是教位佛开展的经教，也是佛教义学的一种，而且是具有最高权威性和神圣性的一种，即教位佛教义学。学位佛弟子开展的论作为佛教义学，即是学位佛教义学。在一般意义上说的义学，是指学位的佛教义学，因为教位佛教义学作为经教是样板，关键是后世佛弟子如何依于教位义学有所开展。本文所谈的佛教义学一般也是指佛弟子开展的学位佛教义学。

由此，就有了两个层面的佛教义学：一种是广义的佛教义学，包含了教位和学位两种义学，即三藏所摄的一切经、律、论，都属于义

---

① 法显大师译：《大般涅槃经》卷三，《大正藏》第 1 册，第 204 页中 - 下。

学；一种是狭义的佛教义学，限定在学位佛教义学上，即佛弟子所开展的义学。我们现今要谈佛教义学从印度到中国、从古当今的开展，要谈现代佛教义学的性质、意义、立场、方法、规范和内容，当然是针对佛弟子的义学活动而言的，故本文的佛教义学主要指狭义佛教义学，即前文所说的学位佛教义学。

5. 作为狭义佛教义学的佛弟子诸论

学位意义上的狭义佛教义学，也就是经律论的论藏所摄佛弟子所作一切基于佛教认知本位之论（Śāstra）。"论"是中国人对于印度佛弟子所造的著述形态的汉语义译，其基本含义是指佛弟子以论说方式形成的著述形态，是对佛说的系统组织、系统解说。如果是直译，"论"则被称为"阿毗达磨"（对法，Abhidharma）。不过，严格地说，最初"阿毗达磨"一词指的是论的体裁之一，但因为阿毗达磨体裁在论中成为最有代表性的形式，故以此来统摄一切论形态。

作为广摄佛弟子论说的大论藏，其所包含的体裁有种种。一是论议，也就是优波提舍（Upadeśa），常见形态是对经典的释论。佛说也有这种论议形式。当佛讲毕，可能佛弟子还有疑惑（常是为利益众生而示现有疑惑），就会继续请问佛陀，佛陀做出相应解释，而成一问一答，逐步开显佛所讲法的深义、密意，这就是佛说优波提舍。二是本母，也就是摩呾理迦（Mātṛkā），指对佛理的简明总要，即统摄性纲领，依此可进一步开阐整个佛理。在印度佛教中尤其注意强调这种纲领性的本母的意义。三是对法，即阿毗达磨。实际上对法是把优波提舍和本母的特点结合起来的一种体裁。四是蜫勒（Karaṇḍa）。它作为论的一种体裁，是对佛说分门别类地进行解说，即把佛法归为种种门，从此种种门可分别进入全体佛法，而称蜫勒。实际上，阿毗达磨把前述那些特点都结合起来，主要是通过种种名相的区分、分类，对佛理进行系统地理解、统摄、表达以及分别、比较、抉择。故阿毗达磨成为将论议、本母、蜫勒统合起来的一种复合表达方式，换言之，狭义上阿毗达磨指佛教论说的方式之一，广义上就成为一切论说的统摄性方式，所以论藏也就称为阿毗达磨藏，或者，对法藏。

这样一种学问，从后世佛弟子的学位上观察，是通过研究取得的，而这种研究就是闻、思、修。故在论意义上的佛教义学，正是通过闻思修所表达而成。其中的表达方式或者说研究方式，相当于佛教里的寻、伺、抉择之类。作为一种思维方式，寻（Vitarka）是比较粗略的，伺（Vicāra）是比较深细的，寻伺可以称为我们凡夫一般思维、研究的方式。此外还有一种叫抉择（决择，Vinicaya）。与寻、伺不同，抉择就是进行分析、判断、比较，最后来确定涵义。所以，三者合起来可以称为研究。但是需要知道，抉择一般是圣者才能运用的方式，因为需要通过智慧来确定它的真实义。这也就是印度佛教之论大都由圣者来撰造的原因。即使条件放宽，至少也是加行道贤者，靠近圣者，才能撰作。如果是非圣者的善知识所造之论，他的抉择就只能称为"顺抉择"。在部派佛教与瑜伽行派中，在加行位就有"顺决择分"的说法。简而言之，能够构成抉择的"抉择分"是圣者所成，非圣者能够如理所成者则叫"顺抉择"，或者"顺抉择分"。由此可知，后世的义学研究，由于圣者罕见，基本上都是顺抉择的研究。

四、"佛教义学"观念在古代中国的缘起与演变

1. "义学"一语最初在佛教中的出现

在印度佛教中，佛教作为内道学、内明，在传入中国后的开展，多以"义学"之名称呼。从佛教史看，"义学"这个观念在汉传佛教中，先是用以指称佛弟子的种种佛教学问，后进一步普适化，乃至用指作为学问的佛教整体。但必须注意，"义学"之名本身完全是汉文化里出现的词语，最初应该是在儒家研究者中使用的。汉代自董仲舒（公元前179年-前104年）以后独尊儒术，儒家经典成为国家意识

形态载体，吸引大量儒家博士研究、阐释，这时便出现了"义学"一词，用以指称对儒家经典的系统注释、讲解。但"义学"在后世儒家文化传统中一般转用指公益性的办学或者学校。在前一用法中，作为基于儒家立场对经典系统化的研究及其成果，义学承担着特定的意义指向，要求与儒家经典的内在义趣相应，反映儒家的精神价值与意义诉求。这些通过"义"的意义设定体现出来，而成特定义涵的"（儒家）义学"观念。在魏晋以后，佛教把"义学"这个词借用过来，祛除原来的儒家含义，转指承载佛教精神、与佛教真理相应的佛教本位学问，而称佛教的"义学"，现今我们直接称其"佛教义学"。在佛教的用法中，此"义"指违杂染性、顺真实性与无戏论性，略说指违世间流转性与顺出世解脱性。由于中国佛教在隋唐时期在教理上有深入与系统的开展，建立起种种在中国历史上空前博大与深刻的理论与修行体系，故"义学"一语做为佛教自身学问的用法反倒在佛教中最为流行，以致在中国近世以来在学问的意义上说及"义学"，一般指"佛教义学"，而与儒家再无关联。

2."佛教义学"观念与意识的演变阶段

由于中国佛教源自于印度，"佛教义学"的观念认知及其内容开展有一个兴起、演变与成熟的过程。换言之，在中国两千年的佛教开展中，随着文化历史背景的变化，对"义学"的认知，即"义学"意识，不断在发生变化，义学开展的内容也相应显示出阶段性的差别。这大致可分为五个阶段：

第一，最初翻译与格义阶段。此时"义学"意识尚未觉醒，佛教自己的认知本位没有形成。这是在东晋末道安、鸠摩罗什、僧肇等大师出现之前。

第二，正义与义解阶段。"义学"意识全面趋于觉醒，在反思格义方式的基础上开始形成佛教自己的认知本位，从而在正义的前提上开展系统闻思与义解。这是自道安、鸠摩罗什、僧肇等大师的时代始。自此，通过经论的系统学习、注释与讲习，中国出现了众多以特定经论为中心的佛教义学学派。这是东晋末与南北朝时期。

第三，造论与立宗阶段。"义学"意识已经全面觉醒，义学在观念与内容上趋于成熟。这是在义解发达的基础上，众多学派演变为几大宗派，创立了中国古代佛教义学的宗派传统。这是在隋唐时期。

第四，释宗与宗派化阶段。义学的观念自觉以及内容开展通过宗派传承模式化，呈现宗派义学的特点。这一方面引发了宗派义学传统的深入与系统开展，另一方面导致中国佛教义学走向僵化与衰微。这是隋唐后到近代时期。

第五，反思与多元化阶段。即在现代，"义学"意识重新激活，义学的开展出现多元化尝试。针对近现代佛教的衰落状况以及全球化科学文化环境，开始反思传统义学，在试图复兴传统义学的同时，提倡义学应有面向时代的新开展，但后者更多走向了导致佛教认知本位虚化的世俗化。

3. "格义"与"义学"

在最初经典翻译时期，多以格义方式使经典在中国落地，而且经典的理解也多通过格义进行，故中国早期义学一般通过比附于中国儒道思想尤其是道家的意趣开展。此时，佛教的本位认知立场尚未形成，"佛教义学"的自我意识在格义流行的格局中，远没有实现真正自觉。

（1）佛经早期翻译中的格义现象与方式：格义译与义学

最初佛教从印度传来，它通过两个渠道影响中国。一是民俗层面。开始是以方术的形式在民俗层面发生影响，在一般信众甚至统治阶级内部传播。二是精英层面。后来出现了经典的译传，从而通过精英阶层对中国文化直接产生了巨大影响，乃至引生了中国佛教的学派和宗派即种种义学流派的建立，改变了中国传统文化的主体构成格局。但是我们也不能忽略了最初作为方术而民俗化的佛教层面。这后一方式与形态其实一直在中国各个阶层通过融入他们的日常生活和宗教活动，发挥着持续的重要影响。后来在民间儒释道的融合在佛教方面主要就是通过民俗化这种方式实现的。中国的民俗佛教（民俗层面上的佛教）相对于义学佛教（义学层面上的佛教）出现得更早，迄今未断，可知其最为源远流长。因此，严格地说，中国佛教的根基并不仅仅在义学佛教，民俗佛教也是其不可忽视、不可或缺的基本方面。但是从权威性而言，从对佛教的解释权、话语权而言，佛教精英所从事的学派佛教乃至宗派佛教所代表的义学佛教最为重要。而义学最初始于早期对经典的格义性翻译及对其的格义性解说，后来通过学派的发展，到天台等宗派的成立，就转变为了今天还可以看到的成熟形态。在其中，古代佛教义学的开展始终保持对民俗化的警觉与扬弃，以保证其圣道指向，造成了二者的意义鸿沟。

对佛教在中国的传播与接受至关重要的佛教经典翻译，在早期多采取格义方式。在翻译中格义现象的发生，主要是引导的原因。引导属于积极的格义。佛教进入中国，作为一种外来的宗教文化，对义理的建立和解释方式多与中国文化不同，若欲直接理解与表达佛教之"义"相当困难。从佛教的角度看，这是一种共业障。换言之，中国文化长期熏习而成的普遍理解方式对直接把握佛教义趣构成了不易克服的障碍。故此时必须有一种引导方式，使中国文化背景下的大众根性有一个成熟过程，而能开放并转变其理解惯习，逐渐接受佛教教理教义。基于这种理解与转化意趣，早期佛典的汉译者尽量使用中国文化中相近于佛教意义的原有概念来翻译佛典中出现的名相，就形成了积极的"格义"现象。"格"有"拟配""比配""配释"等义。在此意义上，这种"格义"并非完全是一种被动出现的现象，一种过去我们总认为的无奈或者消极之举，而是带有一种主动性和积极性，是中国最初信奉佛陀的那一批佛弟子和外来译师主动而善巧的方便选择，其重要意义在于，佛教通过格义方式被正式作为高端文化引入中国，并逐渐扎下根来，实现化中国而中国化，否则这个"大事因缘"难以发生。因此，虽然格义这一方法最终被取代了，而且在佛教义理中给本土文化开了后门，在相当程度上造成了中国部分宗派在佛教理解上的格义思维尾大不掉，而偏离佛教原有法义，但是不能据此否定格义方式在最初佛教传播中所具有的毋庸置疑的积极作用。

"格义"翻译是以佛教的一些重要术语，与传统文化如儒家、道家中相近似的术语进行对译，重点是道家，尤其是玄学。佛教最初进入中国在后汉时期，当时整个纲常系统走向崩溃，儒家权威衰落，道家一跃成为文化显学，各种文化都向道家看齐。而且道家思想追求长生久视，有类似出世的一面，因此佛教进入中国后，格义所用的重要术语主要源于道家。重要的佛教术语"有为"（saṃskṛta）、"无为"(asaṃskṛta) 的译法便出自道家，而且后来一直沿用，被固定下来，但这时佛教已将这对观念的内涵完全转变，用于诠表佛教自己的含义。换言之，一开始是借用中国现成术语，但在植入新语境后，将其原义完全洗刷干净，除去道家的色彩，用以承载佛教自身的意义和意趣，所谓"老瓶装新酒"。不过这样沿用的术语有一个洗净的过程，历史漫长，最终的"洗净"直到佛典翻译已经系统化成熟时才有可能。又如用儒家一些术语如"圣""天"等的译法，还有借自于儒家、道家的"道"等的一些译法，也属这种情况。当然，也有很多最后被扬弃了的译法，比如"无"作为道家术语，曾用于对译"空"（śūnya、śūnyatā），"真如"（tathatā）则曾被翻译成"本无"。又如"法性"（dharmatā）译成"自然"，"阿罗汉"（arhat）译成"真人""至真""应真"等，也都是借用老庄以及后来玄学相关联的术语。这种格义事例尚有不少，从略。

（2）早期诠解佛教教理教义的"格义"方式：格义解与义学

最初翻译具有较浓重的格义色彩，影响本来就深受儒、道家文化熏陶的士大夫精英阶层早期对佛教经典的理解与解说，也多成格义性质，所谓"以经中事数拟配外书，为生解之例，谓之格义"[①]。当般若教传入中国以后，在玄学背景下，这种格义的理解方式使得般若教被广泛传播而成显学，形成一种能够与当时魏晋玄学相媲美甚

---

① （梁）释慧皎：《高僧传》卷四，《大正藏》（《大正新修大藏经》）（CBETA 电子版）第 50 册，第 347 页上。

至超越魏晋玄学的"新玄学"。比如著名的佛教大师支道林（314-366）便在玄学文化氛围中依格义方式对般若教做出了在当时近乎极致的发挥，被视为佛教玄谈的代表。玄学对于老庄有着深入的理解和微妙的发挥，但其深刻程度终不及大乘般若教，作为佛教大师的支道林精通老庄，这便使他在众多玄学名士中显示出强大的优势。正是借助于玄学以及格义方式，般若教很快融入了中国文化，自此，中国精英文化界开始接受佛教的义理和理解方式，佛教遂逐渐成为中国古典文化中最具生命力的部分之一。

如前所述，格义解释既然是一种相近观念的对释，它就有积极生解的一面，也有消极遮蔽的一面。后者可称消极格义。在此意义上，格义有利于佛教尽快植入中国文化传统中，但正是如此，其消极影响此后就更不易消除。应该说，格义对经典翻译的影响后来基本被洗刷干净，但在佛教中国化过程中，经过本土化后的佛教即中国化佛教的一部分，却一直保留了消极格义的影响，这在华严宗、净土宗、禅宗中表现得尤为突出，如禅宗的任运自然、"平常心是道"等说，显露出明显的道家趣味。在中国古代佛教宗派中，只有立志传承印度传统的开展，格义的影响才被清洗较为干净，比如唯识宗，致力于传承印度佛教传统，追求传承的纯粹性和系统性，有意识地消除中国文化背景下通过格义留下的思想影响，这确实使得其较为纯粹。其他凡重视教的派别，多少会纯粹一些，比如三论宗、早期天台、早期华严以及到慧能大师为止的禅宗，对格义的影响就清洗得相对干净。

在早期佛经翻译的格义方式成为早期一些佛弟子理解佛经、讲解佛经的重要甚至主要方式的背景下，虽然"义学"观念已经出现，但并没有真正成熟，其义涵尚未建立佛教意义本位，在相当程度上比附在中国传统儒道等思想中。由此，即使义学的开展与研究开始发生，独立成学而为不共学问的"义学"意识仍没有真正觉醒。

4. "正义"与"义学"

随着翻译水平以及佛教的自我认知的提升，一些佛教优异之士痛感比附于中国儒道等本土思想的格义方式的弊端，于此开始反思，其中代表人物是道安与僧肇两位大师。与此相应，"义学"的自我意识全面觉醒，形成佛教的本位认知立场。这其中，我们把义学上扬弃比附性格义方式，回到并确立佛教认知本位，称为"正义"。通过正义，真正的佛教义学才有所开展。

（1）道安大师与僧肇大师对格义的反思："义学"的本位意识的觉醒

随着经典翻译事业的不断扩大，中国佛弟子整体对佛陀经教的本来面目及其甚深义理的认知有了质的提升。这时开始出现对认知方式的反思，格义慢慢遭到否定。在这些反思者中最有代表性的是道安法师。支道林的格义方式应属于比较高明的层次，然而，即使是他对般若教的理解已经接近于我们所说的本位性理解，在阐释上仍未能脱去拟配与比附色彩。道安法师是第一个真正对格义的弊端有清楚认识者，对终结格义的翻译方式和义解方式起到了关键作用。可以认为，他是中国义学史上首位旗帜鲜明提出在佛教认知上要回归并坚守佛教本位者。这里还应提及以追求佛陀真正佛法为己任的中国一代一代的"取经者"，他们的"求真"意识与意志，影响了义学者的义学观念与内容的本位认知，如更早的朱士行大师，以及后来的法显大师、玄奘大师等，但篇幅限制，不做进一步讨论。

在义学史上，道安法师至少从三个方面表现了其佛教认知本位立场，从而显示其扬弃"格义"而回归"正义"的明确诉求：

第一，编《众经目录》，对翻译经典首次进行系统编目，对经论进行统计、考订、分类，判断经典的真伪，并建立了疑伪一类。道安法师的编目工作尚属初步，但无疑开了先河，是佛教义学研究中教典学研究的最早范例。① 这项工作意在维护佛说传承，辨别经典真伪，意义重大，无疑是以佛为本、回到佛陀本怀的重要举措。在那个时代众多士大夫佛弟子热衷于玄学式的论辩和发挥，而他更注重佛陀经教的本位归趣，这在中国佛教义学史上影响深远。

第二，为佛教僧团建立姓氏制度，出家众都称"释"。佛陀说过，出家众不分种姓，都以出离轮回为趣，都是佛陀弟子，而统称"释种子"（"释种"），如同众流归海，皆为一味。② 故道安大师主张出家众皆以"释"为姓，后被僧团采纳为定制。通过标称所有学佛人为佛弟子，出家众都姓"释"，凸显出家众离家出家，抛弃世俗本姓，以佛陀为本师，做佛陀的弟子，而不是做某一个师父的弟子，从而真正皈依于以佛陀为本、为首的三宝。这也宣告，出家众为四众弟子的根本，为住持佛法、表法的根本，为世间修法的表率。这一举奠定了僧团在中国佛教中的中心地位，对中国佛教是一具有划时代意义的功德大事。同时，此举也为在义学开展中依于佛教本位理解、解说经教义理奠定了制度支撑和认知根据。

第三，道安大师对容易与玄学等世学相混淆的格义方式进行了反思和批评，指出格式方式易致偏离佛教理义的弊端。在他之前，在文化人士中，玄学的表达方式相当盛行，用现代话语而言，玄学是语言和思辩的狂欢，时代精英都沉浸在玄学的狂欢中。当般若思想传入中国后被视为玄学类，文化界也以玄学式的语言狂欢来对待。这的确能够吸引士大夫，佛教借水行舟，故影响力非常大。但是这种格义方式在道安大师看来终究于理有违，《高僧传》中曾记载有其相关的分析与批判。③ 道安作为当时最有影响的佛教大师，这样的认识对佛教脱离以本土文化进行格义的窠臼、确立义学的本位认知立场，具有重要

---

① 三国时朱士行编有《汉录》，但格局尚未具备，故义学史多以道安录为始。

② 《增一阿含经》卷二十一苦乐品第二十九，《大正藏》第 2 册，第 658 页下。

③ 在《高僧传》中记载有道安大师与僧光法师的对话："安曰：'先旧格义，于理多违。'光曰：'且当分析逍遥，何容是非先达！'安曰：'弘赞教理，宜令允惬；法鼓竞鸣，何先何后？'"见《高僧传》卷五，《大正藏》第 50 册，第 355 页上。

的意义。

简言之，道安法师致力于回到佛陀经教理趣的本来面目，回到佛教认知本位，成为中国佛教义学领域一位标志性大师。由于中国后世佛教宗派的出现，中国佛教进入宗派传承阶段，众多创派大师受到空前的敬仰，致使道安大师在中国佛教史上的殊胜意义没有得到充分彰显。其实道安大师在佛法传播和义学开展史上的地位并不输于后世那些著名创宗大师。回到佛陀，依止佛陀经教开显的圣道，即"本佛宗经"，是在佛教学修中要恪守的最根本原则之一，但在后世常常被遗忘。按照当时佛教所处的文化环境观察，精英佛弟子大多沉浸在玄学的论辩和表达的狂欢中，远离甚至背离佛陀，就像现今沉浸在学术的表达方式中、沉浸在西方哲学和其他种种世俗文化中、沉浸在各种心灵鸡汤中，而不能回到佛陀教法传统与义学学脉那里去。道安法师指出要回归与依止佛陀，正是后世佛教学修与义学开展的基本出发点。在现今世俗化达到充分化、佛教自身陷入相似佛教及附佛外道海洋的时代状况中，对义学的开展与研究而言，道安法师无疑是一盏照破昏朦的明灯。

在道安法师稍后，诞生了中国最早的一位真正义学大师僧肇，他也以反思格义性"义学"，即"破邪显正"，为前提展开佛教的认知和义解。道安大师的反思意在在佛教认知立场上确立佛教本位，而僧肇大师则注重在佛教内容上抉择正似之见，由此成为系统开展佛教义学的教理研究的最早代表性人物。

到东晋，受到玄学影响较大的佛教学派有所谓的"六家七宗"，即"本无宗""心无宗""即色宗""识含宗""幻化宗""缘会宗"，以及从本无宗分出的"本无异宗"，其中又以本无宗、即色宗、心无宗三家为代表。这些学说或多或少都有格义色彩，是僧肇大师反思与抉择的主要对象。僧肇本人早年遍学传统经籍，尤好老庄，但因读《维摩诘经》而觉前所学皆为"糠秕"，遂转入佛门，故有对格义的敏锐认知。他师从鸠摩罗什法师，通晓其师所译般若等经及中观诸论，称同时代"解空第一"，曾深入辨析般若学与玄学的微妙差别，从而能够发现六家七宗中格义方式带来的问题，以义理抉择肃清玄学的影响。从中国佛教义学的开展而言，僧肇大师被公认为以般若意趣消除玄学格义的最早代表，亦被共许为佛教中国化在义理发展上的奠基者。

当然，这里并非是说道安与僧肇两位大师已经完全脱离了格义化的玄学痕迹。道安大师在认知立场上已经回归义学本位，但在据称为其学说的"本无说"中仍有道家的有无观与发生论的残留，又许其弟子慧远大师"不废俗书"，依《庄子》"连类""比配"释般若实相义，以令人生解。①而僧肇大师在其所著论中虽广明大乘尤其是般若经教的缘起、空以及般若等教理教义，但有时仍借用玄学词语以安立法义。但无论如何，经过此二师的反思、抉择，在此后佛教义学的开展中，佛教自己的认知本位的趣求已经不可逆转，义学的本位意识终于全面觉醒，由此为佛教在中国真正落地生根而建立宗派传承，开辟了道路。

（2）以经典为本的义解与"义学"

由于竺法护、鸠摩罗什、昙无谶等大译师带来的佛典翻译水平的整体性提升，又通过道安、僧肇等诸多大师对格义的反思与抉择，古代佛教义学者们普遍认识到格义的弊端，从此，在阐发佛理、义解经典方面，格义为主的诠解方式慢慢退出了古代佛教的历史舞台。

值得注意的是，格义方式并没有被彻底舍弃，在后世仍有采用，尤其在进入现代后，只是用以格义的参照物有所变化，比如现今喜欢用哲学、科学之类来格义佛教。从用以摄受教外大众、与教外大众结缘角度看，格义的正面意义不能否定，但若需在佛教本位上阐释、开显或引导修学者深入佛教圣道时，用格义就走入了歧途。民国诸大师就曾反复指出，在佛教圣道本位上借助于现代科学人本文化来相互比附，这样悟解和阐显的佛教其实是哲学化的佛教、科学化的佛教，是相似佛教，而非纯正的佛教。现代人先入为主地带着科学人本理性及

---

① 《高僧传》卷六，《大正藏》第 50 册，第 358 页上。

其所摄的现代科学人本文化的观念和思维来闻思佛教，就如同古代人们带着玄学观念和思维去学习般若教。可见格义方式一直存在，都有积极与消极的方面，随时代起伏不定。换言之，只要佛教要应世教化，格义就不可能、也不应该完全舍弃，关键是如何分辨与因应其使用范围和对象。

在义学中，以格义为义解经典、阐发佛理的主要方式无疑应予扬弃，这一转折是自道安大师、僧肇大师他们那个时代开始的。从此，连类、比配儒道等外学的格义为主的翻译和义解方式转变为了以佛教自身形成的名相系统为基础的翻译和义解方式，后者可简称为经典为本的义解方式。

以经典为本的义解方式，即指明确地以系统闻思并贯通经典为本，而不是先入为主用格义方式来理解与发挥。这意味二者在认知立场和方法上有很大不同。这样一种义解方式的广泛运用，促使义解日后慢慢成为弘法的一个主要方向，比如，当时有相当多的法师就被称为"义解僧"，换言之，他能够对汉译的佛陀经教，以及一些大师的论典，进行系统的研究，能够融会贯通地进行理解，然后再讲说。在梁代撰写的《高僧传》里义解僧的人数最多，其他还有翻经僧、禅修僧等。[1] 正是义解僧的出现，正是经过这些回到经论、对经论做系统闻习与理解，以此传达经典义理和意趣的义解僧的努力，佛法才得以真正传遍了中国。

对于从事义解的出家众，历代传记里出现了很多别名，除前文提到的"义解僧"外，"义学"一词本身也可以指称义解僧。此外，在"义学"后加上"僧""沙门"二字[2]，或者"士"等字[3]，即"义学""义学僧""义学沙门""义学士"等名字，都曾用来指称这一类出家众。当时从事义解、义学的主要还是出家众，在家众较少。这与印度的传统

---

① 在《高僧传》中，将僧人分为十类，即译经、义解、神异、习禅、明律、亡身、诵经、兴福、经师、唱导。其中，译经与义解两类直接属于义学范畴。

② 可参见《高僧传》。

③ （唐）释道宣：《续高僧传》卷二十六，《大正藏》第50册，第676页中。

相似。在佛教的印度传统里，义学的从事者大多是法师，而且不少是有证量的圣者。虽然中国古代的义学者主要是出家众，但到了现代情况有所改变，出现了不少重要的在家义学家。

在早期，义解主要采用的是讲解方式，也就是讲解经论。到后来《续高僧传》里还出现了一种"义学论士"，是刚才说的义解僧里的另一种类别，可能与论辩及论说的系统表达有关系。[①]在《续高僧传》中对南北朝时期的义解僧多次用"义学论士"之名称呼，与此时义学极为昌达、义学学派普遍涌现的状况一致。

总之，这些义解僧在历代传记里出现的很多相关的称呼，最后都关联到"义学"一语上，即关联到对于经典或者依据经典的系统闻习、理解与表达的学问上。实际上，中国佛教义学最初作为由义解成立与表达的一种学问、一种理解方式，是义解僧最终所开展出来的成果。

5. 形式与"义学"

（1）义解、翻经、疏钞、造论与"义学"

最初将讲解经论称做"义学"，而后来在《释氏稽古略》中，翻经、疏钞也被称为"义学"[②]，换言之，此时"义学"这个名称不仅涵括讲解经论，更进一步涵括了翻经、疏钞。翻经当然是一种义学，因为它要求对义理的深度理解，而且在表达上要求善巧，用后世之言概括，即"信""达"，甚至"雅"。要达到这种程度的理解和表达，要求翻译者有圣贤级的学修，还要求众多大师级人物来配合才能保证其质量和权威性。这些从事翻译经典的出家众常需组成一个专业团队，由官方供养，他们也都称义学僧，换言之，当他们从事翻经这一胜事时，本身开展的就是义学。

疏钞，其中主要是注疏，也是义学。在早期讲解过程中，疏钞比

---

① （唐）释道宣：《续高僧传》，卷二十，《大正藏》第 50 册，第 598 页中。
② （元）释觉岸著：《释氏稽古略》有"翻经义学""疏钞义学"之说。见《释氏稽古略》卷二、卷四，《大正藏》第 49 册。

较少，这是因为当时佛教还处于一种文化转换的早期阶段，主要以格义的方式去理解与发挥，多用口头表达和讲解。后来随着对佛教经典的翻译和系统理解的成熟，对经典的系统处理有了把握，方能注疏，乃至独立造论，而后又随着佛教的广泛传播，这些形式逐渐普遍开展起来。

疏钞在南北朝时期已大量涌现，遂确立为义学的基本形式之一。到了隋唐时期，虽然主要以造论为传承的宗派已不少见，如天台宗、三论宗、华严宗等，但仍有一部分宗派，如唯识宗、律宗、密宗等，主要采用疏钞方式传承，而少有独立的造论。其中，唯识宗最有影响的著作都是疏钞。我们知道，在中国，唯识学立宗是依于《成唯识论》，其注疏主要有《成唯识论述记》，以及后来的《成唯识论了义灯》《成唯识论演秘》等。《成唯识论》本论及其注疏构成唯识宗的基本传承典籍。应该指出，即使造论传承的宗派也并非不注重疏钞，毕竟疏钞作为义学的一种形态，对维护佛教经典的传承与学统至关重要。

造论是义解的进一步深化，它的逐步成熟，也标志佛教中国化的完成。造论主要有两种形态：一者是释经论，即依于经论文本进行系统诠释、善巧概括与随义发挥，象智者大师的《法华玄义》等；二者是独立于经论而造论，如僧肇大师的《不真空论》等。造论也是在南北朝时期成熟，而成为义学的基本形态之一的。

概言之，最初，义学主要指两种形态，一是翻经，二是义解，而义解后又开展为二，一者造论，二者疏钞。这大大深化了"义学"观念的内涵，令中国佛教义学成为一门围绕义理开展而具种种形态的圣道学。

（2）语言、训诂、文献、考据与"义学"

在南北朝已经出现了从语言、训诂、文献、考据角度对佛教进行的研究，这样的工作基本是佛弟子（出家众为主）所做，也成为义学的一部分，而为义学的重要构成。语言研究，包括梵语等原文的研究，开始进入义学的视野。译典译自于印度等南亚文献，或者西域文献，属于两种或多种文字间的转化，要予以准确义解，必须对原文及其转化有所研究。而且，译典在不同时代出现，后世理解变得越来越困难，因为汉语随时代会有变化，语义不断演变，故需要进行语言学的全面研究，包括做训诂这类小学的工作，否则不易如实解读。文献研究这时也成为重要的研究领域，包括梳理与考证翻译经典的形成状况、传播状况，以及辨析它们的真伪，最后编目等。在现今佛教学术研究中，语言、训诂、文献、考据学已成其基本内容，但不要求佛教认知本位，而在古代这些方面的研究，基本是从佛教认知本位出发的，故属于义学的组成部分。它们的出现扩大了"义学"观念的外延，丰富了佛教义学的内容，使其在古代即成为一种不限于教理开展与研究的大学科。

（3）学派、宗派与"义学"

在东晋末"义学"的本位意识觉醒后，在南北朝迎来了中国古代义学开展的一个高峰，学派蜂起，而这些学派一般冠以"师"名，如成实师、毗昙师、三论师、涅槃师、楞伽师、华严师、地论师、摄论师等等。它们皆是讲习、随学印度所传经论而成的，其中除涅槃师、楞伽师、华严师宗经外，其余是宗论所立。但无论如何，都可视为传承印度传统的中国义学学派。不过其中也有一些独特的发挥，渐引发隋唐时期中国化佛教宗派的产生，如天台宗、三论宗、华严宗、禅宗等。它们又曾先后融入《大乘起信论》以及《楞严经》《圆觉经》等经论之学，遂以不共于印度佛教的顿教、圆教形成中国化佛教的标准教义。而学派传统的进一步发扬，则引发了直续印度大乘传统的趣求，如在唐代有唯识宗、律宗、密宗等的出现，以建立印度佛教传统下的中国传承。故在隋唐，兴起了这两类相互竞争的佛教义学传统，一直延续到现今。

在前述中国义学的开展中，容易看到两次义学的本位意义转折。第一次者，是从"格义性"义学到"佛教本位性"义学的本位意义转折。这是一次意欲回到纯正佛法的"真义学"意识的自觉，故以传习印度经论为进路，引发众多学派的兴起。在此学派义学阶段，"义学"名称普遍使用，义学作为内道学的本位意识渐根深蒂固。第二次者，是在学派义学之后兴起的宗派义学阶段，偏重宗派义趣的传承，以自宗为尊，故各立宗派之名，而弃"义学"的通名。在其中，如前所述，有两种开展趣向。一是中国化佛教圆、顿宗派义学的成熟，构成从印度佛教本位到中国佛教本位的意义转折。二是在对学派义学反思后，将其印度佛教本位的趣求强化，而成立随顺印度传统的宗派，以唯识宗为代表。这一义趣路径，到现代正是支那内学院诉求回到印度正法传统所重新倡导的。而这相对于中国化圆顿传统而言，也是一次义学的本位意义转折。

6. 古代佛教义学及其观念的几个特点

从前述梳理和分析可知，古代中国佛教义学及其观念略具有如下六个特点：

第一，佛教义学主要是以佛教为对象而建立的学问，而且针对佛教各种侧面、各种层次和各种分支，可分种种类别，所谓义学的分科式开展。前述义解等、训诂等、学派等这些类别实际上包含了古代佛教义学的开展与研究的各个方面，这些在南北朝时期已经比较齐全，到后来都明确地归称为了"义学"范畴，大致可分四类。一是翻经。经典的转换是一种义学开展，而且在历代经论传译过程中，曾培养出一部分最优秀的义学人才，如唐代的窥基大师等。二是造论。这是义解的产物，即在义解达到深入、系统的把握时，其表达方式之一即是造论。三是疏钞。注释、注疏也是与义解分不开。第四种文献。以语言、训诂、文献、考证等研究辅助经典的理解。这四类又可以概括成两类。一类是义解，前三类翻经、造论、疏钞都属于义解范围，都建立在对经论教理教义有深入、系统把握的基础上。另一类是文献。其他如语言、训诂、考证、文献等归为文献，包括了类似小学的一些研究。

第二，除前述义学的分科式开展外，还有宗派式开展。宗派式开展可分为三：一者，个体性开展，即义学者个体自主性的义学开展，如僧肇大师等的义学著述；二者，学派性开展，即以讲习方式而形成的师徒相传的学问传统，如成实师、涅槃师等；三者，宗派性开展，即尊宗创派祖师著述所传习形成的义学传统，如天台宗、唯识宗等。

第三，佛教义学是基于佛教本位的学问，具体而言，是基于佛教认知本位的学问，故是佛教自己的道学。换言之，之所以称为佛教义学，并非因其研究对象是佛教，而是因其开展必须具有佛教的认知立场，目的在于求真（诸法实相）、求道（涅槃之道）。

第四，佛教义学的从事者都是佛教的修学者，即佛弟子。当然，在中国古代，从事佛教研究的人基本都是佛弟子，非佛弟子来研究佛教的情况非常少见，即使有，其著作也不算在义学范围之内，比如儒家王夫之的《相宗络索》，就不属于义学。

第五，佛教义学研究者以出家僧为主。古代在四众弟子中，也有居士做义学研究，但主要还是以僧为主。由此可以认为，中国古代的佛教义学是以僧即出家众为主体从事的一种本位学问。

第六，不能将佛教义学与儒家的义学相混淆。"义学"不同于一般学问，是以价值与意义为先的，即不同的认知立场决定其具不同的性质。在其中，儒家的"义学"基于儒家本位，承载了儒家的精神价值，而"佛教义学"基于佛教本位，承载的是佛教的精神价值，故二者有本质差异。在此意义上，在"义学"前加上"佛教"二字，是必要的，表明其是佛教性质的"义学"，否则仅说"义学"则会溯源于儒家，而认定佛教只是儒家的意义分支，是受儒家影响而成立的。这当然有违佛教义学立场。按照佛教义学意旨，虽然"义学"这个词借用于儒家，但在后来儒家的痕迹已经被洗净，唯留下文字形式，而满载佛教本位的义涵，故称"佛教义学"。古代佛教文献中只说"义学"，是因这属于内部语言，指称是明确的，而且，在南北朝佛教义学发达起来时，儒家学问已经衰微，佛教学问成为显学，故后来"义学"已经约定俗成为专指佛教的义学而不是儒家的义学，甚至儒家自己在经学等研究领域亦罕用"义学"一语。后世基本就这样沿用成俗。

五、"佛教义学"意识在现代的最初觉醒

中国的佛教义学在南北朝时期，扬弃格义之途，经过经典注释到学派开展，趋于成熟，在隋唐时期达到鼎盛，形成了百花齐放的宗派义学，突出有三论宗、天台宗、唯识宗、华严宗、禅宗、律宗、密宗与净土宗等八大宗派，影响所及，朝鲜半岛、日本、越南等都建立了融合本国特色但类似的宗派，大乘遂在东亚流布开来。伴随着中国佛教义学的繁荣而有了中国隋唐佛教的兴盛。

但在唐朝会昌法难后，佛教在中国的强劲发展势头遭到粗暴的遏止。中国佛教义学随着中国佛教在晚唐的衰落而几乎一蹶不振，代表了佛教在中国开展的顶峰的八大宗派先后衰微。到近代，玄妙而高雅的佛教变成了经忏仪轨，而用于祈福与度亡。佛教在近世中国的持续衰落，有复杂的原因，但其中基本的方面，就是义学的不振。其间宋明佛教义学虽有短暂复兴，但都犹如昙花一现，未能挽救中国佛教的颓败。

进入现代，衰落的佛教又面临现代西方科学人本文化的冲击以及国内政局的动荡、战争的灾难的考验。所以在混乱中，针对复兴中国佛教就出现了种种差异极大的方案，其中也凝练了一些共识，包括最基本的一条，相当于义学方面。不论杨仁山居士办祇园精舍、欧阳竟无居士办支那内学院还是太虚大师办各种佛学院，根本是意在复兴义学。他们都看到了义学在这个时代的引导性与奠基性意义，但具体做法又各有偏重之处，共同为现代佛教义学的兴起做出了开创性的贡献。

1. 现代对中国佛教义学没落状况的反思

在清末民初，不少佛教的有识之士对中国佛教义学的现状忧心忡忡，对佛教的整体没落状况及其前因后果予以了痛切反思，激烈的批判甚至全盘否定一时占据了其中的主流声音。

近世禅宗几乎一统天下，僧寺大多属于禅宗。中国现代佛教的复兴之父杨仁山居士指责中国佛教衰落主要要归咎于禅宗。禅宗提倡"不立文字、教外别传"，相当多僧众忽视甚至废弃经教，演变到末法时期，根钝障重，圣教法流几乎断绝。所以，杨仁山批评说："近世以来，僧徒安于固陋，不学无术，为佛法入支那后第一隳坏之时。"[①]这种深度末法状况的形成，原因在于"禅门扫除文字，单提'念佛的是谁'一句话头，以为成佛作祖之基，试问三藏圣教有是法乎？"[②]他又进一步分析说："达摩西来，不立文字，直指人心，见性成佛。当时利根上智，得其旨趣者，固不乏人。而数百年后，依草附木之流，正眼未开，辄以宗师自命，邪正不分，浅深莫辨，反不若研求教典之为得也。盖书之可贵者，能传先圣之道，至于千百世，令后人一展卷问，如觐明师，如得益友。若废弃书籍，师心自用，不至逃坑落堑不止也。"[③]所以杨仁山深刻地看到，不开展经论熏习，废弃义学，一味抱残守缺、空腹高心，致使不学无术，师心自用，邪正不分，浅深莫辨，多至"颠顶佛性，儱侗真如"之蒙昧。[④]

杨仁山居士的弟子欧阳竟无居士及其再传弟子吕澂、王恩洋居士进而断言，佛教进入中国后，落地生根而中国化，并非佛教正法善巧方便地开展，而是偏离了印度佛教的纯正性，形成了相似佛教。由此，他们从对中国佛教义学没落状况的反思转到对中国化佛教义学传统的整体反思和批判。欧阳竟无居士归纳出中国佛教义学的五大弊，其中以天台、华严、禅宗为主要批评对象：一者，禅宗兴起后，盲修瞎练者不知禅家根机罕遇，废弃佛菩萨经论和先德至言，而堕口头禅、野狐参；二者，思想笼侗，学问空疏，不深入教理，多凭一己之私见妄事创作；三者，天台、贤首等宗徒畛域自封，得少为足，以祖师为世尊再世，而使佛法之光愈晦；四者，学人不知随学译文最准确、简择

① 季羡林主编：《杨仁山居士文集》，黄山书社，2006 年，第 271 页。
② 同上书，第 269 页。
③ 季羡林主编：《杨仁山居士文集》，黄山书社，2006 年，第 251 页。
④ 同上书，第 57、397 页。

最精当的唐人译著和著述，漫无简择，随拾即是，故义解常错；五者，学人全无研究方法，或者妄执难易，以一行一门为究竟，如言净土者，或者妄执世出世法截然异辙，不可助成，排除一切新方法，而堕无善巧方便之玄谈。① 显然，这种批评激烈到了几乎是全盘否定的程度。

欧阳竟无他们对中国传统佛教义学即中国化佛教义学传统的批评主要集中在教理上，这具体又有两个两方面，即中国传统佛教义学共同的基本教义以及共同所依的基本教典。在基本教义方面，他们批判的重心是心性本觉说以及真如缘起论，判二者为逻辑混乱以及外道羼入。他们更采用釜底抽薪的方式，通过否定中国传统佛教义学共同所依的基本经论如《楞严经》《大乘起信论》等的神圣性，来颠覆其教义的基础。吕澂的判摄是最有代表性的。他以《起信论》为中土"似说"之鼻祖，以《楞严经》为"似说"之集大成。他在《楞严百伪》一文中说："唐代佛典之翻译最盛，伪经之流布亦最盛。《仁王》伪也，《梵网》伪也，《起信》伪也，《圆觉》伪也，《占察》伪也；实又重翻《起信》，不空再译《仁王》，又伪中之伪也，而皆盛行于唐。至于《楞严》一经，集伪说之大成，盖以文辞纤巧，释义模棱，与此土民性喜鹜虚浮者适合，故其流行尤遍。贤家据以解缘起，台家引以说止观，禅者援以证顿超，密宗又取以通显教。宋明以来，释子谈玄，儒者辟佛，盖无不涉及《楞严》也。一门超出而万行俱废，此儱侗颟顸之病，深入膏肓，遂使佛法奄奄欲息，以迄于今，迷惘愚夫坚执不化者犹大有人在。"②

王恩洋在更早时候即断言《起信论》非马鸣菩萨造，"非佛教论，背法性故，坏缘生故，违唯识故，如金七十论等"，慨叹《起信论》诸名相术语"无一名非佛典中名，无一句非佛典中句，名句分别无非佛法中文，合贯成辞则无一不为外道中理，乃至自相差别，自语相违，理事前后自相矛盾。此论而可存，三藏十二部经、空有两宗一

---

① 麻天祥主编：《欧阳竟无佛学文选》，第36-37页，武汉大学出版社2009年版。

② 《吕澂佛学论著选集》卷一，第370页，齐鲁书社1991年版。

切论义并皆可废矣！夫斯论之作，固出于梁陈小儿，无知遍计亦何深罪！特当有唐之世大法盛行，唯识法相因明之理，广博精严，甚深抉择，而此论者乃无人料简，灵泰、智周诸师虽略斥责，而不深讨，贻诸后世，习尚风行，遂致肤浅模棱，划尽慧命。似教既兴，正法以坠，而法相唯识千余年来遂鲜人道及矣！嗟乎！青蛇入座，纰糠迷目，法丧久矣，能不慨然！"①

　　欧阳竟无、吕澂、王恩洋对"本觉说"的批判，集中在对真如及其与正智的关系的界定与抉择方面。他们以"真如"为遮诠义，谓空性空理，而非表诠意义上的实体，故无直接的功能作用，不可能与正智合一，遑论"本觉"！吕澂更试图深入到中印佛教"心性论"的特质上，而分二者一为"本觉"，一为"本寂"，判性质根本相悖，真如在正法意义上作为本寂的"心性"如何可能是"本觉"？他们进一步断定，这样的真如不可能与无明互熏而有直接发生缘起的功用，故"真如缘起论"实乃印度外道思想"偷运"进入佛教中者。②

　　支那内学院诸师对《楞严经》《起信论》及其代表的中国化佛教的教理基础的全面批判，激起了亦在激烈反思中的太虚法师为首的武昌佛学院系诸师的反批判，更是遭到代表传统佛教的教界硕德如印光法师、虚云法师、守培法师等的直接抨击，被斥为"大魔种"等。③

　　支那内学院的这些抉择与批判，虽然不无偏颇，但代表了现代佛教思想界的反思意识的觉醒，对现代佛教义学的兴起起到了直接的推动作用。而且，这些也导致了对中国传统佛教义学的重新认知，从而将其与印度佛教义学区分开来，同时，也预示了现代佛教义学必定要发生新的转型。

---

① 张曼涛主编：《大乘起信论与楞严经考辨》，第 115 页，大乘文化出版社 1978 年。
② 参考周贵华著：《"批判佛教"与佛教批判》，第 75-149 页。
③ 同上书，第 22 页。

2. 现代佛教义学意识的最初觉醒

佛教进入现代，遭遇到的社会文化环境与古代大为有别。科学人本理性的普世化，带来对一切传统文化的精神特质的"祛魅"（disenchantment）。以此为本建立的学术研究规范，成为一切学问研究的"公器"，以致即便是极为悠久的传统研究，在立场与方法上也与学术研究开始趋同。中国佛教中的一些敏锐的思想家意识到这点，开始维护佛教自身的研究规范，而强调佛教与世俗其他学问之别。这其中最有影响者是欧阳竟无居士与太虚大师。

欧阳竟无强调佛教是佛学，即成佛的学问，因此是出世间学，与世间学具有本质差别。杨仁山已经强调了佛学与哲学的区别，欧阳竟无进而在佛学与哲学、宗教、科学间进行划界。这种划界在民国初期的佛教思想界影响巨大，像章太炎等大学问家都参与了论辩。欧阳竟无在此意义上，论说佛学是"别为一学"的特殊学问，所谓"佛法非宗教，非科、哲学，而别为一学也"，[①] 并称其"内学"。此中之"内"则有三义："一、无漏为内，有漏为外也"；"二、现证为内，推度为外也"；"三、究竟为内，不究竟为外也"。[②] 这样界定下的"内学"，是一种圣道学，以圣者的体性、智慧与境界为根本、为所趣求。又内学既然是学问，也就是一种研究，称为"内学研究"。从具体研究方法特征看，欧阳竟无强调内学作为据于佛陀圣教量的研究，"皆是结论后之研究，非研究而得结论"。[③] 由此他断言："内学为结论后之研究，外学则研究而不得结论者也。此为内外学根本不同之点。"[④]

这其中尤其需要注意的是，欧阳竟无先生在判定传统中国佛教义学为相似佛教后，提倡回到印度佛教传统，从而摒弃了带有中国传统佛教义学色彩的"义学"一语，而依据印度佛教的"内明"观念，取"内

---

① 麻天祥主编：《欧阳竟无佛学文选》，第 335-336 页。
② 同上书，第 31-32 页。
③ 同上书，第 29 页。
④ 麻天祥主编：《欧阳竟无佛学文选》，第 31 页。

学"一语来指称佛教，这也表明了他在判定印度佛教为正法的抉择下要回归印度佛教传统而欲与中国佛教传统决裂的决心。欧阳竟无为导师的学院"支那内学院"以及其主办的杂志《内学》，皆以"内学"命名，明确显示了佛教作为内道学的意识的现代自觉，标志着在基于佛教认知本位的意义上才能建立佛教义学的意识的现代觉醒。

太虚大师作为民国僧界改革派的代表，曾提"教理革命、教制革命、教产革命"三大愿景，他对佛教与哲学、宗教以及科学的本质差异也有明确的认识，曾有反复论述，由此，他毕生都在维护佛教的本位意义和提倡回归佛陀本怀。在佛教义学方面，他与欧阳先生强调的重点有别。欧阳先生以"内学"之名显示其趣证觉悟、趣得解脱的特质，太虚大师则从其传承佛所说教、契入佛所证理的角度，称为"佛学"。

而且，太虚大师比欧阳竟无更加警惕西方学术研究方法对佛教精神的侵蚀和消解。在他看来，西方学术研究迷失于"进化之史论及科学之方法"，成为一种"学术进化论"。他批评说："用西洋学术进化论以律东洋其余之道术，已方柄圆凿，格格不入，况可以之治佛学乎？吾以之哀日本人、西洋人治佛学者，丧本逐末，背内合外，愈趋愈远，愈说愈枝，愈走愈歧，愈钻愈晦，不图吾国人乃亦竟投入此迷网耶！"[①] 他看到了学术研究方式全面进入佛教研究的前景，而对此必将带来的佛教学问中佛教精神的丧失感到深切担忧。这实际在现今已成为一种难以逆转的现实。正是基于这种深刻反思，太虚法师自己积极开展佛教义学，试图因应时代建立种种现代佛教义学的新形态。

太虚法师最著名的弟子印顺法师也诉求回到佛陀本怀，在研究上强调"以佛法研究佛法"，尤其注重以三法印"诸行无常、诸法无我、涅槃寂静"为准绳、为方法来研究佛教，但他同时又接受人本经验理性以及广泛吸收学术研究方法进入研究领域，最终导致"阳义学、阴学术"的研究结果，在现今中国佛教界毁誉参半。[②]

---

① 《太虚大师全书》，第二十八卷，第27页，宗教文化出版社2005年。
② 参见周贵华著：《"批判佛教"与佛教批判》，第226-246页。

3. 现代佛教义学的最初开展

佛教义学在现代的开展始于杨仁山，但他在佛教研究中还没有意识到现代西方学术研究立场将会给佛教义学及其研究立场带来的颠覆性冲击，仍沿袭古代传统而提倡全面回到古代中国佛教宗派的义学中去。欧阳竟无在研究方式上也是沿袭传统宗派义学研究方式，但提倡的方向不同，是要扬弃中国传统，而回到以龙树、无著菩萨著述为代表的印度大乘佛教义学传统。他尤其强调"龙树中观学"与"无著唯识学"的一致性，而以二者的贯通为内学开展的大路。[①] 欧阳及其弟子吕澂、王恩洋等成立支那内学院，通过讲习、研究、校勘来实现这样一个宗旨。但在后来由于国难当头，欧阳竟无（以及王恩洋）通过倡导佛儒会通、回归民族大义来体现菩萨精神，并最终归向以涅槃学统摄大小乘学，而为其内学生涯的晚年定论。但吕澂在民国时期作为对中国佛教传统批判最为系统和最为严厉者，是支那内学院中素养最全面的学问家，引入了梵藏汉对勘以及文献学等学术研究方法进入内学研究中，备受学术界的推崇，但在新中国成立后，完全转向了学术研究，放弃了前半生的义学追求，直至漫长生命的终结。

欧阳竟无与吕澂对中国现代佛教义学最重要的贡献之一，是依据印度大乘佛教鼎盛时期的那烂陀寺的佛教教学学科分类，建立了内学的学科类别。最初，欧阳竟无根据玄奘、义净法师所传，将那烂陀寺学科分为五类，即性（中观）、相（唯识）、密（密教）以及小（小乘）、外（外道），后对此中的佛教学科细分，具体分为因明、对法、戒律、中观、瑜伽，其中"对法"即阿毗达磨（毗昙），主要指"俱舍"，属小乘。这是除密（密教）、外（外道）的新五科。欧阳竟无在其"释教"篇中，又提四科：一俱舍文字科（毗昙），摄大小乘阿毗达磨；二瑜伽文字科（法相唯识）；三唯智文字科（般若），摄中观；四涅槃文

---

① 参见周贵华著：《"批判佛教"与佛教批判》，第22-25页。欧阳竟无以龙树学与无著学一以贯之而为"西域学"。

字科，摄佛性学。^①对此四科，吕澂简称毗昙、般若、瑜伽、涅槃。^②这其中相当于把内学分大小乘，小乘即毗昙，大乘即瑜伽、般若、涅槃。后又补充因明，"四科之外，为论议资，又必学习因明"。^③即立五科，所谓因明、毗昙、般若、瑜伽、涅槃。这与那烂陀寺五科相近，只是戒律科换为了涅槃科。这种分法偏重义理立科，而以因明为表达、抉择义理的工具。吕澂在欧阳竟无所区分的基础上，随顺师意，加入戒律科，替换掉因明科，这就构成了内学五科，即内明五科。内学五科不同于那烂陀寺的五科，在后者中有因明科，即分科由内、外明所构成。

欧阳竟无他们强调义学即内学的开展要分科化，这对释太虚开展佛学院教育是有重大影响的。但后者在义学研究和开展的方向上，主要提倡超越宗派或者传统形态的融贯性，即"本佛宗经"又契应时代，这其中阐发了现代佛教界广泛接受的一个佛教开展的指导性原则——"契理契机"。他说："佛学由佛陀圆觉之真理与群生各别之时机所构成，故佛学有二大原则：一曰契真理，二曰协时机。非契真理则失佛学之体，非协时机则失佛学之用。真理即佛陀所究竟圆满觉知之'宇宙万有真相'，时机乃一方域、一时代、一生类、一民族各别之心习或思想文化。"^④他以超越世间的成佛之道为佛的本怀，同时强调立足当下才能开展，因此提出时代佛教的形态是"人生佛教"，又称"人间佛教"，即基于人、人间而面向十方法界开展的佛教。太虚法师的弟子释印顺进一步发展了"人间佛教"理念，但走到了极端，即完全人化、人间化，诉求唯在人间开展大乘菩萨道，而将超越于人、人间的存在以及境界作为"天神化"予以了消解。这种人间化、人本化佛教，遭到了其师释太虚的批评，认为其是"孤取人间"而"落人本之狭隘"

① 参见麻天祥主编：《欧阳竟无佛学文选》，第144-152页。
② 《吕澂佛学论著选集》卷二，第609页。
③ 麻天祥主编：《欧阳竟无佛学文选》，第152页。
④ 《太虚大师全书》，第三卷，第181-182页。

的错误立场。① 但无论如何，他们探索的这个方向现今已经成为中国佛教的主要推动方向，与大乘佛教传统正在发生越来越严重的断裂。

六、"佛教义学"意识在现代的重新觉醒

佛教义学在民国时期有所复兴，但被内战以及"文革"中断。随着改革开放的到来，佛教作为传统教化和传统文化的地位得到恢复与保证。在此背景下，"佛教义学"意识的重新觉醒虽颇为艰难，但在近年迎来了新的契机。在民国兴起的第一次觉醒面对的是衰微的传统文化与苦难动荡的时代，而现今第二次觉醒面对的是知识与信息文化以及经济为中心的世俗化。要在全面世俗化以及学术学问的包围中真正显扬与开展作为佛教出世道学的义学，实际远非如表观上那么容易，遭遇了"现代性"相应的多重困境，这在前文已有叙述，此处再予一些分析。

1. 佛教义学在现代佛教学问中的困境

佛教在现时代文化中的不乐观状况，对佛教义学而言，首先引发关注的是佛教学问本身的一些乱局，以各种立场所开展的有关佛教的种种学问研究呈现出了一个相当复杂但并非良性的生态。即使在中国这样一个有漫长的、广泛的佛教教化而形成伟大佛教文化传统的古老国度中，也不乏对佛教缺乏"同情之理解"者，比如有主张从传统文化中排除佛教者，有主张从国学中排除佛教者，以及有主张从社会正能量思想中排除佛教者，等等。他们大多表现为，在学问领域，以佛教学术的名义，否定佛教义学作为佛教本位学问、作为佛教道学的正当性、合理性，不容受在佛教研究的学问空间中有佛教义学的存在。但为这种偏见所浸透，他们自己的研究也不能成熟为真正的佛教学术研究，多成一种徒有其名的伪学术形态。盖因真正的学术应有划界意

---

① 《太虚大师全书》，第二十八卷，第50页。

识，而对像佛教义学这样的传统学问有"同情之理解""理解之同情"，这是现代西方学界在面对自己的古典传统和东方古典传统时提倡的一种学术兼容观。佛教界的一些佛教研究者，也吊诡地以佛教学术为诉求，遗忘了他们本应该开展的佛教义学这个佛教本位学问、这个佛教自己的学问，有意无意地消除在佛教传承中本具的"佛教义学"意识。他们尽管急欲进入佛教学术领域，但作为佛弟子，又不得不在佛教本位立场与佛教学术立场之间挣扎，所以也多无法置身于真正的佛教学问空间，而堕入了一种进退不得的认知与表达困境。

当然，佛教学问的这些乱象与佛教在近现代的衰微直接相关。这里不谈对佛教有所隔膜的西方，仅仅审视一下中国现代一百年。自五四运动以来中国文化呈现出一种反封建的时代趋势，思想界总体对佛教以负面评价为主。到"文革"中，佛教更遭到了空前的彻底批判。即使是在改革开放后，佛教本身的合法性得到了全面保证，能够公开弘扬佛教的本位意趣和独特理义，但其重大的社会意义和文化价值仍不为大多数人所认可。总之，在现代中国，佛教多受置疑甚至否定。一百年来，这在相当程度上是政治、社会与文化所决定的整体时代精神选择的结果。所以，直到现今，中国对佛教学问的研究，仍然不免为种种成见所左右，以致以直接否定为先的人不在少数，包括一些学问深厚的研究者。

这些先入为主之见，在佛教研究中，障碍了对佛教义学的如实认知，也障碍了佛教学术的良性开展。其中对佛教经教的"佛说性"的武断否定，损害尤其严重。"佛说性"，体现经教的"神圣性"，指大小乘经教直接传承自佛陀的"如是我闻性"。现今无论教内或教外，怀疑、否定佛教经教具有直接传承性即"佛说性"这种神圣性者众多，他们甚至以此为研究与判断的前提，这就使开展作为佛教本位学问的佛教义学的现实意义被直接或间接地遮蔽与消解。但殊不知，即使诉诸考证等现代学术研究方式，也是无法真正否证佛教经教的"如是我闻性"的。这是佛教学术界在 20 世纪上半叶就已经明确的结论。①

佛教义学以佛说为根本，否则非是佛陀所开显的圣道之学，而名不副实。在此意义上，应该说，在现代，佛教作为义学的真正危机，在于教内，尤其是众多出家众对佛教经教的神圣来源信心不足，堕入了怀疑甚至否定。其中最有代表性者，如民国时期太虚大师的重要弟子之一法舫法师，晚年视大乘为印度教的变种，是魔说而非佛说；又如现代最有影响的佛教研究者印顺法师，承认大乘道与理，但否认大乘经教直接来自佛陀，主张其是后世佛弟子依于阿含经教以及种种神话，以神化的方式撰作的幻想性宗教作品。总的来看，具有南传佛教趣向的，基本上都对大乘或是全盘否定或是部分否定。这并不出人意料，毕竟尊奉的经教类型有差异。②但一些大乘背景的出家众本应是大乘教化的维护者和承担者，却对整个大乘经教的神圣性予以质疑甚至否定，后果就不堪设想了。这一定程度上动摇了大乘佛教乃至全体佛教的教化根基。这种现象现今并非少见。事实上，现今一般僧人居士，都或多或少怀疑大乘经教的"佛说性"，这在时代的全方位世俗化背景中，距否定的极端实际只一步之遥。大乘经教中有十方三世无量佛及佛土，有三界六道及其轮回，有离言性的真理，有不可思议的各种境界、神通，等等，这些都是现代人日常感性甚至科学人本的世界观里所无法直接呈现的，更使怀疑加剧至于大乘整体。而且，随着佛教学术通过以"客观知识"之名的全方位影响，几乎独占佛教学问空间，而几无佛教义学立足之处，大乘佛教作为圣道学在中国这个大乘佛教的第二故乡正急速走向"空心化"，而丧失圣道意义。

具体而言，在现代文化中，由于学术思维基本上占据了整个文化空间，被视为学问的"公器"，成为超越一切文化、评判其他一切学问的最高标准，一切传统学问都失去了往昔无需辩护的天然合法性，

---

① 在 20 世纪上半叶，日本学界就认识到这点。

② 在《法华经》的方便品中就授记，佛在世时，由于佛的直接加持与教导，阿罗汉都会承认大乘乃至一乘，但在佛灭后，即使是阿罗汉也多有不承认大乘乃至一乘的。

自然佛陀之教也不再直接成为正当的价值与真理选项，须要经受学术标准与方法的检验。换言之，佛教的普世教化意义与传统文化意义仅使其暂时具有社会合法性，但其甚深性、真理性与出世性则被学术价值尺度所彻底消解。这种消解基于人本经验理性（升级版为科学人本理性），及其相应的观察世界的方式。而以人本经验理性为本，意味着以人的存在为尺度，以人的认识、体验与境界为准绳，佛教义学作为佛教本位学问由此被消归为无根的、无据的自说自话。其实西方哲学家马克思·韦伯早已指出，科学人本文化的兴起，作为"现代性"的体现，伴随着对传统思想、文化与宗教的彻底"祛魅"，即对它们的本位意义、神圣性的全面消除。由于现代社会不加反思地、普遍地采用人本经验理性这种共俗理性，"祛魅"现象在教内、教外都已经显而易见地全面化、深度化发生。事实上，无论是用科学人本理性直接衡量，还是通过考据、思想史方法间接观察，佛教都被呈现为一个在我们这个时空下唯与各种世俗表观事物相联系的、先后起伏展开的"平面"现象，而与甚深真理、出世解脱无关。

在尚未觉醒"佛教义学"意识而无佛教义学支撑的情况下，教内研究者现今大多已经以随俗为习惯，对放弃佛教认知本位习以为常，基本上接受了用学术方式重新解释佛教、重建佛教根基的做法，以致佛教在学问上开始走上一条俗化、异化之路。也就是说，这一条路不是方便随俗以化俗，不是善巧摄用以摄受，而是以消解佛教神圣性、出世性为代价。而且，事情并不仅此而止，如同"多米诺骨牌"的倾倒，随着佛教神圣性、出世性的消解，佛教作为内道学的解脱维度、真理维度以及智慧维度，实际上也随之消解，剩下的仅是与人类的人本经验理性平齐的观察尺度下的人间存在、体验及其境界。直接地说，这种观察尺度以佛教为名，但实际与佛教并无直接关系，它恰恰是把佛教神圣、出世、甚深、殊胜的维度一并消解，使佛教"空心化"而虚化。这是现在教内研究者用学术方式考量、表达佛教所带来的后果和困境。这其中根本的问题是，在开展佛教学问的前提上便犯了错误。前提本应依止于佛陀圣教，以其为本，即"本佛宗经"，建立与守护佛教认知本位，但在现今用现代学术的方式将佛陀圣教予以"去神圣性""去出世性"以后，我们看到的不再是完整的佛陀圣教，而是一堆凌乱佛教材料堆积的"废墟"。在经过这种消解的佛教"废墟"上开展佛教学问，当然在前提上就出了问题，真正的佛教前提或者被暗地偷换，或者干脆被推倒重建。在现代佛教中，一直在发生类似的自我消解神圣性、出世性之事。尤其是在中国台湾、日本等这样的地区，已经完成了在佛教学问中"去神圣性""去出世性"的"祛魅"。他们以消解了神圣性、出世性的佛教经典"废墟"为对象，或者在学问研究中诉求"纯客观"的佛教学术，而排斥了佛教义学，或者在思想开展中推倒重释、重建佛教根本精神，而矮化、俗化了作为圣道的佛陀教法。在此背景中，佛教研究被几乎一致地等同于佛教学术研究，佛教学问被等同于佛教学术。这在佛教研究中成为现代才出现的一种普世性倾向，甚至佛学院也普遍提倡向学术看齐，以学术标准衡量、研究佛教。

这就是现时代开展佛教义学不得不面对的佛教研究现状。这与中国及印度传统的佛教研究相对照，只要稍加观察，便会意识到，二者存在鲜明、根本的差别。古代佛弟子在佛教义学的开展与研究中所造之论，如《大智度论》《瑜伽师地论》等等，一般是以证悟与开显真实、调伏与对治烦恼执著，以及实现解脱觉悟为本，是自觉觉他、自度度他的指南，而现在无论教内教外对佛教做出的研究，大多以学术为本，与趣求解脱、觉悟并无多少直接关联，即使其中最优秀的研究，也仅是新知识的最初发布和旧知识的高度组织化的表达，阅读这些看起来极为精致的学术学问，我们不能获得对道的了知和求道的喜悦，反而，常常，当我们读得越多，对道和真理的敏感性、渴求感就消失得越快。现今我们面对古代的佛教典籍，立即感到它们与现代文化之间存在非常严重的隔膜，截然不同，难以进入，宛如两个天地。这反映了古代佛教义学学问与现代佛教学术学问的性质差异，也是现代佛教义学缺位的严重后果。现代学术的普世独尊，投射到佛教学问中，已使佛教义学处于一种甚至已无法自辩的生存困境。

2. 现代佛教自身思维和表达的困境

对现代佛教学问的现状的反思引出了第二个话题，即佛弟子的困惑。古代佛教研究者基本都是佛弟子，他们与佛构成教学之师徒关系。佛在教位，他是三界一切众生的本师，佛弟子在学位，他们是佛的学生。一是根本度化者，一是学修者。古代的佛教学问，作为佛教义学，从其开展看，或者以依止佛陀的经典为主，或者以依止贤圣弟子的论典为主，一般以论著形式随顺表达，而这些表达都包含着纯粹的求道的意趣，无论是声闻道还是大乘道著述都是如此。那时，佛弟子受到佛教义学著作的熏习，对其道心是一种陶冶，对其行道是一种启发和引导，或者激励。然而，现在面对佛教学者的著述，甚至教内学者的著述，因以共俗理性下的佛教学术研究为目标，而无法再得到这种道意的浸润与激励。这也就是前文谈到的佛教学问的乱象，甚至构成了一种隐蔽"陷阱"，把人引向了无道可信、无真可求的迷茫状态。现在共业大势滔滔，似乎别无选择，这造成了佛弟子的困惑。佛弟子欲学古代的佛教义学但又不易解悟，具格善知识更难逢难遇，于佛道难以深入；欲学现代的各种佛教著述，又发现越学离佛越远，对道的渴求，即佛教所说的善法欲，不断在降低，甚至所发菩提心退废，因为这些书中的"佛教"被表达为一种佛教的"异化物"。所以，现代佛弟子堕入了闻思与修不知如何开展的困境。

在继续深入讨论之前，我们先区分几个观念，即"佛弟子""佛教徒"和"文化佛教徒"。"佛弟子"是已皈依佛法僧三宝者，他们以皈依佛以及学修佛之法为本，故称"佛弟子"。这里需要一番辩证、抉择。出家众都姓"释"，以表明他们是佛弟子。而在家众也是向佛陀学习，也是佛弟子，似乎姓"释"亦可。但二者一个在显现相上是持戒专修，可直接表法，一个在显现相上是从事世间杂业，杂染性重，难以表法，故唯有前者姓"释"。不过，凡是佛弟子，一概皆属于真正的佛教修学者。在此意义上，真正的佛教修学者最庄严的称呼也唯是"佛弟子",甚至"佛子"。当然,"佛子"一般是用在佛陀的圣弟子身上。

"佛教徒"指佛教的徒众,在形式上已皈依三宝。但是由于"佛教"这一观念早已经泛化、甚至滥化,现今"佛教徒"也就难以称为"佛弟子"。最初"佛教"本指佛陀之教,后来泛指善知识随顺三宝开展出来的一切,如在印度有小乘、大乘宗派的开展,如大众部、说一切有部、经量部、正量部等,以及中观派、瑜伽行派,到中国有中国佛教宗派的开展,如天台、华严、禅、净土等宗,而且,越到后来,去佛日遥,人们发现,说到"佛教"就不再归指佛陀之教,甚至后世善知识之说更"后来居上",占据主导地位,以致后世所谓"佛教"更多指祖师或者师父之说。在这种情况下,"佛教徒"所学一般主要不再是佛陀之教,而是祖师甚至自己师父的言说与著述了。换言之,"佛教徒"转以祖师甚至师父(上师)及其言说为本,为他们皈依的顶点。这与"佛弟子"不同。"佛弟子"时时刻刻知道自己是佛陀的弟子,自己根本是要向佛陀学习,故首先是以佛陀圣教(佛陀经教)为本,然后方是后世各种善知识的义学言说,而后世师承虽然在作为学修佛陀圣教的直接引导的意义上不可或缺,但其神圣性与权威性尚远不能与佛陀等量齐观,遑论凌驾于佛陀之上。但到后世,"佛弟子"渐渐远离佛陀,遗忘佛陀,而退为了"佛教徒",而且是在"师父的学徒""师父的信徒""师父的徒弟"的意义上。所以,就实而言,这样的"佛教徒"在最初的皈依上并不完整,多是形式皈依。他们事实上以某位法师、某位上师为信仰的对象、皈依的顶点,少有人真正认识到自己的皈依对象应是佛陀为本的三宝。如此一来,"佛教徒"着意建立的是针对师父的忠诚、牢固的关系,在意识上已不以自己与佛陀构成的为真正与根本意义上的师生关系了。这就导致一种颇为荒诞的现象:如果社会有批评某位出家众的言行者,常会激起他的弟子甚至其他众多"佛教徒"的强烈反应,甚至被视为对整个佛教的诽谤,遭到群起而攻之;但是如果有人质疑、批评甚至否定佛陀及其经教,却无如此强烈的反应,而视其在表达自己的个人观点,不应大惊小怪。

在这里就清楚显示了"佛弟子"和"佛教徒"的差别。

还有一种是"文化佛教徒"，也要注意区分。他们对佛教显示的诸多方面，如作为道、宗教、哲学、文化等，颇感兴趣，乐意了解，常宣称自己喜欢佛教、信仰佛教，但实际没有皈依，尚未对佛教作为涅槃圣道发起正信，故一旦个人境遇发生变化或者社会环境存在压力，他们就会轻易放弃自己对佛教的认知与情感倾向。由此可知，文化佛教徒与佛教间仅是一种文化亲缘关系，而非精神上的内在相契，更多意在以佛教为思想资源，建立一种文化休闲，获取一种心灵安慰，一般并不关注佛教的本位趣求到底为何。故从佛教本位看，他们仍在佛教门外。

在当下中国受佛教影响较深的人群中，文化佛教徒的数量最多，佛教徒其次，而佛弟子的数量最少。然而只有佛弟子才会真正致力于出世真理的追求。佛教徒与佛教结缘甚深，发心进入佛教之中，但他们距离佛陀很远，不愿深入佛陀经教，其学修与弘扬一般拘囿在他们师父的影响范围内，尚未真正走上佛道，所以非真正佛弟子。文化佛教徒也与佛教结缘甚深，但是并无真正进入佛教的意愿，仅仅把佛教作为在生存的不安和精神的虚无中带来心理安定、心灵慰藉的工具，尚不及佛教徒以身心相寄托。

在佛教的近缘圈中，对前文所说的现代佛教学问的乱局多有所涉入者，一般是文化佛教徒。他们毕竟仍是世俗本位立场，若参与佛教研究，自然以随顺学术为要，故有意无意地排斥佛教义学。佛教徒则一般是漠不关心。而真正受到困扰者是佛弟子。佛弟子基于正信正见，于内道与外道之别一贯警觉，对佛教学问的乱象也就甚为忧虑，但其"佛教义学"意识尚未彻底觉醒时，对佛教义学同样存有疑问，故不能找到出路，对于应该如何思考和表达，感到迷茫和不知所措。

而且，即使现今佛弟子的"佛教义学"意识已经觉醒，但对在世俗化已经充分化的时代背景中如何具体开展佛教义学，仍一筹莫展。盖因在现代知识文化的大海中，凡是以学问的方式表达者，都难免受到学术研究方式的强势挤压而扭曲变形，到近代已经衰微的佛教义学也因此几乎销声匿迹。这些佛弟子面对这一状况，虽欲开展佛教义学，但显得孤立无援。

可以观察到，作为居士学者的佛弟子的困惑在现时代的佛教研究中尤其突出。一般而言，现今对学者的普遍定位，就是职业从事学问研究，而且是学术研究。但有佛教信仰的居士学者在开展佛教研究时，是否也应该以学术的方式研究、表达自己所做的佛教学问？佛教学术研究以学术立场和方法为本，诉求客观知识。这种学术立场和方法，实际上又以科学人本理性，即人本经验理性，为核心信念。所以，"学术"所用的尺度本质上都是人本的尺度，要么是日常经验的，要么是日常经验扩展后的科学经验的，属于共俗性尺度。超过这种尺度的境界、体验、认识，一般被判为或者主观的，或者虚构的，不能纳入客观知识的范畴。这样，学术如何能够表达佛陀所开显的无论是声闻道还是大乘道的出世性的殊胜境界呢？！换言之，佛教的世界观、境界、智慧完全不在学术共许的知识范畴之内，那么作为学者的佛弟子应该如何选择？是否应该随顺学术标准来思考和表达？这面临着针对学术与义学的艰难选择。

在现代，学术在方法与旨趣上有一个基本的原则规定，也就是诉求客观、中立以及公共性。客观即是要与研究对象保持距离感，要明确地将它作为思考的外在对象。而中立则要求放弃先入为主的价值立场，即在研究时必须明确悬置自己已有的价值立场和信仰取向。比如，皈信佛教的学者做佛教学术研究时，必须首先悬置自己对三宝的皈依，即必须首先悬置自己的皈信。因为皈信立场作为一种强烈的价值偏好、一种先入为主的价值认定，是学术研究追求客观知识所不允许的。如果带着这种价值认定，所做的研究就不再是学术研究，而将被判为在自我价值设定下的自说自话。公共性则要求公共可接受性，直接要求对象经受客观知识性的约束，不能自说自话而仅诉求少数人的接受，也就是说，所研究的结果必须通过科学共同体、知识共同体的共许审查，唯此才能被认为是学术成果。简而言之，客观、中立和公共性这种标准不允许研究者带着佛教皈信去做学术研究。所以，在学术研究中，不能直接设定净土、六道轮回的存在性，不能预先承许十方三世有诸佛，乃至神通，以及种种不可思议境界，如真如境界、涅槃境界，智慧境界，等等，这些都不能默许为知识而直接带入到学术研究中去。日本和欧美的佛教学术研究，尤其是佛教古典文献学、古典语文学和历史学研究，在学术界被视为佛教学术研究的样板和最高成就。但正是这些研究给我们示范了学术对佛教神圣性、出世性所摄的本位价值与意义予以消解的方式与程度。

当然，学术的具体运行不可能达到所要求的那样的界限确定与内容清晰。虽然这些要求以学术的立场与规范来表达，而摒弃皈信等价值取向以及种种先入为主的设定，但实际是不容易实现的。毕竟客观、中立和公共性要求下的学术立场与规范所诉求的仅是一种理想，而研究者的皈信立场、价值偏好仍是一直在被带入研究中，包括代表学术共同体的审查者们也是这样，只是常常不那么显而易见而已。更何况学术立场与规范本身承载的是人本经验理性这样的一种共业意义上的特定价值设定，而本质上已经自我解构了其本身的客观、中立与公共性。正因为如此，在学术研究中存在对研究对象予以"同情之理解"的可能，尤其是在学术规范运行尚不严格的情况下，界限可能更宽。这也是佛教中一些研究者一直维护佛教的学术研究方式而并不认可或者声称不需要佛教义学研究立场的重要原因。

但无论如何，学术研究的立场与规范的设定，以客观、中立和公共性要求作为基本原则，是其所一直强调的。所以，学术研究方式的强势运行，已令作为学者的佛弟子在明确意识到皈信边界的情况下感到了困惑甚至无所适从。他们或是没有意识到这一点，或者意识到这一点而别无选择，但精神处于一种苦恼甚至焦虑之中。更严重的是，他们有意无意在做自毁长城之事。应该说，当他们试图以学术立场来表达他们的研究成果时，实际上已经放弃了三皈依，中断了自己的佛教皈信。因为三皈依要求把佛教作为皈信的立场优先设定，要求把佛、法（教法、证法）宝以及僧宝作为研究的绝对前提，作为思考、表达的根本出发点，不允许消解或者取消。一旦认可而作纯粹的学术研究时，就明确地放弃了三皈依的皈信，中止了作为佛弟子的自我认定。现在不少自许的"佛弟子"，包括寺院里的一些法师，热衷于进入大学，进入研究机构去做佛教学者，然而，他们大多没有意识到这是要以放弃自己的皈信承诺为前提的。所以，在佛教中，作为学者的佛弟子应如何思考和表达，是一个无法回避、需严肃对待的问题。

面对学术研究方式的一统天下，作为出家众的佛弟子在研究中应该如何思考与表达，则是另外一个重大的问题。出家众，作为专业的佛教修学者，不得不遵守一个原则，即在研究中，思考和表达都必须以对三宝的皈依为前提。思考是内在的，外在不可见，而表达是要表现出来，外在可见。这在现时代的学术规范下，便出现了严重的困难。毕竟出家众负有住持法与表法的责任，表达就需要直接体现对三宝的皈依，但这恰与价值中立、公共性等基本学术原则相违背。这是出家的佛教学者必须面对与选择的问题，更是佛教教育要思考和处理的根本问题，其关键在于是采用佛教义学立场还是佛教学术立场。

在现代百年间，整个世界文化在全面世俗化的过程中，以学科的方式全面地分科化与系统化发展，学术规范成为压倒一切的研究规范，广泛获得了公众信任与权威许可，佛教无例外也被笼罩在其中。现今整个佛教界受到了这种世俗化大势的推动，提倡佛教教育与大学、研究单位接轨，试欲放下传统孤立性的出世趣求，而直接加入这样的世俗文化互联网，把佛学院变成有竞争力的知识教学与学术研究机构，以期能够与世间学术机构相竞争。但是，这明显会走向一种直接、当下的世俗化，与佛教的大传统发生在文化范畴与佛教本位双重意义上的大断裂。在这样的转变中，相当多出家众佛弟子极感困惑与迷茫。法师中有些真正善根成熟又有正见者在无所适从、不知所措之下，干脆不再参与在他们看来已经逐步学术化、世俗化的佛学院这种教育系统，开始独善其身，或在体制外学修与教化。这样，法师从事佛教学问应如何表达的问题就尖锐地凸现出来了。所以，出家众佛弟子在现时代佛教研究的思考与表达方面，面临极严峻的道心拷问。

总之，佛弟子在佛教研究中，应如何思考和表达，或者说，是选择义学还是学术，是道心和尘心的双重考验。在现今社会与文化全面、彻底世俗化的时代进程中，一旦佛弟子的佛教研究完全学术化，佛教也就完成了全面世俗化的转型，其"本佛宗经"的佛教道学传统也就真正终结了。

3. 佛教学问困境中的出路

现在要问，我们应如何走出这一困境？佛教学问如何接续传统又有面向时代与未来的各种层次的新开展呢？这便是"佛教义学"观念的重新出场。也就是说，现在要走出困境，必由之路是提倡佛教义学，激活佛弟子以佛陀圣教为依的闻思意识、基于佛教本位的表达意识，而实现佛教义学的现代复兴。这也是佛教要应对时代的度化因缘的必要条件。

通过激活"佛教义学"意识，而实现"佛教义学"意识的觉醒，其关键是显扬"佛教义学"观念，以及佛教义学规范。这首先需要强调，佛教学问有多种，但其中只有一种对于佛弟子是最适宜的。这就是佛教自身的、本位的学问，是佛弟子自己在闻思修中应该参与的这样一种自利利他学问，即佛教义学。其次是明确佛教义学的边界，即应与其他佛教学问进行划界、区分。佛教学问所涵括的种类很多，可以说，任何一个思想流派、宗教都可以佛教为对象进行研究，甚至任何一个人都可以开创一种佛教观察方式，由此成立相应的佛教学问。但我们知道，现在影响最大的学问是学术，或者说学术研究，它被广泛地视为一切学问中最具公共性者、一切学问的标准，其体现在佛教研究领域，即是佛教学术。前面我们也谈到，这种学问要求客观、中立、公共性等原则，不可能与佛教本位的意义取向相兼容，不过可以其为研究对象。所以，一旦佛弟子要从事佛教学术研究，便相当于放弃了皈信立场。这种现象在现今并非少见，以自觉或不自觉的方式发生。这对佛教维护自身的本位价值、度化意义以及信仰自信构成直接障碍，而且还因现今科学人本文化大环境，在佛教中产生持续消极影响，改变了传统佛教生态而导致急速世俗化。在此意义上，认清佛教学术研究方式在本质上与佛陀义学所要求的基于闻思修而指向涅槃的学问意义相违，以佛教义学传承、维护与阐明佛教圣道的神圣性、出世性以及甚深性，佛教正法才可能久住世间。

所以我们应该意识到，适合佛弟子从事的佛教学问唯是依止佛陀教说、运用佛教悟性认知方式而归趣涅槃的这种学问，而唯一符合这一佛教本位意义的佛教学问就是佛教义学，换言之，唯有佛教义学是佛教自己的学问，所谓佛教本位学问。这是佛教走出目前的学问困境的唯一出路，而且这条出路关系到整个佛教的现在和未来。如果佛教还有真正属于自己的圣道开展的未来，就如同古代中印佛教繁荣的时代一样，首先要实现佛教义学的复兴，而使其在社会文化的佛教学问空间中获得与佛教学术的建设性共存。

还应了知现代佛教义学与古代传统佛教义学的差异，而其中最根本的不同是学科化与宗派化之别。古代传统佛教义学，作为宗派化义学，偏重宗派道次第系统的建立与阐明，以及自宗经典的宗派义趣的阐释与发挥，而现代佛教义学，作为学科化义学，偏重分科化、层次化、问题化的研究与表达。现代佛教义学由于在形式上随顺了现代分科化的时代文化形态，广大佛弟子皆有可能有所开展。具体而言，根据现代佛教义学所开出的种种层次、种种类别、种种问题，不同境界佛弟子皆有可能随应参与，力所能及地有所著述，并不需要皆获证圣位。这与古代佛教义学研究有别。古代佛教义学（除开佛陀的经教外），基本上都是由有一定证量的圣者论师来开展的，即使没有证量，至少也是靠近这种圣者地位的杰出贤者论师。比如印度瑜伽行派的三大宗师中，弥勒、无著大师皆是真正菩萨，而世亲大师为"临近极喜"，即他的修行德位位于加行道的最后边缘，虽不是圣者，但是很靠近圣者，仅一步之遥。像他这样的加行位上的卓越贤者，在见上已经获得融贯性胜解，所造之论与佛陀圣教能相随顺，故也是古代佛教义学颇具代表性的殊胜成果。

古代贤圣所造之论有多种类型，其中最常见的是注解式释经，即随文注释经典。还有以系统化义理纲领对经典进行诠释，如《摄大乘论》就是以这种方式诠释《阿毗达磨大乘经》的摄大乘品，由此形成一个具完整大乘唯识道次第系统之论。这便与注释经典不同，后者是一句一句诠解，或简略或浩繁。另外，还有论师按照特定意趣而独立造论，与具体经典没有直接对应关系——当然，总体而言还是要依于经教的——比如龙树菩萨的《中论》。独立所造之论不少具有系统义理和完整结构，涵括着境、行、果或者教、理、行、果的完整道次第体系，如弥勒菩萨的《瑜伽师地论》。还有阿毗达磨形态之论，以一组法目为义类分别，集摄自乘、宗的种种义理、法相，并以此抉择其他乘、宗的相关义理、法相。这也是为何古代义学论师的德位条件要求比较高的原因。要对整个道次第进行组织，并作出系统论说，或者要集摄、统释一切法相、义理，一般修行者不仅境界不够、能力不足，而且不具权威性。

古代佛教义学具有这种特点，但现代佛教义学则大为不同。现代文化具有多元化、分科化特点，佛教处在这样一个非常复杂的文化生态中去度化众生，要应对各种种类文化、各种复杂问题的挑战，必须针对性地予以善巧处理。在这个共业背景下，现代佛教义学不再单一地对道次第进行系统化表述，而要采用种种表达方式、种种表现形态、种种境界内容。尤其现代大善知识显现少，一般善知识境界与能力有限，其义学著作也就只能针对某一具体方面、具体问题而有所思维和表达。这要求现代佛教义学在宏观上具备多学科的整体化构想，类似现代学术以分科构成整体规模，以探求或者应对自然界与人类社会的各种种类、层面的对象和问题。所以，在整体意义上的分科化，能让各种境界层面的佛弟子都可以参与相应层面义学的开展，只要我们不要试欲处理超过自己能力范围之外的问题，而只做自己力所能及的部分就相适宜。

前面谈到现代佛弟子思考和表达的困惑，这其实就是佛教义学的困境所在。佛教义学要走出困境，要能够有一个可期望的前景，就在于要面对现代文化的多元特点而因应塑造现代佛教义学整体的性质与特色，即首先要有与世学的明晰划界，其次既要有体系化、系统化结构，又要有针对性明确的具体层面、具体问题的丰富表达，而形成具有多样形式、广泛内容的义学生态。这里强调在针对具体问题有充分应对的情况下，要有系统化理论表达，原因在于，对于现代众生而言，如果只是以传统视角针对传统对象处理传统问题，会显得较为疏离甚至隔漠，其说服力是有限的；若能够在更多层面针对众生问题做出系统化阐述，便有更大说服力，也就是说，佛教义学在整体上越组织化，其说服力便越强。简而言之，在现代多元文化背景下，现代佛教义学一方面面临学术化和世俗化的逼迫性挑战，需要实现艰难的现代转型；另一方面也有通过在形式上随顺现代文化的特点而充分开展的可能，最终形成有别于传统宗派化义学的特色，又能与现代其他各种学问抗衡的丰富而完整的学科化形态。

若现代佛教义学要真正迈开步伐，从前提看，需要佛教界自身的佛教义学意识的觉醒，但从具体开展而言，需要一批杰出的现代义学著述的出现，以在立场、方法、术语、内容、语言、规范等各方面有所垂范。也就是说，要通过义学共同体的共同努力，形成现代佛教义学的基本话语系统与基本形式内容，以做进一步开展的借鉴、标准、话题与资源。

附：问答——有关"佛教义学"的对象、话语及"共业平台""善根平台"等的问题

第一问答

问：在"佛教义学"的定义中，涉及"佛教义学"的自我表达，以及对佛教与其他对象的表达。这里，"自我表达"是何义？"其他对象"指其他的学问吗？

答：一般而言，佛教义学是佛教闻、思、修的外在体现，即为利他故，通过语言而进行的如实、善巧的显示。其中，"自我表达"是指对佛教义学自身的立场、依据、标准、方法、性质、意义、规范、

内容、趣求等的说明，也就是要告诉人们"佛教义学"是什么学问，以及如何能够开展出这种学问。

佛教义学作为条理性、系统性的表达，实际是佛教义学研究的直接产物，换言之，一切闻、思、修所学、所证，通过基于佛教本位的研究方式予以界定、阐显、抉择与组织，依利他的意趣，转化为条理性、系统化的表达，即是义学。

义学研究的对象不仅有佛教本身，而且包括其余一切，也就是说，一切都可以作为义学研究的对象。所以，"其他对象"不仅是指其他学问，而且指其他的一切。对任何对象，凡是按照佛教认知方式研究所得成果，都属于佛教本位学问，而可纳入佛教义学范畴。具体而言，古代佛教义学传统，基本是以佛教为对象开展的，比如佛陀及其经典、戒律等，范围和形式相对固定；而现代佛教义学，其所研究对象是开放的，可以是传统佛教义学的对象，甚至可以是其他任何对象，比如社会、政治、历史、宗教、文化、经济等各个方面，但凡站在佛教本位，符合佛教的认知方式、教说、义理和归趣，都可称为佛教义学，故范围和形式相当宽泛。

原则上讲，义学只要求立场，对象可以不限。在此意义上，义学可有种种面向、种种层次、种种形态。

问：义学话语有什么性质？或者说，可以通过哪些特征相来衡量是否义学话语？

答：义学话语当然在本质上不同于世俗学问的话语，但由于它是用于摄受、化度众生，在形式上应随顺世间学问话语，而似世间学问话语。具体而言，义学话语应具善说性（善语性，subhāṣita、svākhyāta），略说有内在与外在两方面：

一者，内在方面，即在内容上应具如理性、无戏论性与清净性。其中，如理性指随顺、相应于佛陀教说及其义理、意趣，不堕于世学的恶见、邪见乃至一切不如理见中；无戏论性指以菩提、解脱与涅槃为归趣而自利利他，绝非虚诳无益；清净性指离一切世俗杂染性，不随顺、相应于一切有漏性。与这些原则相一致，所表达的内容具有迥然相异于世间学问的意义与旨趣。

二者，外在方面，即在形式上应具有条理性、系统性与深刻性。其中，条理性指方便随顺众生的理性思维，而采用一定逻辑形式，以推理和判断的方式连贯性地展开；系统性指具有足够全面和充分的表达，并体现出结构的整体性；深刻性指义理层次足够丰富，而以善巧的方式为更高真理或义趣留下空间。总之，应在形式上具有与世间学问意义上的优秀著述相似的形态，而非浅白如开示文。

总之，义学话语要符合弥勒菩萨在《大乘庄严经论》中所说的"言句无垢"（vāk-pada-amala）的总体要求，以能通过义学著述的承载，成为佛教度化与社会文化中的共同的殊胜财富。

第二问答

问：对"佛教义学"的界定，实际构成一个评判标准，即是说，依此可知落在了此处的是义学，落在余处的不是？

答：是的，但这只是一个定性的判据，还需要一些原则来做进一步限定。即使如此，对"佛教义学"的把握仍得依赖于研究者的认知水平。如果认知非悟性相应，无法将这种定义（以及应遵循的诸种原则）具体落实，也不能作出真正的佛教义学来。所以，佛教义学的开展，需要在依止于佛教经论进行闻、思、修，而获得了一定的悟解后，才有可能。

问：这样的"佛教义学"观念应该是在佛教内部予以定义，而非在佛教外部？换言之，一定是要站在佛教认知立场上，才能运用这些方法、规范等来保证义学的性质？

答：当然是在佛教内部予以定义，因为一定是要处在佛教认知立场上。就像佛陀是觉悟了后才说出这些教法，绝不是在觉悟之前。唯待善根成熟，对佛陀的教法才能够真正随顺乃至相应，由此才能够如实传达佛陀教法的性质、义理与意趣，这是佛弟子开展义学的基本条件和路径起点。在此基础上，发起庄严佛法、利益众生的善法欲，摄用一些基本义学方法、规范等，予以审慎运用，则能开展出名副其实的义学，即规范性义学。

要注意一点，现在学人大多受科学人本理性影响至深，总试图寻找一个客观之物，免于价值倾向，以作为一个公共、中立的平台，能将真理演绎出来，或者能够确定判断真理的共同标准，或者能够建立一个追求真理的共同模式、范式，等等。这是现时代人的共同误区。并没有这样的中立平台，所有的平台都是价值性的。

问：如果不考虑价值中立，只关注"公共性"，在佛教看来，在人道，最基本的"公共性"平台有几类？

答：只有两类：一是善根相应者，一是共业相应者。这两类"公共性"染净不同，形成两种基本公共价值平台。

第一种是善根相应的"公共性"。凡圣都有佛性，都有成佛的善根，在此意义上，众多凡圣的善根相关联，就构成一种"公共性"，而为一种善性价值平台，可称"善根平台"。这是一种"公共"平台。由此，善根成熟者能够教学、沟通、交流，相互增上。教法与正法所摄的一切佛法，也就是一切善法，就在其上安立与开显。在善根平台中，普遍共尊的圣者，如诸佛、菩萨、独觉、阿罗汉等，其善根有不可思议的摄受力与加持力，而且有令众生心悦诚服、衷心敬奉的权威性、神圣性。诸圣者构成善根平台的核心善法缘，尤其是佛陀。

依于层次、种类和范围的差别，可成立种种善根平台。其中，由于一切凡圣，即诸佛与一切众生，皆具佛性，而且本然关联在一起，故基于此建立的善根平台，所谓佛性善根平台，是最大善根平台，在层次和范围即普遍性上超越一切世间的价值平台。也因此，一切佛法在一切众生那里，都有发生同情、随顺甚至相应的可能性。这也是佛陀普度众生的大事因缘能够展开的基本前提。

根本而言，佛教义学就建立在善根平台上。而佛教义学共同体，实际就是众多义学意识已经成熟的贤圣的善根和合而成的一种义学善根平台。比如在所有的义学活动中，最重要的是佛陀出世说法；而在佛弟子的义学活动中，最重要者则是经典结集。为了结集的开展，即使是圣者，也需要几百上千阿罗汉、菩萨组成团队，建立结集的善根平台，以具备充分的善缘公共性，保证结集作为传承的如法性、权威性、神圣性。所以义学的真正开展，需要建立义学共同体，达成公共的善根平台。由此，佛教义学才能免于自说自话的指责。当然，由于一切凡圣本具善根，任何层次和范围的善根平台不仅可能，而且存在。在此意义上，佛教义学的开展从来都不会孤立无援，缺乏同情与理解。但在具体时空与法运因缘下，需要佛教义学意识的觉醒，也就是众多相应善根成熟，而形成义学善根平台，所谓义学共同体，否则不会有义学的普世兴起与繁荣。

第二种是共业相应的"公共性"。凡为共业所摄的众生，其共业相应、认知趋同所建立的世间公共价值平台，称"共业平台"。娑婆世界的众生在人道共存，就有共业，而在这些共业当中，还有极共的这方面，称极共业。极共业实际也是一种共业结构，依待于它，能够成立世间的共学。反映世间极共性这一面的世间共学，有种种，如逻辑学、科学等。既然这一类学是属于世间极共业所感引的部分，在大众眼里就是普适性、客观性，所谓普世性，但实际上它们的真实面貌被遮蔽，人们看不到它们内在仅是反映了人道共业的极共性，并没有永恒、普遍的适用性。由普世性色彩所隐藏的极共业性，通过种种世间共学体现出来，实际正是能引起世间众生共同认可的内在基础。

在古代印度佛教中所立的四种外明（Bahir- vidyā），所谓声明、医方明、因明与工巧明（工业明），是最有代表性的世间共学，因为这四者在现代恰恰也是最具有公共性的四种基本学问，相当于语言学、医学、科学技术和逻辑学。这并不偶然。原因在于，佛教告诉我们，它们正反映了人道共业的极共性的不同方面。也正因此，它们不属于内明（Adhyātma- vidyā），在《瑜伽师地论》里就已经明确。为何世间大众普遍看重的学科只是外明，而不可能是内明？盖因在人道，在认识方式上，与共业联系在一起的是共俗理性，即人本经验理性，而四种外明正是人本经验理性在世间学问的四个基本方面的体现。而内明需以悟性为依，但轮回凡夫尚未进入佛道，悟性还没有生起，所以，不可能与内明构成相应。

在世间大众看来，这些世间共学具有公共性、普遍性，摆脱了个体价值取向，构成了一种客观的、价值中立的知识和真理的平台。但这种"普世性"特点，仅是人道所具，为人道共业所感，而不能普及于三界其他道，何况整个法界？这就决定了其为人道所属的本位性意义，其所属的共业平台无疑是人道所摄的基本价值平台，并不具有于法界一切平等的中立意义。

既然共业平台是人道所具最具公共性的世俗价值平台，因而就排除了一个客观、中立即对法界一切都平等的世俗公共平台存在的可能。否则，就不会有佛陀超越世间而成就正觉。况且，佛陀反复宣说，世间是无明所摄的漫漫长夜。真理平台只能是在出世性意义上安立，也就是善根平台。善根平台作为佛和众生善根间相应的和合存在，是建立与开显一切佛法的所依。佛陀正是在其上建立了涅槃之道，开显了诸法实相。但善根平台，为共业平台所遮，而不能显现，唯有佛陀出世，开启普度一切众生的成佛之道，无量佛弟子依止修学，善根平台才显露出来。

简而言之，世间的任何存在，不论是"公共"还是"非公共"的，无非虚妄分别（vitatha- vikalpa，Abhūta- parikalpa）所摄，都是世间性，或者说业感性。我们这个时代有其特殊性，共业坚固化，以致世俗化达到充分化，众生已然同化于中，而不自觉。在佛灭后的诸多时代中，尚没有像现代一样，共业结构中凸显出一种充分显露的极共性，人本经验理性获得普世地位，支持起种种强大的公共学问，而被尊上知识与真理的"裁判"地位。这种"普世化"在知识论意义上，将共业平台执以为客观的、中立的、公共的"理性平台"，凡不经过它的检验、许可，就不能获得学问的地位，即不具正当性和合理性。这实际是现代理性在学问领域的僭越。

因而，开展现代佛教义学的一个重要前提，就是要认识到，世间公共之学的普世性本质是共业性，并非是其中含有永恒真理性。我们观察世间的公共学问，它们的公共性，包括极共性，恰恰相应于共业的公共性，包括科学的精神、科学的认识方式、认识成果，这些都属于共业性的表达。不能混淆科学精神为追求真理（诸法实相）的精神，这是两种性质的诉求，哲学精神也是这样。但是现今我们熏染科学人本文化太深，充斥哲学、科学等的习气，以此去格义佛教。而逻辑是人道众生共同采取的思维方式，以为这些保证了真理的开显、论证和传递。其实这些本质上都是颠倒之见，所谓世间相应、世间随顺、世间指向的。佛教经论有的内容用逻辑显示，但都是方便（Upāya）。胜义真理离言绝相，哪里有逻辑呢？本来就超越于逻辑。

第三问答

问：佛教学术、佛教义学与"共业平台""善根平台"的关系为何？

答：在前文实际已有所述及，这两种基本的染净"公共平台"，恰相应于学术与义学。这其中，学术相应于"共业平台"，而义学相应于"善根平台"。在此意义上，在"共业平台"上，不可能定义或者说建立佛教义学，同样，在"善根平台"上，不可能定义或者说建立学术。显而易见，不可能在世间找到对佛教也适用的一个公共平台、一种趣求真理的普适方式。这也是一定要区分佛教义学与佛教学术，乃至一切世间学包括共学的原因所在。其中存在的是一个本质意义上的划界。如果不明白这个划界，就无法树立起佛教的正见、正信，也就无法真正进入佛教义学领域。所以，这是原则，也是开展佛教义学的前提，属于佛教义学意识的基本方面。一旦放弃这个前提，在现今全球化的现代性浪潮中，所有佛教学问将趋同，而单面化为学术研究，表达为所谓的"客观知识"形态，从此，佛教义学作为圣道学，就将被彻底区隔，而排除于现代学问之外，其圣道意义与文化价值在本质上皆被一并消解。

问：如何看待"共业平台"与"善根平台"的染净性、普世性问题？

答：共业平台属于人道共业所摄，由人道众生世间虚妄分别所摄的人本经验理性所支撑，无疑是杂染性的；善根平台由一切凡圣本具佛性所摄，必然超越于世间流转性，当然是清净性的。这是二者在价值性上的区别，有本质不同。

置杂染与清净性的差别不论，单就建立在普遍性意义上的普世性而言，善根平台远胜于共业平台，因为其基于法界一切凡圣本具的佛性，为法界一切凡圣所共摄，而具最大普遍性。现代人道大众普遍信从的共业平台，仅是人道价值平台，反倒不具真正的"普世性"。既然普适于法界一切凡圣，而不仅仅是人道的公共平台，善根平台才是真正的普世平台。在此意义上，佛教义学才是真正的普世学问，法界意义上的普世学问，而不仅仅是人道的公共学问。这里，"法界"指包括人间在内的三界，以及净土，摄包括人道众生在内的一切凡圣。

第四问答

问：外明作为世间共学，建立在共业平台上，为何大乘佛教的菩萨道要内明与外明兼学？

答：这是因为，菩萨为普度众生，必须随缘应机，或者摄受，或者对治，或者引导，这都要求了知众生的世间共学。换言之，世间共学作为众生普遍性执著所集中显现的对象，为了对治，需要了知；作为随顺摄受、方便引导众生所需要借助的对象，需要了知。在对治执著的意义上，通过世间共学可以了知众生最普遍的深层执著，由此方能系统揭示与批判；在摄受与引导的意义上，众生认知趋同的心之所系、心之所趣、心之所安，通过世间共学可以了知，由此暂加择用以安其心，而方可摄受，或者以相似建立，而方便引导。所以，菩萨学习外明与学习内明发心不同，对待的方式不同。学习内明以自利为先而兼利他，学习外明以利他为先而兼自利。

问：佛教应如何摄用外明呢？

答：佛教摄用外明时，需要先消解其共业平台的价值意义包括本体论、认识论、伦理学等意义，即要先遣除其本位意义，只在工具性意义上予以摄用。也就是说，佛教作为出世圣道，是内明，当它摄用外明以随顺摄受、方便度化众生时，需将外明的种种本位设定消解，将它们转变成纯工具性之物。正是在此意义上，佛教才会把科学与技术统称为工巧明，或者工业明，也就是技术的意义方面，取消了科学之类的意义方面。换言之，佛教拒绝把科学直接摄受进佛教里，而是工具化后摄在技术中，称为工巧明。科学有它的世界观、方法论和价值观，如果直接摄受过来，反倒把佛教的本位性给混淆乃至颠覆了。所以，佛教要保持自己的本位性意义，在摄受科学的时候，以工具的面貌与意义摄受过来。在此意义上，不可能将科学整体性地纳入佛教，也不能将佛教科学化，或者与科学融通。对待外明即世间共学，都要有这种态度。这是我们不得不谨慎的。一旦忽略这样的意趣，当会堕入误区，而将世间学原封不动地引入佛教里，或者将佛教归化为世间学，这就直接违背与破坏了佛教作为出世道的基本性质与本位意义。

简而言之，像四种外明这种类型的世间法，是世间的共法，属于共业所引、所摄，有世间意义上的经验验证性与思维合理性，但是与佛教作为出世道学有本质差别，不能直接通向佛教真理，但并非不可以方便摄用，以帮助大众与佛教结缘。至于如何方便摄用，在佛菩萨等诸善知识的经论中，实际已有无量教说、论说。不过，四外明在现代发展为逻辑学、医学、语言学和科学技术这样庞大、系统的学问后，产生了空前的影响力，其应如何具体摄用，正是现代佛教义学要研究的重大课题。

第五问答

问：假设有一个研究者原本没有进入佛门，不是住于佛教本位，有没有可能从一个旁观者角度，通过那种逻辑和学术的研究，建立起佛教的认知？

答：按照佛教本位观察，如果以世间学的思维方式，要想直接与佛教认知打通，是不可能的。但是，他完全有可能通过与佛教的这种结缘而有所熏习，使他的善根得以成熟；一旦他善根成熟，就可能发起佛教的正知，而进入佛教。这就是说，佛教认知是因为具内在善根，而且需善根成熟，由此有伴随的悟性现前，才能够发生，并不是因为世间种种学，或者世间的种种认识能力，能直接予以导出。从佛教的缘起观看，因果性质必然一致，因果不乱，果必须相应的因才能发生，所以佛教的认知必以悟性为认知方式才可能生起。可以这样说，不可能以世间的逻辑、哲学或者科学，在运用其本位的科学人本理性相应的世学研究方式或者世学思维方式的情况下，直接通向佛教，换言之，佛教真理是不可能由世间学直接导出来的。如果世间学能够导出作为出世道学的佛教，能够找到这个通道，任何一个世学研究者都可以直接亲见佛教真理，那就不需要佛陀出世。大小乘经中反复讲，凡夫无始时来为无明所笼罩，一直处于漫漫长夜中，所以凡能归依佛教、发生佛教认知者，是因为内在善根的成熟。但是内在善根的成熟，需要具备众多因缘，通过多生累劫各种佛缘的长久熏习才能实现。所以，如果身为外道，以外道的立场研究佛教，这样也能熏习甚至成熟他的善根。以成熟的善根，就能进入佛道，而发起佛教正知。这时表面看起来是通过运用世间逻辑方法与学术能力帮助他进入了佛教，但实际并非如此，而是因为研究者与佛陀及其教法有直接结缘，使其善根反复深度受熏而得加速成熟，由此能够正知佛教、进入佛道。

总之，如果一个世学研究者抱着善意去研究佛教，对他的善根直接将是一种熏习甚至成熟作用，时间或长或短，最终都能够通过善根的成熟而生起佛教正知。世间学能直接指向佛教真理，这是我们这个时代甚至一些佛弟子对佛陀圣教的认识误区。这些佛弟子认为，现时代的种种世间共学，如科学、逻辑、哲学等等，是能够经受经验或者逻辑检验而站得住的学问，既然佛教也是真实之教，那这些学问方式可以适当方式直接沟通佛教，而与佛教互相融通。这是对佛教本质缺乏正确认知，而很有误导性的误解。佛教是出世的、甚深的真实，恰是超越世间的包括科学、逻辑学等在内的一切学问的，如何融通？在世间科学等与佛教之间，在本质上无法通约，无法直接沟通。虽然佛教为方便度化世间，为方便开显真实，可随顺世间而有似世间学的形态，但仅是作为方便而已。所以，并非世间学，并非世间的认识方式，能够直接令我们悟解佛教、进入佛道，而是我们的善根及其相应的悟性认知方式令我们生起佛教正知。

又，如果世学研究者世间见深固，对佛教误解重重，即使转而研究佛教，也不易熏习善根成熟，离生起佛教正知甚远，但无论如何，都与佛教结下深缘，在未来善根定当成熟，而能入于佛教真理门中。

第六问答

问：佛教义学研究属于闻思修活动，因此佛教义学实际上是实修性的，这如何理解？

答：闻、思、修，即正闻熏习（多闻熏习）、如理作意、法随法行，都是实修。佛教义学研究本质上属于闻、思、修，是以闻、思、修为基础的研磨、探究、分析、抉择，当然是实修活动。所以，佛教义学作为佛教义学研究与开展的成果，本身与闻、思、修相应，以闻、思、修慧体现，且意在开显真理，对治执著，而引导众生最终实现解脱、觉悟与涅槃，所以整体都属实修性。由此可知，佛教义学本身并非终端，不提供"客观知识"，也不直接提供真理，乃是以闻思修为基础、用于引导众生证悟真理而实现涅槃的方便安立。这其中有一点差别应该注意，闻、思、修作为生发闻慧、思慧与修慧的修行实践活动，主要属于自修自利，而通过佛教义学研究而表达出来的佛教义学，主要属于导众利他。换言之，佛教义学是义学者以闻、思、修所摄的研究所转化、表达而成的，用于摄受众生与利益众生。当然，具体的表达方式与内容要视说法意趣或所应化众生的因缘机宜而定。

问：在现代开展佛教义学，有何意义与意趣所寄？

答：在普世性的科学人本文化背景下，开展现代佛教义学，有四方面基本意义诉求：一者，反思现代佛教的弊端，同时回应现代对佛教的质疑和否定，以维护佛教的伟大传统，并为佛教的现代价值辩护；二者，开显佛陀圣教的本来面貌，揭示其作为圣道的神圣性、出世性和甚深性意义，回到佛陀的完整本怀，回到普度众生的"大事因缘"；三者，面对新的时代条件，因应众生根性因缘的时代状况，对传统佛教有新的、契理契机的发扬，在现时代体现出佛教的重要精神价值；四者，建立现代佛教义学的话语系统和学问体系，与佛教学术并立，而共同拓展佛教研究的学问空间，推动佛教文化成为现时代中国传统文化的名副其实的根干之一。

第三章　佛教义学与佛教学术的分野

本章意在对佛教学术和佛教义学进行比较。简单地说，先说明佛教学术的一些基本方面，主要谈从佛教本位角度应该如何去看待，然后再概述佛教义学的一些特质，并对二者予以大略比较。前一章对佛教义学只给出了定义，属于性质上的简要说明，尚未从具体角度进行细致的阐显，也没有涉及如何开展。这些主要在这一章及下一章讨论。

一、学术研究的起源及其发展

现在，我们简单考察一下佛教学术研究的基本特质。佛教学术研究，从起源看，是从西方的文化背景兴起的；但是从性质看，它又是我们这个时代人道共业的一种表达。所以这就有两种说明方式：一种是根据起源与演变，观察其特质；另一种是直接就佛教学术的普世性这一面，从它追求的客观、中立、公共性角度观察。这两种观察，下面略加说明。

先看"学术研究"这一观念。"学术研究"（Academic research, Academic studies）中"学术"一词，我们都知道，实际上来源于希腊，最初与柏拉图（公元前约 427- 约 347 年）的研究活动有关联。在古希腊雅典郊外有一个地方，埋葬着古代希腊一个英雄阿卡德摩斯（Akademos）。在他的墓园上，柏拉图成立了一个学院，就根据这个园子称 Akademeia。这个名字直接出于对英雄的纪念，但后世普遍用指"学院"，英文称 academy。因其代表了柏拉图对学问的追求方式，在西方的文化思想史上被强化，以 academia 泛指"学术"，即可重复积累的学问及其研究方式，以及从事学术形成的领域——"学术界"。即使在近代以来从事学问的方式、内容以及形态，乃至整个学问体制，都已经发生很大变化，但是由于这个渊源，仍用这两个名字。

1. 西方学术发展的第一阶段：古希腊哲学与学术

西方学术体制具体是如何演变的呢？可以略分为几个阶段。最初在古希腊在公元前四世纪成立了学院（Academy），它主要从事希腊哲学的研究。这种研究在柏拉图手里已经达到深度的发展，到了他的弟子亚里士多德那里则进一步完成了集大成，甚至是古希腊学问的集大成。柏拉图与亚里士多德在古代希腊哲学世界最有影响，他们二者也就成为西方学术追溯的主要起点，当然还少不了柏拉图的老师苏格拉底，后者是古希腊哲学真正的奠基者。在苏格拉底之后，柏拉图和亚里士多德开创了西方哲学的两种表达模式，柏拉图是唯心式的，亚里士多德是集大成式的。亚里士多德已基本上从柏拉图的唯心式表达里走了出来，以更大的视野，对古希腊哲学予以了系统表达和整合。在这种集大成的表达中，很多西方学术形态的萌芽都已经出现，所以一般就把西方学术的起源追溯到这里，当然哲学仍是学问中心。但这样一个传统延续时间并不长，希腊很快被罗马征服。而在罗马帝国统治欧洲时，哲学乃至学术都有所开展，更加关注现实世界与道德人心。但在基督教兴盛起来后，学术与哲学的地位与内容发生了大转折。

2. 西方学术发展的第二阶段：哲学与基督教神学

基督教的兴起标志第二阶段的开始。在此阶段，古希腊与罗马哲学的命运被逆转。最初古希腊哲学对基督教有所影响，或者说，基督教利用古希腊哲学来构建自己的哲学，主要是柏拉图这一支——新柏拉图主义。在希腊化和罗马化背景中，用新柏拉图主义建构，一方面是为基督教辩护，即护教，另一方面是为基督教做深度理论阐明。这是古希腊哲学进入基督教的主要方式。在这个时期，基督教以其信仰为本，发展出了早期的神学，在其中，有对古希腊哲学的充分借用，也有对古希腊哲学的严格定位。他们在方法论上有个高招，谓基督教的神学——当然是基督教本位的——但凡圣经的一些内容需要论证——就采用哲学的方法，主要利用古希腊的哲学。通过这样一种利用，神学实际开始建构起系统的教理教义，同时又给哲学以相应的意义定位，即必须要处理神学与哲学的关系，否则哲学会消解信仰的神圣性。所以，神学家们认为这两者之间不是平等关系。神学，作为以基督教的信仰为本的学问，是主体，而哲学只能配合，做配角去论证它、阐明它，不能具有与它平齐的价值和地位。由此在中世纪，流行一个著名的比喻，即哲学是"神学的婢女"。这个时期相当于基督教的盛期。此时神学代表了神与信仰为对象这样一种绝对的价值追求，而以哲学为其附属的、配合的一种工具，实际否定了哲学自己的本位性这样一种价值立场。

在此意义上，哲学的本位价值立场又应如何理解？神学与哲学的关系，即是信仰和理性的关系。哲学基于一种世俗理性，而这个理性与基督教对神的信仰有紧张关系，也就是说，本质上是对立的。在基督教看来，世俗理性作为自由意志的运用，带有原罪。盖因这种自由意志、这种理性，是不加限定的，一定会背离对上帝的信仰。这就是最初之罪，并且是引发其他一切罪的基础，而称原罪。因而，以世俗理性为本的哲学，在世俗理性运用下的哲学，是绝对不能让其自由发展的，必须对其做出制限，将其约束在基督教信仰下，用于对信仰、对圣经、对基督教教理教义、对神学进行辩护、论证、阐明，只能处于这样一种从属、配合、服务的地位，否则，自由发展的哲学必定会破坏基督教信仰。

基督教在西方中世纪大约有 1000 年的兴盛期，我们看这期间的哲学，越到后来，从神学的婢女地位慢慢有所变化。当然，这个期间与神学做对手的哲学，仅相当于现今学术体制中的一个侧面。我们看到，一千年神权至上的时间虽然非常长，但最终还是在世俗化抬头中走向衰落。原因很复杂，不是我们这里要关注的。到了大约 13 世纪，从伊斯兰国度传回了亚里士多德的著作，哲学开始脱离神学的羁绊而有独立思维和发展的趋势。伊斯兰教创立以后，其自身在文化上先天不足，所以在很多方面都借助了犹太教、基督教以及印度宗教的东西，在哲学思维方面还借助了古希腊的传统。这些是通过一个非常长的翻译时间，长达数百年，实现的。在这期间，伊斯兰教学者们翻译了大量古代西方的作品，不少古希腊的代表性作品都有译传，像亚里士多德的主要著作都通过阿拉伯人的翻译保存了下来。这有点像中国对佛经的汉译，不过后者时间更长，大约有一千年时间，翻译的数量更多。通过阿拉伯人的翻译，本已在基督教世界失传的古希腊著作到13世纪左右开始回传。这个回传直接加剧了世俗哲学的开展势头，逐渐对基督教的信仰尤其是神学起到了消解性乃至颠覆性影响。

13世纪回传亚里士多德的著述是西方文化史上一个重大历史事件，影响深远。基督教兴起的早期在希腊罗马文化背景中大多通过吸收新柏拉图主义来护教与做理论建构，此时基督教开始衰落又遭遇亚里士多德学说。亚里士多德著述对这时的基督教起到了两个似乎相反的巨大作用，一个是引领世俗哲学的发展而对基督教的信仰有颠覆性影响，二是基督教经院哲学家利用亚里士多德学说来重新界定神学和哲学的边界和领域，从而既对基督教进行护教（难免有战略性后退），又对中世纪神学予以系统化，如托马斯·阿奎那的著述。亚里士多德哲学的最重要的两个方面对中世纪的基督教神学家广有影响，即逻辑学和自然哲学。亚里士多德是古典逻辑学的开创者，也是古典自然哲学最早的集大成者。但无论逻辑学，还是自然哲学，实际上直接对基督教的信仰起到破坏作用。逻辑，我们知道，与思维直接关联，因此，如果强调逻辑的地位，实际上是在强化理性，也就是支持哲学。在基督教看来，哲学代表的是世俗理性，而对逻辑的深入研究加强了哲学的地位，而逻辑的充分运用、理性和哲学地位的加强，肯定会加大对基督教的神圣性、真理性、权威性的质疑和挑战，威胁到信仰和神学的垄断地位。另外，自然哲学的深度研究和广泛传播，使对自然界的性质和起源的探求和思考，对自然现象及其规律的观察和研究，逐步成为很多神学家的追求方向，这实际上就给自然科学的兴起带来了最初的推动，渐渐动摇了基督教信仰和神权的根基。

亚里士多德主义在中世纪晚期在欧洲的传播，作为与神学的信仰主义相异的意义取向，推动了基督教世界的世俗化的扩展和深化，最终导致人文主义趣向的文艺复兴运动的出现，这也意味着基督教神学的衰落。这个时期，恰恰，就标志进入了近现代。与此相应，我们把学术意义上的近现代，就定义在神权和神学开始衰落，同时哲学和科学的意识和权威性不断得到彰显——这样一个交替的时间点上，换言之，近现代的到来，直接或间接地，与亚里士多德思想的传播有千丝万缕关系。所以，这样一种传播的结果就是，历史告诉我们，古希腊亚里士多德的思想方式影响了近代西方文化的世俗化转向。这一转向的世俗化性质反映在两个方面：一者是对神学权威的消解和否定，二者是对世俗学问的广泛开展，由此带来了哲学的高度发达，还有对科学的全面探索。当然也得指出，亚里士多德学说启发了近代对自然的兴趣和研究，但又阻碍了通过观察发现规律的现代科学途径，如同在它的影响下出现了消解神学权威的趋势，又启发了神学组织与整合的新思维方式。

3. 西方学术发展的第三阶段：现代学术体制的建立及其保证

正是在此阶段，我们跨入了现代的门槛。但我们具体应该把现代定在何时？思想文化界对"现代"的定义和划界是按照世俗化的哲学思想和文学艺术代表的新文化现象趋于主流化的角度进行的，而笔者这里的划分则主要从学术体制的普遍建立入手。这样的建立大略依赖于五个方面的条件具备：

一者，按照古希腊哲学研究理想，建立了众多大型研究团体如国家级的科学院、研究协会等，作为学术研究的领导者、推动者和标准制定者、维护者，不再由教廷裁判思想。

二者，以众多大学作为学术研究的主要教学与开展基地，独立于神学研究机构。

三者，近代学术研究的主要体现——近代科学——实现了革命性转变，以牛顿力学体系完成为标志，代表科学体系彻底独立于神学建立起来。

四者，科学技术体现空前威力，引起工业革命发生，新生产、经济体制开始出现。

五者，一种理性的（即近现代以人本经验理性形成的）政治社会思想，抛弃君权神授的基督教政治理念，开始融入社会政治意识形态，并引发资产阶级革命发生，如在英国有"光荣革命"、在法国有资产阶级大革命、在美国有独立建国等，开始建立全新的宪政民主和"三权分立"政体。

后两个因素是学术研究体制的最强大支撑力量：一是代表科学技术的普遍应用，显示知识就是力量，而赢得大众的普世性支持；二者代表人本经验理性重铸政治体制，对学术研究体制在政治制度层面予以了保证。

这些要素的出现，能够持续推动学术研究的开展，标志现代学术进入大发展阶段。时间大致是在 17 世纪下半叶到 18 世纪下半叶这个时期。

容易看到，正是各个文化层面普遍运用世俗理性，最终西方社会越来越世俗化，从而对世俗理性为本的学术研究方式给予了全面支持，学术规范一跃在整个西方成为研究学问的标准模式，甚至主流文化的开展模式，迎来了至今尚未衰颓、已全球化的学术繁荣。

4. 现代人本经验理性的普世化：科学人本理性作为世俗理性

学术研究方式，作为世俗理性的体现，其根本特点是与信仰的分离。事实上，这种模式，不论是在科学院还是大学，乃至在社会政治这个层面，都要求保证理性和信仰的分离。即使研究者有信仰，也必须限定于私人界域内，不能妨碍在学术作为公共学问的领域内理性的运用。既然理性不再与信仰捆绑在一起，那么在学术研究中理性与信仰的分离，就使理性得到了明确的强化。长此以往，伴随学术知识的爆炸性增长，理性不仅在学术领域，而且在社会生活中都能取得强势，世俗化从此不可逆转。所以，到今天，世俗化通过世俗理性的普世化，通过政治、经济、文化的渐次全球化，已达充分化。同时要看到，在近现代，世俗理性，即人本经验理性，通过科学技术的深入发展，升级为科学人本理性，已经普世化为共俗理性。基于此，学术研究及其所成就的学术界，建立起笼罩一切文化的知识空间，以此作为知识共同体，实际上垄断了评判一切学问的标准，形成了文化领域的学术霸权。

古代基督教神学所针对的哲学自然是一种世俗理性为本的探究。在前已述，这种理性，按照圣经，作为上帝所造之人在偷食智慧果后所具，所以是有罪的，而且，这种理性又是与人，也就是日常意义下的人关联起来，所以是世俗的。在理性与信仰分离的世俗化进程中，理性剥去了在基督教意义上的原罪性，而只余下与日常状态下人的关联，即日常理性，可称人本经验理性，但为了与信仰性区分开来，仍可称世俗理性。

日常的世俗理性，正是学术所运用的最基本理性。在日常意义的视野下，人们看到的是一个日常的世界，人们投身的是一个日常的生活，人们的思维与想象也是与日常的事物直接关联的，这是一种日常的意义呈现，就是世俗。理性实际上指的正是日常的、健康的人所具有的一般思维方式。所以有的就按照这个层次的理性来定义人。但理性还可以通过教育来加以提升，如逻辑的训练，可以提升理性，又如科学认识也可以提升理性。故在现代意义上的理性，已经从日常理性，所谓人本经验理性，进为了科学人本理性，即通过逻辑和科学强化过的理性。这是现今科学人本文化时代的理性，学术界就以此建立现代学术规范。

具体而言，科学人本理性，作为被强化的人本经验理性，不再是基于日常世界、日常的思维、日常的尺度的理性，它已经通过科学把这个世界，把人类的感知和思维境界做了一个大大的延伸。也可以这么认为，日常的人本经验理性强化为科学人本理性，实际也是强化为科学意义上的人本经验理性。换言之，日常经验，其本来是日常生活的经验，强化即转化为一种经科学浸透了的经验，即科学时代的日常经验。这种经验，借助于现代科学的发展，得以尽可能延伸自己的范围和深度，把古代还认为是想象的一些事物变成现实，甚至远超一般人想象的范围。比如古代原子论认为，虽然人们看到的是一个宏观世界，但实际真正存在的是一个微观世界，并把它设想为一种原子组合和运动的世界。而现代科学的发展早已经远远超过原子分子这个层面，现在我们要面对的，甚至是一般的大学物理教师、科学教师都很难真正理解的一种科学。但这样一种科学作为人类的一种理性认识的延伸，尽管大众无法直接了知，但已经被广泛承许。当然，其中人们实际各自理解的科学是大为有别的，分有不同层次。所以，相应于科学显示的各别层次性，科学人本理性的层次也别别不同，但可以统称现代理性。不过，无论如何，科学人本时代的理性，一定要得到科学共同体的许可，以此作为学术意义上的公共理性，即共俗理性。换言之，在现代，学术全面发展，成为学问的公器，通过各个层面对理性予以强化，得到强化的理性又反过来支撑学术的更大发展。

在此意义上，人本经验理性，作为日常的共俗理性，通过现代科学技术文化的意义强化，而升级为科学人本理性。当这种科学人本理性重新成为日常的共俗理性时，意味一种新的人本经验理性——现代人本经验理性——实现了普世化。现今也正是在这样的普世化下，世俗化才达到了充分化。

5. 哲学的蜕变：理性主义和非理性主义

我们看到，在现代学术开展的过程中，人类理性的观念已经被大大强化，而且，强化到这样一个程度，以致科学成为一切学问的样板、范本，甚至最根本的真理、最可靠的知识，都被认为是由科学奠定的。而在科学不断高歌猛进时，哲学终于与科学分道扬镳，其领域大大萎缩。理性成立的知识范本不再是哲学，而是科学。事实上，哲学自近现代以来，面对科学深度化、系统化的不断开展，以及科学革命不断发生的情况，一直在调整自己的地位，一直在不断定义自己的身份，以致哲学一直找不到自己的身份，变得非常困惑。原因何在？

在文艺复兴时代，那个时期的哲学还在寻求一种霸主地位——它刚从神学的奴役中解放出来，它要解释世界，它要垄断真理——哲学在那个时候有这种气概。这样一种哲学的表达方式，所谓本体论哲学，在黑格尔达到了顶点。黑格尔是试欲解释一切、垄断真理的最后一个也是最典型的一个代表。但是这样的梦想随着科学的不断进展被摧毁了。应该说，在更早的时候，从休谟到康德，实际上已经打破了哲学对真理和知识的霸主式雄心。从此以后，从总的趋势看，哲学的地位不断下滑，就这样从本体论模式，也就是一种宏大的解释和建构的模式，转变成一种认识论模式，以知识论方式谈论事物及其相互关系；再后来，哲学更加萎缩，萎缩到甚至承认自己仅仅是具有批判功能的学问，即哲学的本质是反思和批判。这是哲学在宣告自己发现不了世界和真理，也解释不了世界和真理，自己的主要用处就是批判性。最后哲学试图告诉我们，哲学是要通过理性来审查一切知识、一切真理，换言之，它有权力来审查这一切，但无法建立这一切，即是说，哲学无法建立真理，但是可以通过批判性的反思去审查所有的对象是不是如其自身所承诺的那样，当然这其中不包括确立真理或者绝对意义这一类过去哲学宣称自己独擅的能力。

现代哲学，从 19 世纪开始，尤其是在 20 世纪，基本上都在往这条路走去，而滑向非理性主义。在 19 世纪像叔本华、尼采，他们那种崇尚非理性的批判，正是最早的代表。很多人一直并不清楚，非理性的批判并非真正彻底背离理性，实际它的背后还是理性。在更早时期的文艺复兴运动尤其是启蒙运动，是用理性来对基督教的神权世界及其秩序进行批判，这样的批判主要属于一种对传统世界的存在和意义的摧毁。后来，从叔本华、尼采，再到海德格尔等，他们实际上是对先前的整个世界的意义都予以反思和批判，包括神权世界和理性世界。不过，他们还是在运用理性，或者更准确地说，是在运用现代理性的某一层面来对另一层面进行反思与批判。非理性主义事实上只不过是一种特殊的理性主义，而以情感的爆发和非逻辑的叛逆为外衣，这在前文已有分析。

6. 科学人本理性下的现代科学、哲学与学术

就实而言，现代百年来的哲学，真正有影响者，基本都是把世界视为一种反思和批判的对象的这样一种哲学，试图从本体论角度建立解释性体系从而垄断真理的哲学不再影响深广了。除去一些政治意识形态以外，在深邃的思想哲学上人们已经没有这个兴趣。人们普遍认可的是，科学代替了这样一种功能和诉求。只有科学能够揭示世界存在的真实面貌，只有科学的探索能够确定世界的秩序。确定的知识只有科学，甚至真理也是如此。当然，这是一般大众的看法。哲学家没有这么乐观，他们大多认为科学也承担不了这个重担。科学无关绝对的真理，也不能提供真正确定的知识。科学本身并没有稳固的基础，离不开社会文化背景的制约，而且，不断会被下一代体系取代。甚至科学这个东西到底是什么，也是哲学一直在争论甚至争吵而没有解决的问题。[①] 所以，对科学建立的知识系统，哲学家们、思想家们大多更愿意从有用性、操作性角度去欣赏、定性。不过，在现今，科学仍维持——甚至更加凸显了——提供可靠知识和严格方法的唯一途径这样的大众文化形象，甚至大众仍然把真理或者真理的希望寄托在科学身上。

虽然近现代的哲学和科学在性质上的差别一直在扩大，甚至地位反转，但它们二者分享的理性仍是一致的，都是现代理性，即现代的人本经验理性，也就是科学人本理性，虽然可能层面和运用方式有所不同。他们最终都要诉诸于这个理性尺度来观察、解释，或者反思、批判。所以它们二者并不是真正对立的，而是有一种促进关系。在此意义上我们可以说，伴随着近现代哲学和科学的全面兴起，乃至走向一种独尊地位，以科学为基本力量，哲学作为它的左膀右臂，通过现

---

① 从卡尔·波普尔到托马斯·库恩等现代科学哲学家，都在表明科学不再是确定性与决定性的普适规律系统，而是假说系统，或者渗透着意识形态的文化系统，而被比喻为建立在沙滩上。

代政治、经济体制的维护，建立了现今西方的现代文化秩序，而其表达形式就是学术。换言之，学术统摄科学与哲学，并依据二者的兴盛和独尊地位，形成了独尊的学问表达方式，在其中科学和哲学成为这种表达的样板模式，由此，以现代理性为本而统摄科学、哲学为首的种种现代学问的学术，也就成为现代西方乃至整个现代人类世界学问的主流。

7. 理性主义自我反思下的神学现代复兴：基督教与世俗文化的分界

在学术这样一种主流学问的强势面前，基督教的神学也衰落了，被压缩到信众的宗教教学范围之内。但是随着非理性主义对理性主义的批判，现代文化遭到后现代文化的冲击，神学开始复兴。这起因于西方理性主义的自我反思与自我批判。西方理性主义兴起后，最初是对传统神权秩序，所谓神权世界，予以"祛魅"与颠覆，后来渐渐也用于自我反思，对理性世界予以质疑甚至批判。我们看到，理性主义通过自我批判，走向了非理性主义，这是一种有着相反外相的新层面的理性主义，导致后现代文化的到来。正是在理性进行自我批判的过程中，迎来了基督教神学复兴的一个机遇，基督教神学没有错失这个机遇。在理性压倒一切，其权威也没有受到质疑时，基督教神学是很难复兴的。但是从19世纪开始，对理性本身出现了有影响的反思与批判者，如叔本华、基尔克戈尔、尼采等，非理性主义逐渐兴起。尤其可以看到，20世纪以来的最重要哲学，大多建立在对理性本身的怀疑与反思基础上，这就导致神学有了复兴的机遇，因为理性过去一直是以批判神学、信仰为基本任务的，正是踏着神学的"尸骸"崛起的。所以当神学看到理性在进行自我反思、自我批判而自顾不暇时，它知道机遇来了。不得不说，神学的复兴与理性的这种自我批判极有关系，基督教的复兴也正是肇始于此。

从20世纪到现今，基督教神学得到了极大发展，这使得基督教又重新成为现时代不仅最有影响而且传播最迅猛的宗教。这里说的最有影响，不仅指针对大众，而且指它在世界的文化中、在世界的宗教教化中，占有一个远超其他宗教的重要地位。这一切的重要原因之一就在于其神学的全面复兴。我们同时也看到，基督教学术也兴起了，是伴随着一般学术的兴起而出现的。在近现代，最初理性是用来批判基督教的，那时还谈不上什么基督教学术。但正是因为基督教的复兴，导致了世俗理性为本的学术比较客观地看待基督教，因应诞生了基督教学术，即以基督教为研究对象的学术学问。基督教学术成为学术的一部分，但是与神学在性质上是不同的，所以不属于神学，或者基督教。简而言之，它与基督教神学的信仰立场不同。基督教学术的基本意趣不是批判基督教，而是试图以现代理性及其所建立的学术规范，从种种角度去客观研究基督教，去客观研究基督教的教理教义及其历史与社会作用。

我们看到，在现代所面对的西方学术高度发达，早已全面体制化。这个体制化意味着学术不仅自身形成一个可以无限复制的稳定体制，而且与政治、经济、文化整个社会体制紧密关联起来，使它成为压倒性的学问表达模式，成为文化价值的主宰者。本来，学术作为一种学问模式，本身的力量不足以为尊，但通过科学尤其是技术越来越大的巨大影响力，遂被捧上学问的神坛。在其中，学术在思想上的基本信念主要来自三个方面。一是科学主义，以科学的可验证的客观知识及其空前的技术成就作为一切学术的根基。二是人本主义，以科学时代的人的存在、思维、境界为尺度来衡量一切。三是逻辑主义，以逻辑规则及其推理、判断来规范思维方式。通过融合这些信念形成的正是科学人本理性，即现代人本经验理性，所谓现代理性。

在现代西方文化中，从学问形态看，世俗文化以学术为主流，而非世俗文化的代表则是基督教神学。西方至今没有走入没落，原因就在于其世俗文化与宗教两方面达到了平衡发展，保证了西方文化的生命力和整体繁荣。一方面，学术这种知识机制代表着整个西方的学问方式，其统摄的世俗文化通过与三权分立的宪政制度的相互维护，实现了西方整个社会体制层面充分的世俗化。另一方面，基督教神学的复兴恢复了基督教的生命力，满足了西方社会整体的信仰诉求。这二者构成现今西方社会稳固的基石。这一切的关键是学术所摄科学文化和神学所摄基督教各自明了自己的性质与意义，各有畛域，分河饮水，不说相互尊重，至少能各行其是，相互容受。

简而言之，基督教的本位性表达，即神学，与哲学、科学兴起后形成的学术这种学问方式，代表了西方社会学问空间的信仰性维度和理性维度，二者的分离与并存是现代西方社会稳定和发展的文化基础。西方社会学问的学术化，通过学术体制的建立，能够保证西方社会运转全方位的世俗化，所谓政教分离；换言之，这种世俗化的实现，本质上根基于学术的认识方式——作为科学人本理性——能够通过科学技术的普世性影响，而实现普世化。依此完成的世俗化，其充分性在历史上是空前的，渗透、笼罩到一切。这导致每一种传统学问的合理性变得可疑，必须要在学术面前为自己的存在价值辩护，基督教及其神学首当其冲。反过来，也正是借助于现代理性（科学人本理性）以非理性方式进行的自我反思这样一个契机，基督教神学获得了复兴，并与现代西方学术相待、共存，而达到繁荣。由此，在西方的文化思想领域，现代基督教神学能与西方现代学术在一定程度上分庭抗礼。

二、在西方学术发展中学术与神学的分离

现在我们再观察一下关于基督教的两种学问，即基督教神学和基督教学术。基督教神学是基于基督教信仰之学，属于基督教的本位性学问，而基督教学术是基于学术立场对基督教的研究，属于世俗性的学术范畴。

基督教神学有两个主题，一个是《圣经》，一个是"上帝"观念。"上帝"观念作为基督教信仰的根本，是神学维护、论证和阐释的基本主题。而在基督教中，《圣经》作为上帝的启示，是基督教信仰的最权

威表达，也是神学要诠释的基本对象。在《圣经》中，有上帝的创世（创世说）；有亚当夏娃在伊甸园的堕落（自由意志与善恶说）；有耶稣作为上帝之子的出现（道成肉身说）；有耶稣在十字架上之死（救赎说）；有耶稣死后之复活（复活说）；等等。这一切即使诉诸于上帝的超越性，也需要合理说明，成为神学需要处理的难题。

现代科学的出现，学术体制的建立，强化了人本性、逻辑性、世俗性，空前严厉地挑战了《圣经》中的传统难题，使其解决起来更加困难，同时引生了众多新难题，严重动摇了基督教的信仰根基。比如，在科学兴起的早期，日心说的出现渐渐代替了自古希腊传来的地心说，这无疑是对《圣经》的神圣性、权威性的极大冲击，因为《圣经》中开天辟地的创世，是以地球为中心的。意大利思想家布鲁诺曾因宣传日心说，被教会的宗教裁判所判为"异端"，烧死在罗马鲜花广场上。

现代基督教神学需要处理这个问题，以消化日心说带来的冲击。与此不无关联的是《圣经》中人的创生说，也受到了达尔文进化论的冲击。在《圣经》中，人是创生的，而且在一切所造物中，人类是中心。不论"人创生说"还是"人类中心论"，在达尔文进化论为科学界接受后，都遭遇难以消解的困难。我们知道，达尔文进化论认为人类不是上帝创生的，而是从猴子转变来的，这就给人类的起源找到了一种科学意义上的解释，而且，显然，在此说中，人类不是万物的中心。从中我们可以看到基督教与科学之间的严重对立，现代基督教神学必须给出应对。

在非理性主义兴起的过程中，理性主义在思想界受到冲击，理性的地位有所削弱，基督教神学迎来了复兴的契机。但由于科学的强势作用，现代基督教神学的护教论述在公共思想文化领域示弱而采取守势。他们选择了与现代科学为首的学术界划界共存的模式，这种战略后退是他们不得已但确能自保的文化策略。换言之，属于公共学术话语范围的，归世俗学术的疆域，但属于超越性的信仰范围的，归神学的疆域。这设定科学人本理性和基督教信仰两者之间存在本质差别而难以调和，所以必须划界以共存。这相当于托马斯·阿奎那的设计在现代的进一步推进。这样，在信仰领域，基督教信仰的权威性可以免受世俗理性的审判，同时，世俗理性也不能取代信仰的权威性；在世俗领域，世俗理性，即科学人本理性，可以以人本主义与经验主义排除信仰的直接影响，保证"客观"知识的不断积累。划界带来了在社会体制内的一种共存，相当于神学和世俗学术能够在一个社会公共学问体系下各自表达。当然这是文化间的划界，但对每一具体个人而言，遭遇到这个问题心灵还是会被撕裂。比如，一个基督教信仰者在世俗学问领域如何处理他的信仰？这仍是非常纠结甚至不可约化的一个问题，除非对一边有所放弃。这个困难对基督教及其神学而言依然是长期存在的。

正因为划界只能是文化性的，而非个体性的，个体基督徒难免精神分裂的痛苦，所以有的现代神学家试图通过融合来化解，即将科学人本理性引入到基督教里，也就是试图不再以单一的信仰性去奠基基督教性质，将理性也作为它的基石之一。但是这样的奠基实际上并不稳固，毕竟这两个基石本身有内在的矛盾，导致与基督教神学传统的断离。比如有的神学家，不再承认《圣经》的绝对权威，而只承认上帝的绝对权威。这相当于否认《圣经》直接来自上帝的启示。这当然不会是主流，因为《圣经》毕竟传统上一直是他们的最高依据，如果神学家否定了《圣经》的权威而只承认上帝的权威，人们难免会质疑，离开《圣经》的这种权威，上帝的意义如何显示？一旦颠覆了最高经典的神圣性，也就颠覆了相应宗教的神圣性，因为经典诠显着这个宗教的基本意义以及最高存在。

我们看到，西方在学术与神学间划界以后，在学术里就出现了一种以基督教为研究对象的学术，所谓基督教学术，或者称，基督教学术研究。现今这已经是相当发达的一门学科。这个学科在性质上与基督教神学不同。基督教学术是以学术的理性立场、学术的规范研究基督教，包括教理教义、历史、教团、人物等；基督教神学则是以信仰为本位表达、研究的。所以，基督教学术和基督教神学存在鲜明、本质的差别。大致可以说，基督教学术甚至任何人可以从事，但基督教神学只有基督教信仰者才能开展。在西方，关于基督教的学问就这样出现了两支：一种是以现代理性为本的——在基督教看来是以世俗理性为本的——基督教学术；一种是以基督教信仰为本的基督教神学。这两支在现代的繁荣，共同组成研究基督教的社会公共学问空间。

总的来看，在西方学问当中，基督教神学代表了宗教信仰的追求方面，所以在西方的精神领域或者学问领域，占有非常重要的地位，能够与整个西方的世俗性学问整体在意义上抗衡，成为构成整个西方精神存在的两大基石之一。在此意义上，基督教学术的地位远远无法与基督教神学相比。应该说，就精神品质而言，在西方，基督教学术的价值地位并不高，主要在于其仅体现西方世俗的普世精神的一面，而基督教神学的地位之所以比它高得多，原因是其致力于对向超越性的信仰诉求，以此奠定西方精神的深度性和神圣性。在西方的大学里，容纳了这两种学问研究，设有宗教学院或者宗教系。基督教神学家们有的在神学院任教，有的在大学做教授，也有的在这两处都有教研职位。现代西方的主要神学家基本上都是西方大学的教授，这使得他们在西方学术领域也广有影响。简而言之，西方社会在对神圣和世俗予以文化划界后，允许在公共学问空间表达基督教学术和基督教神学，因此在大学这样的思想自由殿堂，可以以学术的方式研究基督教，也可以以神学的方式研究基督教。

西方社会之所以没有把神学家们都赶到基督教会里去，赶到神学院里去，赶到修道院里去，是因为基督教早已成为西方的传统文化的基本组成部分之一。作为西方传统文化，基督教神学就有与世俗学术学问共同出场的这样一种权力，所以大学里面才允许神学家研究神学。正因此西方文化在神圣和世俗区分下迎来了神学与学术的共同兴盛。

在信仰与理性间分野，而有基督教神学与基督教学术的共存，没有发生一边对另一边的鲸吞。这也是西方宪政体制下文化多元化的意识形态的体现。在西方历史上，曾发生过二者一边对另一边的强势压迫。一个是在基督教鼎盛时期，神权至上，理性不能独立存在和自由运用，只能作为信仰的奴仆，也就是，哲学作为神学的婢女，才是被允许的"合理"思想秩序。由于"神圣"对世俗的专制，神权至上的时代在后世被谴责为"黑暗的中世纪"。另一个是在启蒙时代。启蒙时代是人本和科学意识交融的时代，日常的人本经验理性渐渐转化为科学人本理性，对一切传统的本位意义予以彻底的"祛魅"，尤其是曾主宰一千年"黑暗的中世纪"的基督教信仰，更是遭到猛烈的、摧毁性批判和否定。启蒙思想家们高扬理性，批判信仰，对基督教予以彻底的清算，结果是理性独尊，科学被尊上神坛，极大地推动了科学与技术的发展。在这个阶段，在社会的文化思想领域，神学完全失去了话语主导权，信仰战战兢兢，只能龟缩到教会或者私人情感空间，欧洲从此开始了向世俗化的反转。

在这两个时期，信仰与理性都按照自己的膨胀逻辑而试图实现独尊，确实构成了对对方的思想压制，尤其在中世纪。基督教鼎盛时期强调了信仰与理性构成主仆关系，而在启蒙时代要求把一切信仰宣布为迷信，予以消灭，唯保留理性，人被塑造为了理性单面人。

进入现代，信仰和理性共存，尤其在现代西方，通过政治意识形态和政治制度予以保证，形成各自的文化开展域，虽然也不忘随时去同化对方。文化的信仰维度作为文化的内在层面，被视为人的精神归属，起着对社会赋予道德意义和对文化赋予终极意义的重要作用，在西方社会中的地位最终得以确立下来。理性通过科学知识为主导的学术研究话语，主宰了已经全面世俗化的公共领域，并为人的生存的方向和物质享受的获得负责。理性又通过科学技术和知识积累的空前成功，拥有了巨大的权威，对非理性和信仰在公共领域的压制，常常令社会中不少人试欲实现唯理性主义、唯科学主义的极端诉求，从而与人类普遍对信仰的内在需求构成深刻矛盾，这是现代文化中未曾消解的紧张。然而，即使在西方现代文化中存在种种严重的内在矛盾，但信仰和理性的划界共存，无论如何，并未受到根本性动摇。

总的来看，在现代西方社会，世俗生活和宗教生活的明确二分，保证信仰为本的神学与理性为本的学术各自形成自己的学问空间，而共同组成社会文化中宗教研究的公共学问空间。这二分在现代西方社会确立起来，成为现代西方社会的根本价值规则，构成其社会稳定的基石。从现代基督教研究看，基督教神学与基督教学术一直稳定发展，不外也根基于二者的并存。它们二者作为西方文化事业的两个方向和两个成熟学科的开展，正是我们思考佛教义学与佛教学术关系的重要参考，也是我们一直有所关注的原因所在。

三、现代学术的精神特质

1. 现代学术的精神特质

现在关键是要观察一下现代学术的精神特质。我们谈到的学术，即是学术研究，它代表了近现代西方世俗化的文化精神载体。近现代西方世俗化在本质上是通过人本经验理性的普世化实现的，它通达一切，而无遗余。最初是对宗教的彻底批判与人本主义的文艺复兴；接着是科学革命的发生，以及学术研究的普遍体制化，即全面建立大学、研究所、科学院等建制化（组织化、分科化）的学术体制；同时还有工业革命与资产阶级政治革命的发生，而开始实现政治、经济和社会全面的新型体制（技术为本的工业化、三权分立的宪政体制化、自由市场经济体制化、社会文化多元化）；最后是出现科学人本文化的普世流行——西方世界的全面世俗化就这样逐步完成。在其中，学术体制化起了枢纽作用。最后，新的世俗文明渗透入西方社会各个层面，使其世俗化达到全面而充分的程度。如此一来，学术的认知特征，即科学人本理性，就成为西方一切学问认知的基本方式，也就成为整个现代西方文明的精神特质。而且通过这种理性的普世化，导致了全球范围对宗教和传统文化本位意义的消解，带来了现代世俗化在全球范围的充分化。由此，科学人本理性成为整个现代文明的共同支点。

显而易见，作为学术精神特质的现代理性，现今已尊为"普世性"的认识立场、方法和标准。但其中有一点尚未得到充分认识而必须予以反复强调，即人本经验理性也是一种特定的价值选择。这种理性在古代文化中常常遭受批判，影响并不太大，没有普世的独尊地位。如在古代印度，顺世道（Lokāyata）以这种理性为本，遭到了印度各种思想流派的一致排斥。但在近世以来，在西方开始全面世俗化的过程中，通过升级为科学人本理性，人本经验理性却一跃而成观察世界的基本认识方式，成为普世性质的知识建立方式。然而，它并不是一个真正客观的学问公器，现今其"普世性"定位仍不能消除其作为一种特定的价值选择的性质。事实上，它仅代表了观察世界、认识世界的一种特定视角，仅代表了知识建立和判定的一种特定标准，也就是一种特定的世界观、价值观、认识论、方法论，即一种特定的意义选择。在此意义上，西方学术是在现代人本经验理性基础上，设定了一套并非理所当然或者自然而然的世界观、价值观、认识论和方法论，由此编织出一个空前巨大的、试图网络一切的知识之网。

对此容易误解之处是，现代理性，作为人本经验理性的现代升级版即科学人本理性，即现代人本经验理性，潜移默化地内在运转于现代思维中，支撑了西方的整个世俗化，而且将世俗化扩展到整个全球的文化中去，因而获得了一种普世性的价值认定，被视为理所当然、本然而有的公共认识基础，从而掩盖了其作为一种特定的世界观、价值观、认识论、方法论的性质。从学问角度看，现代理性作为学术的根本认识方式，有其表达原则以及规范，可称学术立场或者学术研究立场。这种立场在学术研究中的运用，目的在于获得有别于各种文化传统学问的公共知识，所谓"客观知识"。在此意义上的科学人本理性有其基本的构成要素，可略加分析。

我们知道，既然理性是一种特定的认识世界的方式，代表一种特定的世界观、价值观、认识论和方法论，就有一个形成的过程，而不是本来就如此的、普遍的东西。确实，它的一些基本要素在西方文明史上的不同时期先后出现，最终汇融在一起。

首先是确定性和普遍性的诉求。在古代，古希腊的哲学家就试图将世界的本质和起源从神秘性、不确定性、杂多性领域解脱出来，而通过确定性与普遍性予以说明，像毕达哥拉斯就以数作为世界的本源。当然，这种努力由于将确定性与普遍性与变化的、不确定的万象联系起来，又不免堕入了神秘主义。不过，从此，对数及起源于数的数学基于这两种性质的追求，后来成为西方文明重要的一个方面。与毕达哥拉斯不同，后世的诉求不仅以确定性、普遍性为目标，还要以此消除在毕达哥拉斯那里十分重视的神秘性。

其次是逻辑性。逻辑性也是现代理性诉求的基本要素，被视作思维和表达的一种要求和方式，具有判断的严格性和推理的"保真性"。古希腊亚里士多德最初成立了逻辑学，主要以逻辑为思维分析、判断和推理的工具。当然，也不乏试图将逻辑纳入事物的本质中去的哲思，但更多是将逻辑作为思维和表达应然的模式。

将确定性、普遍性、逻辑性三者无意识地运用起来，体现在日常人、日常认知、日常生活和日常自然界这样的日常世界中，而形成的理性，就是人本经验理性。人本经验理性在西方文艺复兴时代开始成熟，建立了世俗性的近代哲学，并与经验性结合起来，诞生了近代科学。相应于从近代到现代的科学、哲学的不断发展，这种理性也不断有所深化和扩展，如前文所述，而可称为科学人本理性。因为此时之人已经是科学时代之人，经验成为科学意义上的经验。传统的人本经验理性相应的是传统意义上的日常世界和日常经验，尚未被科学技术代表的现代文明改造。科学开展的领域宏观上扩展到超越日常生活范围的宇宙尺度，微观上延伸到肉眼等感官无法触及的微观事物，人所及的经验和境界在深度、广度、系统性上得到全面加强，所以这时的人本经验理性，就成了加强版的人本经验理性，如前文所言，即是科学人本理性，或者可称现代人本经验理性，所谓现代理性，或称现代共俗理性。称其现代人本经验理性，或者现代共俗理性，原因在于，这种理性已经全面进入现代日常生活和经验世界中，变成现代的日常理性。

从传统意义上的人本经验理性到现代的人本经验理性，背景从传统意义上的日常人和日常世界转变为现代科学技术影响下的日常人和日常世界，虽然具体运用的内容差别甚大，但基础和基本原则并没有太大变化。当然，我们现今谈到理性以及学术，必定要注意从古至今理性内容的差异，而且必定要注意在现代理性意义上去看待一切。这其中还存在一个问题要明确：现代理性，虽然是科学意义上的升级版，但仍然涉及到传统意义上一般的日常生活和经验，并不仅仅指经过科学技术渗透后的生活和经验这个层面，所以，两个层面实际都成为现代理性的基本要素。

按照人类思想史的视角可以看到，从人类日常生活的思维，到传统人本经验理性的形成，是一个漫长的成长、成熟过程，再进一步到现代人本经验理性的兴起，又是一个转变过程。人本性和经验性在这个过程中不断在变化，但追求确定性、普遍性、逻辑性的意欲一直未变，构成了理性中的变与不变。从中我们看到现代理性是有形成过程的，并非真正的"普世性"，所谓理所当然、永恒不变的"金科玉律"。随着时代迁移，理性内容会不断变化，甚至可能遭到舍弃而转换为其他性质的"理性"，而完全不同于现代理性。正是在此意义上，我们谈现代理性乃是一与时代关联的特定认识立场，一种特定价值选择。

现代佛教学术研究以现代理性为本，现代佛教义学也要在这样一个背景下开展。正因为如此，不能忽视或者模糊现代理性的性质与角色。不过，从佛教义学角度观察，现代理性，作为现代共俗理性，更不可能具备真正的普世性，毕竟它仅是体现了人道极共业的性质而已，如何能覆盖整个三界六道，更何况出世功德所摄的种种佛土及其功德众，乃至一切凡圣的善根平台呢？

2. 现代学术的四种价值诉求

现代理性作为学术的精神特质，当其表达为学术研究的原则之时，具有四个基本的价值目标，即客观性、中立性、公共性、真实性，也就是说，学术的基本开展方式，根基于现代理性，而在表达上必须满足这四大原则的趣求。当然这四大原则是学术宣称要趣求的目标，并非其在现实开展中已经实现的具体特征。

客观性，要求认识者和认识对象必须要切割关系，以使对象客观化，即在对象上要主、客分离，在认识关系上要能、所分离。这个原则意味我们在研究对象之时，无论此时与认识对象处于何种关系，都必须悬置与其所有非客观的关系，而使其成为客观对象。

以客观性为基本趣求，在认识关系中自然就要求中立性，即价值中立，这是内在相关联的两个基本要求。换言之，在客观化对象之时，须放弃预设的价值立场，或者说，任何认识上的前见（成见）。任何针对对象的前见，一旦妨碍客观化，实际就是一种价值偏向、认知预设，必须放置一边。前见属于在过去对待该对象建立的任何看法，包括与它形成的任何特殊的关系。价值中立的诉求在具体操作中是要求持守的，否则，客观化也随即成为泡影。比如一个宗教徒，在看待一个对象时，按照自己的信仰，必须贯彻其信仰立场，以自宗教见指导认识和行为，但是一旦他试欲从事学术研究，为了贯彻中立性要求，须当下悬置自己的信仰。然而，在学术研究过程中，悬置价值预设、认知成见，以满足中立、客观化要求，极为困难。或者在情感上不易割舍，如在与认识对象有爱、憎等强烈情感时；或者在认识上不易察觉，如一些习以为常的认识浑不觉察其有碍；或有特定信仰者，认知与情感的定向性不易引转；等等。

客观性和中立性二种诉求，还仅是学术研究的前提，涉及到研究的结果，学术要求其出自对对象的客观观察和研究，即一定不能停留在个人的心理性层面，而要经过具有公共性的整个知识共同体的检验和许可，也就是说，对研究结果，即学术表达，要求具有公共可接受性，简称公共性。之所以要有公共性，原因在于，对对象的研究，目的是要成为公共知识，这意味在一定条件下，他人应能重复得出这个结论，即使是重复的条件难以具备，也必须保证这个可能性。不能违背知识共同体即学术共同体的权威，必须尊重他们的判断，在规范允许的范围开展研究。

有了这种公共性，才能建立研究结果的真实性，即学术成果的真实性，这是学术研究的最终趣求（其实也是一切学问的最终趣求）。在学术意义上的这种真实，并非个体的私人判断或者心理诉求，而是在公共性上即共同许可意义上的真实，换言之，要求在整个学术共同体认可的规范内成立真实。在此意义上，学术成果的真实，即是学术共同体意义上的真实。既然学术的真实性依赖于整个学术共同体，以后者为学术的裁判者和学术意义的赋予者，近现代西方文化就成为一种以追求客观知识即公共知识为旨趣的体制，在这个体制中，在知识的意义上，重心一直是致力于经营整个学术共同体，他们的各种大学、研究院，还有各种学术杂志、会议，还有各种图书馆，实际上都在营造这样一个空前的大学术共同体，建立这样一个空前的大平台，以让所有学术的真实性必须接受这样一个平台的检验，否则就不予承认，而判为私人性的自说自话，或者心理性的纯主观产物，或者在某种偏见下形成的荒唐结论，或者虚妄想象中的无意义物，等等。所以学术的成果，要求学术共同体意义上的真实，否则不能称为公共知识。

学术诉求的这四个原则，都扬弃个人视角的私人性，是与其内在的共俗性现代理性联系在一起的。现代理性，作为科学人本理性，根基于人本主义和科学主义，在佛教看来，正是人道现代共业中极共性的体现，所以被科学人本时代视为普世性质。依于科学人本理性建立的公共平台，作为学术共同体所依的价值平台，含摄有世界观、价值观、认识论、方法论等方面的整体设定，在佛教意义上可称共业平台，构成了学术的知识检验与判定的基础、规范和标准。也就是说，公共性、客观性、中立性的诉求作为知识产生的前提建立于它，真实性的诉求作为所产生知识自身的基本特征也源自于它。学术立场通过学术规范体现出来，正是依于这个平台的特定的价值取向预设、特定的认识方式预设、特定的知识标准预设。

简而言之，学术为了达到这四原则的要求，为了符合内在的科学人本理性，就要建立学术规范。学术规范是能使大众普遍创造出符合这种理性和原则的产品即公共知识的具体立场、标准和方法。这是引生现代知识爆炸与信息海洋的基本途径。在全球遍在的众多人类各种知识共同体即学术共同体的维护下，学术规范成为学术研究要共同遵守的"绝对戒条"，在学问领域具有不容置疑的权威。

学术认为这样营造出的公共知识，就是"客观知识"，尤其在科学知识背书的情况下，这样的"客观知识"就被视为世界上唯一可靠的学问。在科学技术的空前成就和学术共同体的公共权力的直接影响下，在现代文化与政治体制的一致维护下，"客观知识"已经取代传统文化中的真理的地位，甚至被大众直接视为真理。

也因此，在公共社会意识中，现代理性成为知识和价值的唯一依据和裁判者，而被神化和独尊。无疑，现代理性与现代文化通过世俗化而相互支撑，取得了前所未有的成功。现代科学技术的不断突破和全方位应用，现代社会、政治和经济体制的严密组织和高效运转，现代学术知识的大众参与和爆炸性积累，无不以现代理性为根基。在世俗文化视野中，成功具有最大的说服力。现代理性不走上神坛反倒奇怪了。从本质上而言，所谓的现代性即是现代理性的全方位体现而已，换言之，现代性作为表现形态是以现代理性为基础的，又可说是以现代理性为本质的。按照佛教来观察，现代性则是时代众生共业所引生的，又令众生反过来强化其时代共业，因而与现代众生共业构成了复杂的内在关联性。

3. 现代学术研究方式作为学问"公器"的"祛魅性"

我们看到，在现代文化的领域中，现代理性这种认识方式被神化了，其产生的知识也相应被神化。在这种大势下，理性认识方式消解了其他所有的认识方式的本位意义。结果，任何其他的认识方式在意义上不能违背理性这种认识方式，要为自己辩护，以证明自己的合理性；任何其他学问不得不接受现代理性及其学术神化后自己的脆弱到"可疑"程度的地位，即使是那些传统思想文化。事实上，任何传统文化产生的学问都要受到现代理性所摄知识标准和规范的审查，如果不能满足其知识的标准和规范，就不属知识，然后被归为想象性的、自说自话的产物，其价值实际也被取消。

随着现代理性被独尊、神化，现代学术研究方式作为其在学问领域的表现形态，也被神化，而被独尊为学问的公器。何为学问的"公器"？公器谓唯一的依据与标准、唯一的价值与意义平台。既然现代学术研究方式被尊为一切学问中唯一具有公共性、可靠性的思维与表达方式，成为一切认识和研究的基础，在意义和价值方面就具有了很强的排他性，而其他一切学问也就不再具有独立意义和可靠性。马克斯·韦伯正是针对于此，称学术体制对一切传统宗教和文化的神圣性和本位意义，具有强烈的消解性，也就是"祛魅性"。"祛魅"是对价值和意义的消解，主要用于现代理性通过知识性的学术对传统文化和宗教作为知识的真实性的否定上。

现代理性及其建立的学术研究方式对传统宗教和文化的"祛魅"，可略分为神圣性与本位意义两个方面。一者是对宗教的神圣性的消解。各种宗教，不论是崇拜神的宗教，还是成就圣的宗教，前者如西方的犹太教和基督教，后者如东方印度、中国的佛教、儒家，它们的神性、圣性在学术的认识方式面前遭到了无情的解构。因为神性和圣性都超越了现代人的存在和体验、认识的境界，也就超越了现代人本经验理性的范围。二者是对传统文化的本位意义的消解。传统的文化系统，传统的任何学问，即使过去对各自民族发挥了巨大的、不可替代的积极影响，但因不以人本经验理性为本，其本位意义在现代学术的价值平台上无法得到认同，逃脱不了被消解的命运。像佛教与儒家、道家，它们作为传统文化的本位意义，它们的现代合理性，实际上都被学术这样一种知识运转方式所拒斥。

所以，在学术研究方式的全方位在场的情况下，一切传统宗教和文化面临严峻的考验，被要求为自己的合法性进行辩护。基督教通过现代神学进行了自我辩护与重新阐释，这使得基督教神学在西方文化里获得与基督教学术共存的地位。现代神学的开展，对现代理性有所示弱，但也并非是放弃主体性和本位性，全面地从属于世俗学术，而是通过划界，各成领域。即将关于基督教的学问分为二分：一为基督教学术，这是世俗即公共学问；二为基督教神学，这是基督教本位性学问。在中国，如果从这个角度来观察，佛教义学在学术的强势面前也需要划界而存，即将关于佛教的学问二分为公共性的佛教学术与佛教本位性的佛教义学。然而，现代佛教义学尚未充分开展，甚至，严格地说，尚未正式出场，所以要真正能与佛教学术获得共存，以繁荣社会整体的佛教研究空间，还任重道远。

四、佛教义学的精神特质及其与佛教学术的差别

1. 佛教义学的精神特质

现在再来观察一下佛教义学的性质以及精神特质。我们知道，佛教义学，也可称佛教义学研究，有一个基本界定，就是佛教本位性的学问。与这个"本位性"意义相应的一个基本前提，对研究者而言，是要求三皈依，即对佛法僧三宝的皈依。这意味两个层面的关联：教位，即三宝，在根本上即佛陀的本怀（本愿）及所证的境界（证法）、所说的教法；学位，根本上即研究者的善根及正信、发心。这构成了教位与学位的教学关系。佛弟子在学位的义学，依止于善根力开展，又具体体现为三力，即归依教法的净信力、依止证法的正知力与随应佛陀本怀的发心力。由依止三力，可知佛教义学之所以称为佛教本位性学问，在于其属于出世圣道之学。当我们从事佛教义学研究时，必须按照这种基本定位思维和表达一切。

考虑到任何学问都直接取决于认识方式，可知佛教义学有其自己的本位认知方式，即是以悟性为本之学。何谓悟性？指能够开显与通达真理（真实、实相）的认识方式，所谓觉悟性，即是对真理如实认知的智慧性。这在前文已述。悟性的发起就能够显示真理。就实而言，悟性有两个层面。一是真正的悟性，这是圣者才能具有的，比如佛、菩萨、独觉、阿罗汉等圣者。圣者之所以具备悟性，是因为已获得智慧，而证悟了真实，而智慧之体性正是悟性。然而，对于一般的凡夫修学者而言，他们虽然善根成熟，但是尚未证悟，而不直接具备圣者的悟性。不过，既然他们善根已经成熟，能够与诸佛菩萨等诸圣者的

善根及其教说相应，生起正信正见，因而具有随顺圣者悟性的认知能力，可称随悟性。随悟性虽然不能证得真理，但是可以随顺圣者的悟性认识方式去思维、认识和表达，而且最终能引生圣者悟性发生，所以称"随悟性"，也因此方便称悟性。在此意义上，凡佛教义学，皆可称以悟性为本之学。

2. 佛教义学与佛教学术在性质上的差别

佛教义学的基本性质可以参照佛教学术进行观察，从中可以清楚看到二者的本质差异。佛教学术研究是把学术研究的一般认知方式运用到佛教上的研究，即是基于学术研究方式以佛教为对象进行的研究。所以，佛教学术研究的本质仍是学术研究所运用的现代理性，即现代人本经验理性。现代理性，在前面讲到，是以数学、逻辑与人本的存在和境界所摄的经验关联起来，而形成的一种认识方式。这样一个认识性质和层面，在佛教看来，是人类共业所引的。何为共业所引？指人以及人间的所有共同性方面，包括数学、逻辑与科学，都是人道本身的共业性所摄，即由人道共业所引生的。按照佛教的出世道，真理不可能被逻辑所限制，也不可能被数学以及科学所限制，是离言的，离分别的，所谓超言绝相，所谓言语道断、心行处灭，所以不论是数学、逻辑，还是人和人间层面的经验乃至科学，只要属于人道层面的具有公共性的一切，都是人道共业所感引出来之物，而和出世性的真理在性质上相违背。出世性作为离世间染覆性所显的无漏清净性，恰恰是脱离共业乃至一切业的覆盖而显现出来的。也就是说，凡是被业所沾染的、由业所牵引的，都属世间性。在此意义上，数学、逻辑，还有人间、人的人本性层面，和依据这些关联建立的人本经验理性，乃至集中所体现的科学，都具有公共性，而属于共业所引，当然是世间性的，决定与出世性相违。既然现代理性这种认识方式是共业所引，包括在前面所归纳的其所摄的原则，都是一种执性，即执着的认识方式，所谓虚妄分别。简而言之，现代理性，作为虚妄分别性，是以执着为特征的，故称一种执性，而且可称一种普遍（普世化）的执性。

凡执性皆是与悟性相违背的。前面已述，佛教义学是以悟性为本，而佛教学术既然以现代理性为本，作为共业所感，就是以执性为本。在此意义上，佛教学术作为一种执性所摄的学问存在，当然是世间性的，而与悟性所摄的出世间性的学问，即佛教义学，在性质上正相反对，所以说二者存在本质的差别。

3. 佛教义学的四种价值诉求

再观察佛教义学的趣求原则。先考量前文所谈的现代理性的四趣求原则。首先是客观性、中立性的二原则。对这两个原则，佛教义学定然与其是对立的。原因在于，客观性诉求要求所认识对象与认识者分离，所谓主客分离、能所分离，即在认识过程中保持相互独立；中立性诉求则是要求认识者保持价值中立，即在认识过程中放弃价值偏好、认知成见。但这两者对佛弟子而言，实际上是要求放弃三皈依。一旦从事学术研究，处于佛教皈信中的研究者要悬置三皈依，否则不能保证客观性、中立性的趣求。但对于佛弟子，皈信三皈依，要求尽形寿，即终生不能舍弃。所以，对三宝的皈依这种明确的价值取向，是佛弟子在任何情况下都要遵守的一个认知前提。在此意义上，佛弟子看待世界、认识世界，一切的一切，包括思维与表达，都要以三皈依为本，内在就是要与善根相应，以悟性发用，而非科学人本理性发用。简而言之，佛弟子在从事研究这样的认识活动时不可能采取客观性和价值中立性的立场。

由此，根据客观性、中立性诉求观察，佛弟子但凡进行佛教研究，就不能真正从事佛教学术研究，或者不能从事真正的佛教学术研究，而应开展真正的佛教义学研究，或者实质上开展佛教义学研究。如以经论研究为例，在研究过程中，定要趣求与经论打成一片，无二、无分别，所谓"如是我闻"是之谓也。所以，不能把"客观性"当成一个前提，否则经论外在于研究者，就不能逐步深入。而且也要求保证三皈依这种皈信取向，即在世界观、价值观、真理观、方法论上一定要以圣教为本，以圣教为依止和准量，所谓"信受奉行"

是之谓也！此时，当然不能遵守趣求"价值中立性"的学术原则，否则就违背了其皈依，不再是三宝弟子，即佛弟子，也不能开展出佛教义学。

既然是研究，依据明确的立场，有所不为，必然就要有所为。在与客观性趣求相违的意义上观察佛教义学的研究原则，就要求"融入性"，即对经论应当零距离地逐步融入；而在与中立性趣求相违的意义上观察，则要求"从量性"，即要以依止、随顺、相应于经论教理教义的方式研究经论，换言之，在研究时，要以经论为量准，即依从圣教量（Āgama- pramāṇa，Āpta- pramāṇa）。

佛教学术以公共性、真实性确立知识，即通过学术共同体确保是具有公共可验证的真实知识。但佛教义学，作为佛教本位性学问，必定与学术意义上的公共性和真实性区别开来。原因在于，佛教学术作为学术对佛教的研究，是建立在虚妄分别意义上。毕竟在人道里依于现代人本经验理性建立的知识，本质上是由执性所开显出来的，属于世间性，而与出世间性相违。按照佛教经论，凡随顺、相应于三界六道的都是世间性；凡是以世间性作为价值的终点、真理性的直接表现的，都是颠倒的。佛教以圣道为体，皆要求断除世间性，其中阿含佛教作为解脱道诉求远离世间，而大乘佛教作为菩提道诉求以无住、无所得的方式超越世间。所以，学术研究的立场、方法，及其知识的表达，以及对真实性的判定，在佛教看来都是执性的显示，都是违背出世间性、违背悟性的。佛教在经论中开显的、佛弟子欲在学修中逐步修证的所有不共事实，在诉求公共性和公共性意义上的真实性的学术共同体看来，皆是不可验证的，不可计入其知识范围内，不能得到承许。这些不共的佛教事实，包括佛教世界观中所显示的三界九地、六道、净土，乃至十方无量世界等；佛教教法观中所显示的人天乘、声闻乘、独觉乘、大乘、一乘等；佛教真理观中所显示的一切世间出世间道理及诸法实相等；佛教存在观中所显示的真如等出世法，佛、菩萨、独觉、阿罗汉等圣者，以及佛陀诸身等；佛教圣德观中所显示的善根、佛性、如来藏、悟性、智慧、觉悟、解脱、涅槃、无上大悲、无上自在、无上神通、无上妙乐等，等等。

佛教义学的开展和研究所成立的内容，作为依于善根或者悟性才能承许者，虽然不具学术意义上的公共性和真实性，不能称为学术意义上的知识，而不属于佛教学术的范畴，但具佛教义学意义上的普共性和实相性。佛教义学意义上的"普共性"指佛教义学共同体对其作为佛教义学的承许。这种"普共性"实际内在是一种"周遍性"，即一切众生都本具佛性，都本具成就佛果的善根，故都有承许即许可、接受一切佛教的不共事实乃至佛教义学的可能，这是一种真正的普世性，其普遍程度远超于学术意义上的"公共性"，因为"公共性"顶多反映了人道众生在共业意义上的多数承许。佛教义学意义上的"实相性"指佛教的一切不共事实，包括有相之事与无相之理，其要依于善根的成熟才能如实显示，要依于悟性的生起才能如实证得，而且其成立要得到佛教义学共同体的共同许可，但不能诉诸于学术的认识方式，也不需学术共同体的共同许可。其中的"佛教义学共同体"指具足佛教义学素养的善知识联合体，是善根平台所摄一分。

总而言之，在从事佛教义学研究时，首先要认识到佛教学术和佛教义学二种学问在性质、意义和意趣上的相违性，其次要明确佛教义学趣求的四大基本原则即融入性、从量性、普共性、实相性，以与佛教学术趣求的四大基本原则即客观性、中立性、公共性、真实性相区别。

五、佛教义学研究与佛教学术研究良性并存的可能

在现今佛教研究的学问空间，主导者是佛教学术，佛教义学尚处于合法性要予以辩护的重新出场阶段。所以，需要更仔细界定佛教学术立场和佛教义学立场的界限，进一步观察和处理它们之间的关系，以实现良性共存。

1. 武断性与建设性佛教学术立场

我们首先要注意到，佛教学术研究方式，在其可能的范围内，可以具有不同的取向，至少可以区分两种，一种是武断性的佛教学术研究立场，还有一种是建设性的佛教学术研究立场。

何为武断性佛教学术研究立场？指这样的一种佛教学术研究立场，即采取极端的科学主义及人本主义，而过度使用人本经验理性，形成武断性和排他性的价值立场，对佛教所显示的不共境界和存在予以直接否定，而判为虚妄，从而完全取消佛教本位性意义和社会文化意义。比如在武断性佛教学术立场看来，佛教中神通、智慧、真如、如来藏、解脱、觉悟、涅槃等，三界、净土乃至十方一切世界，六道众生及其轮回，佛、菩萨、独觉、阿罗汉等诸圣者，凡所有超越于人间乃至三界六道的境界与存在，以及解脱、觉悟之道，皆属神道设教，是用来愚弄老百姓以获得宗教利益的虚妄性、欺骗性构造。在此意义上，佛教被判为一种宗教迷信，一种宗教愚昧，一种宗教欺骗，一种"宗教鸦片"，即就佛教的开创者而言，是宗教欺骗、"宗教鸦片"，而对于信徒们而言，则是宗教愚昧、宗教迷信。这种立场自认为理由绝对充足，因为在科学人本理性的视域里，不能发现佛教中那些超越性层面的踪迹。应该说，这种武断性认知方式在我们现代中国极为普遍，尤其是在"文革"时期，而且现今还依旧强大。之所以称其为武断性，就在于这种佛教学术立场完全拒绝承认佛教的不共事实乃至佛教的本位性意义，也就完全排除佛教义学的学问性。在他们看来，这种佛教本位立场的学问性表达，纯粹是对迷信的宣传与辩护、对迷信的包装和精致化，是在将宗教欺骗进行到底。所以，按照武断性佛教学术立场，佛教学术与佛教义学不可能共存，也不乐意看到佛教义学的重新兴起。

但是还存在另外一种佛教学术研究立场，即建设性的佛教学术立场。这种立场持守宽容的科学主义和人本主义，故不武断，没有强烈的排他性，即在关于佛教的意义和真实方面，其态度是温和与建设性的。在他们看来，除了学术知识这种意义和真实以外，还有其他意义和真实存在的可能。所以，这种立场以划界方式处理各种学问的关系，即采用了一种多元化的学问观，允许学术与非学术学问的共存。当然，其中，学术仍是根本的地位。换言之，在学术这种学问的疆域之外，还可以存在其他学问的疆域。这种学术研究立场的"建设性"在于，其对其他价值系统的表达，比如佛教，会保持一种宽容的态度，将佛教中超越人间的层面，按照学术性设定为无法判定，即悬置判断，也就是说，在学术理性的视野里，这些超越的境界和存在，像轮回、真如、神通、解脱、觉悟、涅槃等等，不会出现，但是否一定不存在呢？他们主张不能直接下判断。按照这种立场，学术只能判定在人本经验理性意义上的学术层面的境界和事物，既然佛教的超越性层面超越于学术层面，就无法直接证明其是假，顶多只能存疑，所以最好的态度是悬置判断，各说各话，分河饮水。在此意义上，说其具有"建设性"，不同于"武断性"立场的直接否定。

处于建设性立场的"悬置判断"，可有两种态度：一种是消极的宽容，即止于"悬置判断"，而存疑；另一种是积极的宽容，即不止于"悬置判断"，而认为不排除有真的可能。后一种"积极"的立场，常被称为"同情之理解""理解之同情"。这种立场，主要是用于针对传统文化和宗教的，能够承认比如佛教这样的传统有重要的、正面的、殊特的文化意义，不仅过去对社会是有益，现在、未来也会如此，所以强调尊重这些传统的本位意义，给予它们在社会和文化中发挥积极作用的空间，当然也承认其本位学问比如佛教义学的文化意义与学问价值。

简而言之，建设性的佛教学术立场，作为与佛教义学立场能够共存的研究立场，建立在温和的科学主义和温和的人本主义基础上，谨慎地使用人本经验理性，对佛教义学的重新出场，及其通过划界进入佛教研究的公共学问空间，是一个可以合作并相互依待的学术力量。在其中，我们看到了佛教义学在现今的佛教学术海洋中能够立足的可能性，即与建设性的佛教学术立场划界良性共存，共同繁荣佛教研究的学问空间。

2. 佛教义学复兴因缘的具足

一旦佛教学术研究立场普遍向建设性方向转化，就出现了佛教义学复兴的契机。佛教义学研究应推动这样的转化，帮助其早日实现。而且，从更深层次看，佛教义学的复兴有赖于整个社会认识到佛教殊特的文化价值和社会意义，形成对佛教的普遍正面定位。总的来看，可从四方面成熟佛教义学复兴的善缘条件：

一者，引导与帮助佛教学术研究向建设性的方向转化。在武断性的佛教学术研究立场面前，佛教义学是没有立足之地的。如果这样一种认识立场上升为佛教研究的意识形态，就会像"文革"时期那样，没有佛教义学乃至佛教的生存空间。现今在佛教研究中，佛弟子要做的一个重要工作，就是要推动佛教学术研究全面向建设性的佛教学术研究立场转化。中国虽然从"文革"时期的文化浩劫中走了出来，但视佛教为消极的封建迷信者仍不乏其人，所以现今尚需在社会开展针对佛教的启蒙工作，以消除大众对佛教的种种偏见。值得庆幸的是，现时代的佛教学术研究者大多采用建设性的佛教学术研究立场，这对佛教乃至佛教义学的复兴是有益的。他们承认佛教具有正面、独特的文化意义，对社会是一种积极的影响，甚至还有些学术者认为佛教的真理也是有可能的，至少承认以佛教学术的立场无法直接否证。但就社会大众的佛教观而言，对佛教持否定和批判态度者不在少数。而且，即使是在建设性的佛教学术研究者中，也出现了新问题。他们认为，在佛教义学传统早已中断的情况下，现今不需要重提佛教义学，包容性比较强的佛教学术研究足可代表一切了，甚至佛教界内也大多持这种观点。这反倒使现今佛教义学的重新出场变得困难起来。在这种情况下，在教内乃至佛教研究领域中强调佛教义学重兴的必要性及其与佛教学术的划界意识就变得迫切起来。

二者，阐明佛教的社会、文化意义及其合法性。在中国，佛教参与教化历经漫长历史时期，早已根深蒂固、开花结果，自南北朝始，与儒家、道家等共同铸就了近世中国文化大传统，鼎足而立，彻底融入了中华民族的文化命脉。佛陀经教的基本教理教义，如善恶报应的因果道德、众缘和合的普遍缘起、同体利他的无我慈悲、智慧超绝的离言真实、心性自在的转凡成圣等，通过义学的阐扬，汇入三藏，教化与利益了世世代代的众生，也因此在中国获得了社会与文化合法性，成为中国传统宗教与传统文化。但在现代，由于佛教的长期衰微，科学人本理性的普世运行，以及战乱与革命带来的急剧社会变动，佛教在中国的社会文化价值隐晦不彰，甚至消极形象更深入人心。所以，现今佛弟子的一个基本责任就是以义学阐明佛教殊特的社会与文化意义，以及相应的社会与文化合法性，以令佛教继续发挥其稳定社会、净化人心、化世导俗的重要教化作用与殊特文化意义。这是现代佛教义学面临的时代考验，也是相当意义上佛教复兴尚需的新启蒙。

三者，阐明佛教义学的复兴是佛教整体健康开展的前提和基础。没有佛教义学的开展，无法充分阐明佛教的性质、意义以及内容，正法就难以彰显、守护与弘扬，一些似是而非的相似教，甚至一些以神秘性、庸俗性招摇撞骗的附佛外道，就会涌现，而占据佛教的度化因缘与文化空间。在改革开放以后，佛教作为传统宗教和传统文化得到合法化，但由于佛教义学的缺失，即使是在佛弟子眼里，正法的面目也模糊不清，各种"伪大师"层出不穷，所谓神异神秘的"上师"，高深莫测的"禅士"，能掐会算的"大师"，呼风唤雨的"大德"，等等，极大影响了佛教的声誉与败坏了信众的慧命；出家众不明教理、不知持律者也甚众，寺院大多致力于经忏佛事，而不行真正度化众生之事。这些都是对佛教圣道的遮蔽甚至破坏，急需对信众进行佛教圣道本位的启蒙。这就需要佛教义学出场，需要佛教义学发挥其开显佛教本来面目、阐发佛教甚深教理教义的关键作用。简而言之，没有佛教义学的开展，种种庸俗性和神秘性就会笼罩在佛教上，遮蔽佛教的圣道本质。所以，不仅应该使整个佛教界，而且应该使整个社会都充分了知，佛教义学的重新出场和全面开展，对佛教本身的健康发展，是不可或缺的。

四者，佛教义学是佛教自我表达的一种基本方式，而佛教又是整个社会传统文化的基本组成部分，所以，容易看到，佛教要维持与彰显其作为一直对中国社会与文化有积极的正面影响的传统文化地位，就须有佛教义学作为自己学问的深入开展。在此意义上，佛教义学的重新出场对佛教作为传统文化的社会开展，和佛教自身在理论和实践上的建设，都是必要的、紧迫的。众所周知，我们这个社会，现代百年以来，深受西方文化的影响，从意识形态，到科学技术，以及社会、政治与经济体制，最初无不借鉴和取自于西方，虽然经过了中国化，但仍不能否认其西方色彩；再加上传统文化在"文革"时期被断根，传承中断；所以，现今中国文化最迫切的一个方面，就是要复兴传统文化，以真正实现中西优秀文化的融合与创造性转化。既然传统文化要复兴，佛教就能起到一个关键性作用。这是因为，在儒释道当中，佛教的社会建制是最完整的。在佛教中国化后，道家、道教一直相对弱势，儒家也早失去社会建制，在祠堂宗法系统和儒家政治意识形态体制覆灭后，实际已蜕变为一种思想化石，现今仅是学术研究与思想开展的对象与资源而已。虽不断有一些儒家学者在呼吁复兴儒家传统，提倡读经、穿汉服之类，但是缺乏自己的社会建制荷担弘扬，以致提倡读经还大多是佛弟子在推动。因此，要复兴传统文化，须佛教发挥关键作用。但佛教要名副其实起到这样的作用，就须有佛教义学的复兴，否则，"空心化"的佛教无法担当这个时代重任。而且，既然复兴传统文化是整个中国文化发展战略的非常重要的一个方面，甚至核心的方面之一，那佛教义学的重新出场和大力开展，也将成为实现中国未来文化繁荣的因素之一。在此意义上，佛教义学的重新出场对佛教正法慧命攸关，对中国传统文化乃至中国文化整体的复兴也会产生重要作用。

最后一点必须强调，就实而言，佛教义学研究要与佛教学术研究，即建设性的佛教学术研究，良性共存，共同繁荣社会文化中佛教研究的学问空间，根本还得以佛教义学研究自身的深度开展为基础。

也就是说，须以深入与广泛的开展，促使有高水平的佛教义学成果不断问世，才是根本的出路，而不是消极等待外在条件的成熟，虽然后者并非不重要。所以最关键是自己的开展，即激发佛教义学的意识自觉，在学习、继承古代印中佛教义学传统的基础上，观待时代因缘，契理契机地探索与发扬，不断向前迈进。

概言之，佛教义学研究肩负着两个重任：一是作为佛教本位的学问的开展，以保证佛教自身的发展的需要；二是作为传统文化的重要组成部分的开展，以推动传统文化的复兴。这两方面的意义与责任都需佛教义学荷担。如此一来，容易看到，佛教义学不再单单是佛教自身的学问，不再单单是佛学院的学问，而是要在社会文化中出场，而作为社会佛教研究的公共学问的组成部分。我们相信，佛教义学通过其富有成果的开展，完全能够在社会佛教研究的公共学问空间占据一席之地。

所以，佛教义学的开展首先是以佛教本位性学问性质形成佛教自己的学问空间，然后以传统文化学问身份进入佛教研究的社会公共学问空间，与佛教学术一道相待而立。而且，佛教义学作为佛教的自我表达，应是其中最基本的组成部分。一旦佛教义学进入佛教研究的社会公共学问空间，达成一种兼容性的良性共存，共同创造佛教学问整体的繁荣，就需要佛教学术研究采取建设性态度，而佛教义学自身也要通过对世间道和出世道的区分，对世间法予以善巧摄受，否则难以实现相互兼容。

在现今佛教整体急速世俗化、佛教学问一味向佛教学术趋同的时代状况下，佛弟子必须清醒意识到，只有明确区分佛教学术与佛教义学的界限，形成二者各自性质有别的学问及其存在空间，而不是向佛教学术看齐与归一，才能为佛教义学赢得生存和开展的可能性，才能建成对佛教正法和佛教文化有持续建设性积极作用的佛教公共学问空间。这是广大佛弟子要形成的共同意识和要承担的共同责任。

附：问答——有关"义学""内学""悟性"等观念的问题

第一问答

问："义学"和"内学"是义一名异，但是现代一般多知道"内学"，"义学"这个词很少见到，文中却选用"义学"，有什么特殊的用意？

答："义学"一词，其实是在中国佛教史上早就采用的术语，中国古代佛教一直把佛教自己的学问叫"义学"。"内学"反而只是在现代才出现的新名。印度佛教传统将佛教自己作为学问称"内明"，此"明"也是"学"之义，所以欧阳竟无先生依循这个用法，不称"义学"而改称"内学"。欧阳先生这么做，是为了与印度佛教传统接轨。盖因他及其所领导的支那内学院，一直批评古代中国化佛教传统，认为古代佛教的中国化实际是变质的相似化，背离了印度佛教正法传统。因而他不愿意用"义学"名，以表明与中国化佛教传统断绝关系的坚决态度。

但是这里我们要强调的是，不论是"内学"还是"佛教义学"，都是对于佛教本位学问的界定，这在意义上是一致、一味的，差别在于在现代中国，哪一个用起来更为方便。在笔者看来，"义学"一语应更具有适宜性。首先，我们是在现代的中国，用"义学"名表明佛教现今仍在中国弘传，佛教学问的学脉仍未断绝。其次，这个名中的"义"，是佛教一直所强调的。"义"就是无戏论、有胜用，而能自利利他，并归趣于解脱、觉悟与涅槃。要知道，佛教皆是用有"义"来反对无"义"，所以"内明"正是"义学"。在此意义上，在现代中国的佛教因缘中，用"义学"一名更好。而且，如果用"内学"，表观具有一种排斥性，社会接受起来相对困难。"义学"这个名，显得平和些。

问：立"义学"，作为"内学"，就有了与"外学"的划界，即其他的一切都划到了"外道"一边，是吗？

答：确实如此。"内"听起来似乎"佛教意识形态"色彩隆重，但从佛教本位看，是属于基本的划界之语，意在强调佛教本位的学问，即圣道之学，是佛教自己的学问，所以称"内"，而非佛教本位的学问，就不在佛教自己的学问范畴，所以称"外"。

对初发心的佛弟子而言，"内""外"的划界，是树立正见的前提，也是开展佛教义学的前提。如果内、外不分，义学无法开展，也就不易了知何为真正的佛教本位学问，包括其性质、意义与内容。事实上，并非带上"佛教"两字的研究，都属于佛教性质。以佛教为对象的研究，在我们时代，若非义学性质，一般对正法的开显都没有直接的增上作用，甚至不少还有所妨碍。

比如会看到，不管是教内学者还是教外学者，经常在关于佛教的著述中会说，佛教的轮回、十二因缘这些观念是受了婆罗门教的影响而建立的。教外学者这么写无可非议，但是教内学者也这么写，就不妥当。按照佛教本位，佛陀是觉悟者，能够如实、圆满地了知诸法实相，不管是出世间还是世间的一切法都不例外，所以佛陀的一切所说都是在如实证知后如是而说的实语，不能视其中有什么是受了世俗影响的结果。也是在这个认知前提上，才能对方便摄用有正确认识。佛陀如实证悟了诸法实相，欲引导众生也如实证入，然而众生都有所执著，不易直接正信与如实了知诸法实相，所以佛陀就随顺众生的根性，随顺众生文化的因缘与语言习惯，方便摄用一些世间法来施设言教，即相似于一些世间法而有所方便建立，大小乘、人天乘法都是这样宣说的，否则，不易化导这些众生。这种摄用是必要的，但属于方便善巧，不能归为"受了外学"影响。换言之，虽然摄用了与世间法相同的名称，但是已经经过了佛陀用智慧慈悲"消毒""洗净"，即已经抽掉了其作为世间法时的本位意义，只在纯粹工具的意义上摄用，而注入佛教自身义涵与意趣，由此转换为了佛教自身的、具有全新意义的术语。如婆罗门教所说的"轮回""烦恼""解脱""业"等术语，在佛陀看来，本都属错缪认知，或者说，婆罗门教只观察到了某些显现相，以这种片面的视角建立了这些言说，所以并不如实，而佛陀在教说中摄用它们，都予以了"洗净"。简而言之，佛陀站在佛教认知本位，在佛教中安立相似外学用语，是为了摄引、度化相关缘法中诸众生，绝非不以智悲"洗净"的直接袭用。

所以，义学在性质、意义与内容上必以划界的方式与外学（包括学术）相区分，否则，一旦混淆于外学，实际上就破坏了佛教作为涅槃道学的本位。一旦这种混淆习以为常，而被合理化，构成一种普遍的解读方式，将对佛教作为圣道学的阐明与开展带来颠覆性影响。

第二问答

问：如何理解佛教的"悟性"？

答：佛教学术依于共俗理性即人本经验理性开展，而佛教义学依于佛教悟性开展。共俗理性作为一种与世间境界所摄法、理相应的认知能力，是一种分别即有执的认知方式，悟性则不同，作为与出世境界所摄法、理相应的认知能力，是无分别即无执的认知方式。前者偏重从所知境角度命名，所以称理性，但由于是共业所引、人道众生普遍分享者，而称共俗理性；后者如果也从所知境角度命名，同样可称理性，即佛教理性，但易于与共俗理性相混淆，所以就偏重从能认知角度立名，而称悟性，这是不共的。因为悟性是无分别即无执的证悟力，相异于共俗理性是有分别的执著力，即分别力。

善根作为众生内在的善势力，有其能认知的一面，即是悟性。换言之，悟性是善根发用。悟性在因上有善种子，当众生发起皈信时，开始发生认知作用，而以智慧体现出来。在此意义上，自众生发心修行起始，经过凡夫菩萨位、圣者菩萨位的修行，最后进入佛位，整个过程中悟性都以智慧起用，而有层次差别。

在佛陀大乘诸教中，瑜伽行派对成佛道次第阐显最为明确，有四道五位（地）之分，据此可观察悟性的层次差别。四道即胜解行道（Adhimukti- caryā- mārga）、见道（Darśana- mārga）、修道（Bhāvanā-mārga）、究竟道（Niṣṭhā- mārga），而胜解行道可分资粮与加行道，由此可成五位，即资粮位（资粮地，Sambhāra- bhūmi）、加行位（加行地，Prayoga-bhūmi）、见道位、修道位与究竟位。这四道五位的佛教认知能力或者说认知方式，统称悟性，其体现出来的智慧可统称无分别智（Nirvikalpa-jñāna），即般若波罗蜜多（Prajñā-pāramitā）。但具体各道各位相应的悟性层次不同，智慧亦是如此。略述如下：

修行者在皈依发心后，进入胜解行道，这是凡夫修学者即凡夫菩萨的阶位。凡进入修行位次，皆具智慧。胜解行道的智慧作为无分别智是加行性质，称加行无分别智（Prayoga-nirvikalpa-jñāna），其虽是有相、有分别，非真实无分别智，但随顺真实无分别智，而能引生真实无分别智，故亦称无分别智。相应的悟性，虽非真实悟性，但随顺而能引生悟性，亦称悟性，具体称随悟性，即加行悟性。

胜解行道的随悟性与加行无分别智，其认知能力，按照其体性，是信解力，又称胜解力，即是依于正信而生解之力，而这种认知力虽在凡夫修行位，但也是确定而不可移转的，所以称为胜解力。

具体从资粮位与加行位看，又略有层次不同。在资粮位，善根与解力较弱，偏重正闻熏习，而随文信受，故偏重于信，其随悟性可直接称信解力。在加行位，已能如理作意，即融贯性地如理思维，偏重胜解，故可直接称胜解力。在资粮位，也有胜解，但尚未融贯，在深度和系统性上不足，偏于信受，故不称胜解力，而称信解力；在加行位，虽然正信增强，但胜解已得深入与系统而融贯，随悟性达到能引生悟性发生的阶段，故不称信解力，而称胜解力。在此意义上，随悟性在此二位分别称信解性与胜解性。

在见道位，悟性生起，而有无分别智，修行者亲证诸法实相真如，由凡夫转为圣者，所谓登地菩萨，称生如来家。在此位，悟性是真实悟性，即无相、无分别的证悟力，所谓正悟力、正悟性。

见道位称为圣位初地，而圣位共有十地，其他九地称为修道位。修道位圣者菩萨所具当然也是真实悟性。

但就十地而言，前七地与后三地有很大差异。在前七地，无分别智现起仍需加行，但从八地起，无分别智是任运现起。故从悟性而言，虽皆为真实悟性，可称正悟性，但自八地起，应称任悟性，即任运之悟性。前七地圣者称菩萨（Bodhi- sattva），后三地圣者称菩萨摩诃萨（Bodhi- sattva- mahāsattva），即菩萨大士。

十地即见道与修道位，所生起的无分别智又分根本无分别智（Mūla- nirvikalpa- jñāna）与后得无分别智（Pṛṣṭha- labdha- nirvikalpa-jñāna）。前者是亲证真如之智，后者是依于根本无分别智，而对诸法自性差别作如理分别之智。

到究竟位即佛位，众生成佛，悟性已臻圆满，而称圆悟性，智慧虽然亦是无分别智，但另称佛智，即一切种智（一切相智，Sarva-ākāra- jñāna；一切智智，Sarva- jña- jñāna）、一切智（Sarva- jñāna）。

四道五位之悟性与智慧，皆是修证所显、所得，可以闻、思、修三慧统摄。胜解行道相应于凡夫加行无分别智，应是闻思之慧，其中资粮位主要是闻慧，加行位主要是思慧。而余三道皆是真实智慧，当是修慧。

前述大乘佛教的道位与悟性、智慧的关系，可略见下表：

凡夫菩萨位		真实菩萨位			佛位
胜解行道		见道	修道	修道	究竟道
资粮位	加行位	见道位	修道位	修道位	究竟位
随悟性		悟性			圆悟性
信解性	胜解性	正悟性	正悟性	任悟性	圆悟性
信解力	胜解力	正悟力	正悟力	任悟力	圆悟力
加行无分别智		根本无分别智、 后得无分别智			一切种智 一切智
闻慧	思慧	修慧	修慧	修慧	修慧

第三问答

问：在经论中佛教称为内明，应该是对佛教整体的统称，即指佛教整体可视为一种学问，但佛教义学在"作为佛教本位学问、佛教自己的学问"的意义上，是否意味其仅是佛教的一部分，而非指佛教整体？

答：确实，经论把佛教整体称为内明，是将佛教整体视作一种学问，即圣道学。佛陀出世说法，建立诸乘教法，开显真实，普度众生，本质上是开示佛教为涅槃之学，引导众生去闻、思与修，自利利他，最终解脱觉悟，实现涅槃。在其中，佛教的一切，作为教法与证法，都是众生之所应学，都是众生之所应修行与证得。此意趣在大小乘经如《法华经》等中有反复宣说与阐示。论中也是如此，如《瑜伽师地论》直接将内明称为菩萨学处（Bodhisattva- śikṣā- pada）的根本一分，并摄入四种外明作为辅助。

"佛教义学"称为"佛教本位学问、佛教自己的学问"，实际也是在以佛教整体为圣道学的意义上界定的，并非仅指佛教的一部分。换言之，佛教义学的根本要求是基于佛教本位认知立场，与佛教的意义、性质相一致，当然佛教整体都满足于此，故皆可称为佛教义学。在此意义上，三藏是佛教义学，乃至后世一切佛弟子依于佛教本位所宣说、所开显、所建立的一切，都属在内。这也是广义的"义学"，即"大义学"观念。但基于佛教本位的义学开展，有不同层次，故又可有种种狭义佛教义学的区分，具体需观待因缘情况而定。

问：既然佛教整体是圣道学，所谓内明、内学、义学，若从社会角度观察，就应是一种文化，而非是一种一般意义上的宗教？

答：本质上应这么理解。在佛教史上，佛教在民俗意义上的祈福层面和圣道意义上的修证层面，是泾渭分明的。在民俗的情感与信仰层面，佛教起着世俗宗教的功能，而在认知与修行层面，却是转凡成圣的行证之学，并且，后者才是佛教的本来面目，才体现佛教的本位意义。因此，不能从基督教那样的崇拜性宗教角度去理解佛教。在此意义上，从社会角度观察，佛教更应视为一种殊特的文化，一种殊特的道学。

问：佛教作为成圣之道，体现为义学时，进入佛教研究的社会公共学问空间，与佛教学术良性并存，应是理所当然，是否可如此理解？

　　答：这是应有之义。正因为佛教是道学，才在中国佛教史上成为了传统文化的重要一支，并进入了国学的范畴。所以，佛教体现为义学，就与儒家体现为儒家学（儒学）、道家体现为道家学相似，不仅应进入佛教研究的公共学问空间，而且应该与儒家之学、道家之学一道，共同复兴作为传统文化体现的大国学。

第四章 现代佛教义学的建立与开展方式

在前文，我们界定了佛教义学与佛教学术，这一章我们主要说明佛教义学的开展方式，尤其是现代佛教义学的开展方式。其中会涉及到几个问题：一是佛教义学研究的立场，二是佛教义学研究的规范，三是前辈义学家们在现代开展佛教义学的探索，四是现代佛教义学的开展方式。这些构成了本章的主要内容。

一、佛教学术研究立场的本质、基础与原则、规范

前文已有所论及，佛教义学，或者佛教义学研究，是基于佛教本位的学问，或者，是基于佛教本位的开展和研究。但这种定义比较笼统，需要进一步明确化，变成可以使我们能够具体认知、直接把握甚至可以亲身实践的这样一个立场。在这之前，我们需要再将佛教学术研究立场的一些关键义相予以回顾，以通过具体的对比，说明佛教义学研究立场与佛教学术研究立场的基本差别。

1. 佛教学术研究立场的本质、基础及共业平台

我们已经知道，佛教学术研究立场是一般的学术立场在佛教研究中的投影，也就是说，当一般学术立场运用在以佛教为对象的研究中时，称佛教学术研究立场。这样一个佛教学术研究立场的本质、基础及其所体现的基本信念，乃至原则和规范，实际上与一般的学术立场是一致的。这里的本质，是指在佛教学术研究立场中最根本的、潜隐而不易察觉的性质，如果按照佛教观察，即是共业性。依于共业性而有所有共同性方面的建立，其中包括认识的能所共同性方面，即所认识的共同性方面和能认识的共同性方面，前者如所谓的客观世界，后者如所谓的人本经验理性。能作为学术认识立场的基础者，当然须依

于共业性建立，正是人本经验理性，或者就现今时代而言，即现代人本经验理性，也就是科学人本理性，所谓现代理性。我们知道，这是一种现代共俗理性。

依于共业性建立的现代理性，实际上又具体表现为一些基本观念，可略分为人本主义、科学主义、逻辑主义、历史主义与话语主义。[①] 理性及其所摄的五种主义，构成支撑起学术研究立场的内在层面，即基础层面，又可称基底，这是开展学术研究的认识基础。由此，才可进一步确立学术研究立场的原则与规范。

科学人本理性，既然是共业性，其作为一种认识方式，就是以虚妄分别性为本的执性，具体可以略从前述五种观念即五种主义去观察。

人本主义，即是以人为本、以人为尺度的认识与价值原则。在佛教的世界观中，包括有三界、六道以及净土，存在十方无量世界，而现今在科学意义上的世界，在佛教看来，仅是人间，而其生命，仅是人道范畴内者。所以，人的存在及体验、认识的境界本仅是人道范围和层面，前述"共业性"也仅指人间，相对三界、六道为局狭，相对进一步包括净土的十方一切世界更是如此，何况还有不可思议的出世境界。但按照现今孤取人间的科学世界观，人间上升为了整个世界，仅属人道的"共业性"及其所摄人道共同性方面，也被上升为遍一切之性。显然，人本主义有三基本含义。一者孤取人间，即人间为整个世界，除人间再无他界。二者以人为本，即以人为中心，以人的存在为最高存在。三者以人为尺度，即以人的体验、认识的境界为量准观察、判断、衡定一切。人本主义是现今文化世俗化的基石，传统文化和宗教与现今世俗文化最基本差别，一般而言，正是是否采取人本主义。

科学主义，即是以科学为唯一可靠的知识甚至真理、以科学方法为获得可靠知识甚至真理的唯一可靠方法的认识立场。这是一种以人本主义与经验实证相结合的认识立场。正是科学主义与人本主义的融

---

① 参见周贵华：《完整佛教思想导论》上编第三章第一节。

合，奠定了现代知识或者说现代学术的认识前提，所以现代理性又称科学人本理性，或者现代人本经验理性。科学主义强调一切知识的典范是科学知识，而科学知识的特质来自科学方法的可靠性，科学规律的普遍有效性，以及科学事实的可重复性、可验证性与可预测性。而极端的科学主义，称唯科学主义，将科学知识上升为唯一可靠的知识，科学规律上升为唯一正确的真理，具有强烈的排他性。

逻辑主义，即是逻辑为本、逻辑为先、逻辑为真的认识立场。逻辑主义相信，逻辑是在认识与思维过程中必须要遵守的运作程序，是保证定义、判断和推理"不失真"的必然方式。逻辑主义更强的立场甚至相信，一切事物的存在、发生与变化都根基于逻辑的内在作用，换言之，都源自逻辑的存在与展开。现代知识的获得乃至整个学术体制的建立和运作离不开逻辑主义的强大影响。

历史主义，即是以人本主义、科学主义和逻辑主义将世界及其人物、事件看作前后关联开展的事实和意义过程的认识立场。在历史主义对历史的解释中，完全排除了神创或者神干预历史进程、也排除了圣者出世引导教化的可能，而是诉诸于世俗的人类在理性、感情与意志以及偶然性、必然性等因素间的复杂纠葛。

话语主义，又称言说主义，即是认为真理，或者事实，或者一切意义，都是在言说的呈现中、在话语的流动中产生或交流的认识立场。离开言说的呈现与话语的流动，一切都是虚无缥缈的。甚至话语、语言不仅是表达、传递的基本工具，而且是存在本身的居所。

人本主义、科学主义、逻辑主义、历史主义、话语主义构成了基于人道共业意义上的现代人本经验理性的五种基本观念，这五种观念在科学人本文化的普世化传播中，又成为大众普遍信奉的五种信念。这些观念作为共业性信念，或者本来隐伏于心，或者早已潜移默化，牢固地占据了大众的思维，被视为本来如此，所谓理所当然、天经地义，似乎唯有如此去认识、思维与判断，才能视为人，所以称"主义"。但实际从佛教角度看，人道仅是三界六道中的一道，所谓的人本主义也仅是人道的时代共业的一种体现而已，也就是说，仅是人道的一个时代比较普遍的信念而已，并没有那种本然性、普遍性。比如，我们知道，人本主义在天道就失效了，因为共业不同了，如果有主义，那也应该称"天本主义"。科学，作为人道共业的反映，也仅对人道成立，在天道中也是失效的。佛教告诉我们，天道那些天神神通很大，一抬腿就到了别处，一动念就到了人间，无需遵从在人间似乎牢不可破、无处不在、屡试不爽的科学规律。因为，天道的共业不同，与人道共业相应的种种科学不再成立。逻辑实际也仅是人道共业的体现，并不具有普适性，不能推广到三界其他道或者出世境界。历史主义依存于人本主义、科学主义、逻辑主义，显然也不具普适性。话语主义也是如此，毕竟语言主要是人道的交流媒介，更不能用于出世境界的表达和传递。事实是，当我们被共业牵引而被抛在这样一种人道存在状态时，也被这样一种存在状态所系缚，包括认识和思维如同被"囚"在这里，我们会认为人本主义等这样一些观念及其体现的现代理性天经地义就应该如此，而难以意识也就难以接受其实这些仅是现今时代人道共业的体现而已这个真相。

在前文已经从西方两千多年的学术发展阐显了现代人本经验理性的成熟过程，今又从佛教角度略说了现代人本经验理性的本质，目的在于进一步揭示建立在其上的佛教学术立场的本来面目，以作正确理解佛教义学的性质与意义的至关重要的对照。正因为佛弟子大多以为现代人本经验理性是本应如此的，就直接予以接受而缺乏反思，对其作为共业性和执性（虚妄分别性）的本质没有如实了知，无法区分佛教学术与佛教义学，致使现今佛教义学的复兴迟迟未能实现。唯有认清现代人本经验理性及其所体现出的那些基本信念并非如大众所信奉的那样天经地义，佛弟子才会对世间以学术为代表的一切学问予以反思，才会重新考察佛教学问的构成，进而确立佛教义学作为佛教本位学问的性质定位，否则，本已极为脆弱的佛教义学乃至佛教全体的地位将会更为脆弱，合法性将更为可疑，而需要更为艰难的自我辩护。这样就会出现一幅荒诞的图像：一个佛弟子，本应以三皈依为依止，却不加反思地直接接受现代共俗理性这样一种共业信念为认识立场，而将佛教本位信念置于可信性不足而需要自我辩护的一方。佛弟子普遍丧失信仰自信，根本在于对这种共俗理性的本来面目缺乏如实认识。皈信的发生，表明善根已经成熟，具有了初步正见，此时首先应该对世间性和世间见予以反思，尤其是带有普世性色彩之见，如现代理性乃至学术之类公器性学问，由此才可能进一步认清世间一切的本质，即共业性和执性，最终真正回归佛教的出世性和悟性本质。

我们知道，凡基础都是隐藏着而发生支撑作用者，前述的现代人本经验理性及其所摄的基本信念构成了这样的基础。这个基础决定了相应的认识立场，体现为世界观、认识论、价值观、方法论等诸多方面，实际是用于观察、认识、思维、判断的方式、依据、标准、方法。这样一个认识立场，是以人本经验理性为根本的，可称为理性平台，又由于是共业性的，可称共业平台。按照这个角度观察，依于现代人本经验理性建立的学术研究立场正是一个共业平台，是人道共业感现的，反映了人道共业的一些基本方面，包括了一整套特定的世界观、认识论、价值观、方法论的设定。因此，但凡公共性、共同性，也就是一般所谓的普遍性、规律性，都依于这个共业平台成立。简而言之，共业平台作为认识和价值平台，以共业性和执性为本质，构成现代学术研究立场。这是佛弟子必须清醒了知的。

2. 佛教学术研究的原则和规范

根据共业平台这个基础，就建立了开展学术研究的原则和规范，以作为学术研究的指导精神和具体要求。其中，原则属于抽象方面，规范属于具体方面。学术研究原则在前文已经有论说，即客观性、中立性、公共性、真实性。学术以客观性、价值中立性、公共性诉求为开展研究的前提，在这个基础上再以真实性诉求为要求研究结果成为公共知识的基本标准，由此成立的知识当然是通过学术共同体审查与许可保证的。这些原则本质上都与公共性诉求关联，所以人道共业性的特征极为明显。

这些原则是学术追求的理想，也是学术在具体研究中要求采取的指导准则，一般所说的学术精神也正是在其中直接体现出来。因此，这些原则所摄的学术研究立场，也带有公共性色彩，被尊为"普世性"不难理解。但这些原则并非超然的性质特征，仍属于价值诉求，所以其所说明的学术研究立场的"普世性"实际上仅是表观性的，本质上不外乎一种人类在现代依于共业性而取得的在压倒性多数意义上的共识。换言之，这种普世性、理所当然性色彩，实际上是共业平台所体现出来的，并非真理性、普遍性之物，如前文所述，仅是在现今大众共识性最高的一种认识和价值的立场设定而已，而这样貌似"普世性"的立场设定在不同文化背景下完全是可以不同的。

一旦认识到这四个原则，作为四种趣求，并非客观、普遍性的超然特征，而是在共业意义上的价值诉求，即价值设定，就不会再执著它们所限定的学术立场为货真价实的一切研究或者一切学问的公器、公正无偏的立场。在将貌似"客观"的学术研究立场，还原为一种隐蔽的价值立场后，才能最终看清其本质上是特定时代的人道共业的一种反映，而建立在共业平台上。在此意义上，我们可以真正看到学术研究立场基于客观、中立性上的超越性色彩及基于公共性上的公正性色彩的表观性，真正看到其世俗性，真正看到其通过世俗价值观、世俗世界观、世俗认识论、世俗方法论所表现的认识方式的执性面目。

依于共业平台，在前述原则的约束下，学术研究立场就会具体化为学术研究规范。规范是持守现代理性同时认可这些原则的学术共同体对学术研究建立的一些具体操作规则、标准与方法，任何从事学术研究者都需遵守。当然学术规范有一般性质者，也有每一学术研究团体自己附加的特殊规范，但具有普遍性规范意义的是一般规范。不过，现今看到的具体学术规范常常把体现现代理性和学术原则的较为抽象的部分作为自明的省略了。

一般而言，学术研究规范大致包括几个方面：一者内容方面，包括前提、事实、引述、推理、论证、议论、结论、创新等；二者方式方法方面，涉及研究路径、研究操作（如资料包括事实、数据等获取）、叙述与论说、引注等方式方法；三者道德方面，涉及到研究的一切方面，都有公共道德的约束要求，如不能剽窃、不能作假、方法与目的不能伤害他人等；四者审查与监督方面，涉及到知识共同体的审查、监督以及社会大众的监督等。此处不再展开讨论，毕竟学术规范很多已成学术界的常识。

由于学术规范体现了现代理性的基本方面，体现了学术原则要求的学术精神，所以成熟的学术研究者都是以熟悉、严格遵守和熟练运用这些规范为研究前提的，甚至学术规范通过贯彻现代理性信念和学术原则信念成为培养合格学术研究者的基本手段。总之，学术规范对于维护与建设学术的知识体制，对于现代理性信念的广泛传播起到了重要作用。

至此可以做一结论，即佛教学术研究，作为以佛教为对象的学术研究，无疑与佛教有所结缘，但在本质上仍是依于共业平台建立的，其所谓的"普世性"实际就是"共俗性"，体现了时代人道内在的共业性，而且从认识角度看，是以人本经验理性为体，反映了现代人道众生的普遍执性。在此意义上，将佛教学术研究立场归为共俗性的现代人本经验理性为本的认识立场，应该是一个恰当的概括。

二、佛教义学研究立场的本质、基础与原则、规范

本节说明佛教义学的立场。通过前文对学术研究与佛教学术研究的分析，我们对其性质已经有所了知，也进行了一些反思。佛教义学研究也同样可以按照本质、基础、原则和规范的范畴说明，以与佛教学术研究作比较与抉择。

1. 佛教义学研究立场的本质、基础及善根平台

在佛教义学研究立场中，所谓本质，即是指善根性。善根，即随顺、相应于无上涅槃性的善因，一切众生和佛皆有。佛已经超越于世间，超越于六道众生，所以不再是众生。凡没有成佛者都是众生，或者说称有情，其中有凡夫，有因位圣者。尚未走上修行之路的众生，

其身口意皆是基于、相应于、随顺于生死流转的，称轮回凡夫。而走上修行之路者，开始逆转生死轮回，趋向解脱觉悟，称修行凡夫。因位圣者，即尚未成佛的圣者，包括解脱道阿罗汉系统的圣者、独觉系统的圣者，以及菩提道菩萨系统的圣者。果位圣者唯有佛陀，其他都是因位圣者。在此意义上，众生的善根所摄特别宽，除了佛的善根，所有众生包括因位圣者的善根都包含在内。众生善根层次差别甚多，都不圆满，尚可增长。只有佛的善根是圆满的，不再有所增长。

所有的善根都相关联，而具体的关联关系是，凡夫善根随顺于圣者善根，因位圣者善根随顺并相应于佛陀善根，所以佛陀善根能摄一切众生善根。这是善性之间内在的相互关联，可称相应性。善根之间内在的相互关联，是佛教的自度度他发生的基础。如果没有这种关联，没有这种相应性，佛不可能度化众生，众生也不可能接受佛陀的度化，即一切度化和学修都不可能发生。

善根性或者说善性是佛教一切行即身口意的本质，佛教义学研究立场也不可能例外。由此可知，善根性的种种不同决定了相应佛教义学开展在神圣性上的差别。佛陀的善根圆满，其所说法即是神圣性最高的佛教义学，称经教，又称圣教量；因位圣者的善根虽是无漏但不圆满，所说法作为佛教义学的神圣性渐次有差，称论说，称准圣教量；最后是修行凡夫的善根，属有漏善，所作佛教义学神圣性最低，也称论说，称随圣教量。这样，全体佛教义学具有教乘、宗、随宗层次，构成神圣性依次递减的次第。其中，佛陀所说作为圣教，开显了诸乘之道，称"教乘"；因位圣者所说，是依止、随顺与相应于佛陀教乘的阐显和发扬，称"宗"；凡夫善知识远依止与随顺佛陀教乘，近随顺与依止因位圣者之宗，而有所阐释和发扬，称"随宗"。

同时，全体佛教义学可分为佛陀的义学以及佛弟子（即凡夫修行者和因位圣者）的义学。佛陀的义学当然是纯粹教位的，而一切佛弟子的义学从根本上而言是学位的。就一般佛教义学而言，是以佛陀的教说为所依开展，所以其范畴限定于作为众生的佛弟子所作的范围。在此意义上，我们一般所说的佛教义学，是指一切凡圣佛弟子所开展者，不包括佛陀所说。从所依善根的关系看，佛所说教乘是圆满善根相应，而佛弟子所说宗、随宗，作为一般义学范畴，是不同层次的非圆满善根相应。

可以再进一步分析一下善根问题。善根的层次众多，但略说有三，即共所依、发生因与基本善法善根：

一者共所依善根。这是最根本的善根，即佛性如来藏。佛性如来藏一切众生与佛（一切凡圣）皆本具，故在因上众生和佛平等平等，但在果上有差别，众生尚未显现或者尚未全然显现出来，而佛陀已全然显现。也就是说，若佛性如来藏被遮蔽或有所遮蔽者是众生，而全然显现者是佛。

二者发生因善根。依于佛性如来藏，有第二层善根的建立，即种子或者种姓善根。就任一众生而言，其一切善种子构成了一个善因的势力，这个势力就是善根。这个善根层次在因上是针对发生因即亲因建立的，不同于佛性如来藏作为善根是在所依因意义上而言的。即善种子可与现行善法构成直接的因果关系，而以佛性如来藏则不能。但可以这样说，依于佛性如来藏，善种子能产生现行善法。

三者基本善法善根。当然，善根也可以是现行善法，比如说无贪、无嗔、无痴，常被称为三善根。这是第三层面的善根。在此意义上所谈的善根，是因其在生起善法方面具有特别重要的增上作用而言的。

但我们这里谈的善根主要指潜在的层面，即佛性如来藏与善种子层面，尤其是后者，盖因善种子更具直接的发生性作用，或者更准确地说，是以善种子为主，而进一步摄佛性如来藏，由此构成本文所说的善根。在善种子意义上，修行凡夫是有漏善种子直接发生作用，因位圣者无漏善种子也开始直接发挥作用，而佛唯无漏善种子直接发挥作用。在这所有情况下，都要依于佛性如来藏进行。总的来看，就佛性如来藏而言，众生和佛的善根平等平等，但就善种子而言，凡夫和圣者、因位圣者和果位圣者（佛）的善根存在差别，但具有内在关联性，所以众生能彼此对对方善法的产生起到增上作用，而佛善根能摄受并加持一切众生善根，由此，一切善根相应而存在。当然，相应的程度随善根本身的强弱是有差别的。

　　一切善根之间的内在关联性，即相应性，反映在种子层面，即缘起的意义上，整体都是彼此相互增上，是"联网"的。换言之，善种子作为善根绝对不是孤立的存在，众生的善根与诸佛的善根关联在一起，众生之间的善根也是如此，形成一个内在的最大"互联网"，因为一切众生都具善根。其中尤其要注意，任何凡夫，包括凡夫佛弟子，其有漏善也绝对不是孤立的，一定是与诸佛菩萨的无漏善关联在一起的。我们知道，在华严境界里，一切事物相即相入地相互关联，不仅显现出来的事物相关联，而且因上实际也关联在一起，尤其是内在善根的关联最为紧密，毕竟显现出来的关联是根于内在因上的关联。而相即相入的"重重无尽"境界，作为最大的互联网，即因陀罗网，不论在所缘起法还是在因上都相互关联在一起，而成一个关联的整体。所以，善从来就不是孤立的，一定是在一个善的关联体当中，也一定是在一个度化和学修的系统中存在着。换言之，没有一个众生不受佛菩萨摄受，任何凡夫的善实际上时刻都通过这种关联性由佛菩萨的善在加持。这种关联正是不可思议的"缘起甚深"，也正因此关联，才有佛陀出世普度众生的"大事因缘"。

　　全体善根的关联，使其所产生的所有的善法也关联起来，而成善的网络。在这个善的网络中，从认识角度而言，有一些普遍性的认识方式，形成了佛教本位性认识立场，即悟性及其认识形式，可称认知平台，又由于皆产生于善根层面，所以可称为善根平台。悟性（摄随悟性），在前文已述，即能如实认识一切实相的能力，直接表现为智慧。悟性之相有无执性（即无分别性）、对治性、与真实相应性、与善相应性、与涅槃相应性等。

　　由悟性及其认识形式构成的善根平台，作为在佛教本位意义上普遍许可的认识立场，既是佛教本位的认识能力和方式，也是佛教本位认识的根据、标准和方法，而摄佛教本位的价值立场。佛教义学从根本上是建立在佛和众生的这样一种善根关联网上，而其开展与研究是直接依于善根平台进行的。依于善根平台，可建立佛教义学研究的原则和规范，其中原则较为宏观，规范较为具体，皆是用于开展佛教义学的指导。

2. 佛教义学研究和开展的原则

佛教义学开展和研究的原则可略分为四，即顺应、随融、善许、如量性，而此四原则在前文从不同角度曾以融入、从量、普共、实相性有所论说。这些原则恰恰是与前面已述的佛教学术研究的四原则即客观、中立、公共、真实性相待、相对的。下面以佛陀经教为研究对象略加讨论：

第一原则是顺应。在佛教学术研究中，要求价值中立，不能在研究中带入价值偏好和既有成见。但佛教的义学研究，恰要以正信去归依佛陀教法，及以发心去随应佛陀普度众生的本怀与众生的发心。这就是顺应。顺应略有三义：

一是归依佛陀的教法。佛教义学是基于佛教本位的学问，所谓佛教的本位学问，也就是依于佛教本位认知立场的学问。可知，开展佛教义学的第一要求，即前提，是确立佛教本位。这实际是要求研究者在研究过程中，明确自己的佛弟子身位，并确保自己正处于正信状态。正信意味对三宝的归依，以佛、法、僧为宝，确信三宝是实、具德、有能，而这种确信不能被其他引转。在根本上而言，这是要确信在世间法层面上，还有超越的出世间法，而后者最初是佛陀教说在开显与诠说。所以，佛教义学研究者要以归依佛陀的经教为开展佛教义学研究的前提。在此意义上，不可能要求价值中立，否则就没有佛教义学。

二是随应佛陀的本怀。佛教义学的开展是为了利益安乐众生，而在这方面，佛陀是至高无上、无可比拟的榜样。在此意义上，佛教义学当随顺与相应于佛陀本怀进行开展。何谓佛陀本怀？在《法华经》中有明确答案，即诸佛世尊唯依一大事因缘故出现于世，所谓"开、示、悟、入"——是要向一切众生开显与示现诸法实相、佛之知见及境界；是要引导一切众生证悟诸法实相、佛之知见及境界；是要引导一切众生进入这样的成佛之道——概言之：佛陀出世说法，是为普度一切众生最终成佛。这就是佛的本怀，从而也是整个佛教的最高指导原则。佛陀以这一大事因缘出现以后，依于这样一个完整本怀开显了佛教的本来面目，佛教才有了菩提道教学的开展，即度化与修学的开展。换言之，度化是教的一面，修学是学的一面，以这两个维度相应才构成了佛教。佛教义学作为佛教教学的开展，当然也是随顺与相应佛陀本怀的体现。

三是随应众生的发心。佛教义学可分为两个开展层面，一是内在的研究，二是面向众生的言说表达。内在的研究是佛教义学开展的内在层面，即深入经教，包括义理、意趣等；面向众生的言说表达，是以学问的方式利益、安乐众生，而非自娱自乐的戏论。当然，这两个向度是互摄的，一个一定含有另一个，只是有强调哪一方面的差别而已。在两个向度中，尤其对于面向众生的言说表达这一方面，需要随应所要化度的广大众生的发心。整个佛教义学研究的本质是善根性，而且面向众生的度化也是要观待所度化众生的善根性的。一切善法都依于善根产生，但在其中众生的发心极为关键。正是因有了发心，众生才真正走上学修之路，开始修集一切善法。善根是隐伏的，而发心较为显表。众生善根成熟，通过皈依、发心显发出来。众生善根不成熟，就不会真正皈依、发心，甚至可能根本不知道自己有善根，还与佛教敌对呢。所以观待众生善根而行度化时，一般以观待众生的发心为首，以此摄众生的善根因缘，包括皈依等。这样，观待众生善根，就转为随顺与相应众生的发心。

当然，不论佛陀说法，还是佛弟子开展义学，都是为了普度众生。所度化众生虽然是以善根成熟者（即发心众生，所谓修行众生）为主，但并不是对轮回凡夫不闻不问。人天乘法就是佛陀针对未发出离心、未发菩提心的轮回凡夫所说，虽然在经教中是散见，但也是确有此乘、此道、此法。佛弟子开展义学时，通过对人天乘法的组织与阐发，以及采一分佛陀圣道乘法，去善巧摄受与引导轮回众生，都属于对未发心凡夫的度化。

第二原则是随融。佛教学术研究的客观性诉求，要求在学术研究过程中研究者与研究对象保持距离以保证研究对象的客观化。但这在佛教义学研究中恰恰是不允许的。佛教义学研究作为闻思修的开展，要求消解研究者和研究对象的所谓"客观"距离，而融入其中，即依据"如是我闻""信受奉行"这种方式进入经教中。这一定是需要与经教打成一片，也就是随顺经教对象而融入，即随融。经教作为能诠的言说，有其直接所诠之理。"随融"意味要通过经教言说去把握教理。但这个过程是以经教的如闻信受为前提的，即以随融入经教言说摄随融入教理。经教来自佛陀的"金口玉言"，是"如是我闻"而来，具有最高的神圣性和最纯正的正法性，所以是依教摄理，而非依理摄教。传统中国佛教以"理长为宗"，特别重理，而不注重教，所谓认"理"不认"人"。结果，佛陀慢慢被疏远，最终就被遗忘了。世间也有理，就是哲学。在末法时期善根浇薄的情况下，唯重理不重教，极易误入将佛理执为哲学的迷途。但如果注重教，以教作为依止，由此而入于理，就不容易堕入那样的迷途。总之，按照佛教本位，要如实把握经教，需零距离以融入其中，否则会止于隔靴搔痒，甚至会曲解为多。

对经教的随融不仅有依教、依理的层面，而且有更深的依意层面，即有三层次，也就是依教说、依义理与依意趣而随融。依教说和依教义教理，对象比较明确，贯彻起来相对直接。但是依意趣不同，经教的意趣经常是隐藏着的，并没有直接显现在前。这需要真正融入经教才能悟得。以大乘佛教为例。大乘佛教有了义不了义之说，比如唯识学会说第三时教的瑜伽行经教是了义的，阿含经教作为第一时教和般若经教作为第二时教都是不了义的。盖因佛陀真正要表达的意趣，佛陀的完整的意趣，只显露了一部分，大部分是隐藏起来的，要有一定的悟性才能与其相应，才能获得解悟。每一个宗派基本上都有一个了义不了义这样的判教系统，中国宗派尤其强调这方面。比如天台宗根据《法华经》以及龙树诸论，建立圆教的判教系统，如五时八教，在中国化佛教中率先建立了完整的判教理论，后来中国化佛教的判教大多参考于此，如华严宗。在天台宗的判教中，实际上建立了一个了义不了义的层次系统，以《法华经》所说最了义，其他经教的了义程度等而下之，本质上都是不了义。换言之，天台宗认为，佛陀以《法华经》开显一乘教和诸法实相之义，最为显了、圆满，其他经教都是隐含的，很多东西都没说破，只直接开显了一部分。

实际了义不了义的判定原则在经教中唯《解深密经》所说最直接、明确。了义之教是显明、决定、无余地开显诸法真实（诸法实相）之教，谓第三时教，代表为瑜伽行教；非了义之教是点到为止，没有充分开显诸法真实，谓第一时教阿含教与第二时教般若教。非了义教开显真实，如同海中冰山只露出一角，其他尚隐藏在水面下，如果完全按照字面上去解读，可能就误入歧途了。比如般若教，容易读成一个偏空的顽空见。本来般若教既讲空，即遣除，同时也讲，以隐含的方式，以隐秘相的方式，最高的真实，所以有两个向度。如果一旦把它平面化地理解为整个都是遮，就陷入了顽空见的理解。这是经常易犯的错误。按照《解深密经》，第三时教为显了教，第二时教为隐密教，即以隐密相转正法轮，但如果其仅是一个大拒绝、大批判，那相当于只说了要遣除的所执，而没有涉及到真实。如果真实完全没有涉及，那我们就要问：隐密相在哪里呢？显然偏空这种理解是单面化了。真正正确的理解是要注意以隐秘相转正法轮的意趣，意为，所有的真实实际上在般若教里都涉及到了，都是有的，只不过隐含在其中，没有显明说出而已。所以需要我们以随顺意趣的方式，深入其中，把它开显出来，即不能以执著的方式依言直诠，而要以悟性去把握其隐密义。换言之，般若教谈空，非是偏空，而是甚深空，所谓空亦复空。其中甚深空就给第三时教所说的胜义真如留下了空间，以非直了的方式有所显示，从而超越了平面的、片面的大否定。

所以，要趣入圣教的意趣，就比依教依理困难。依教依理都是明确表达出来的，比如我们读《阿含经》，直接就知道那种种教及其所显义理，如四谛、十二因缘、三科等。这些教、理容易了解，但是意趣不容易深入。比如，有的人就认为《阿含经》还有法执，原因何在？

因为《阿含经》讲无我，或者无我、无我所，而这个我是补特伽罗我，遂认为没有讲诸法无自性，就是有法执。当然这是错误的。凡佛陀所说法都从其智慧海流出，没有执，只不过佛陀讲某种法如阿含经教，常常只是直接开显了某一层面的真实，只是应机有所开显，点到为止而已。佛陀没有直接说破除法执，并不意味有法执，佛陀是无执的。故阿含经教不直接讲法无我，没有法执；人天乘教不直接讲二无我，没有补特伽罗我执，也没有法执。阿含经教实际上也是以隐秘相转正法轮，暗含着对法执的破除，如果仔细去读、去深思就可知道。总之，既然阿含经教是以隐秘相转正法轮，虽然没有显了地说出来，但是也不能单面化地认为那里面没讲破法执的问题，只不过确实没有直接显明，唯见有时随缘点出一二。

毕竟一切法是方便，故意趣是甚深的。我们说佛法甚深，凡佛陀所说法都甚深，直显法如是，非直显法更如是。但永远是隐藏的意趣更甚深，包括任何了义教，其实都还不了义。因为真正的真实，并不是以言教所能把握的。第三时教是了义，但是能认为第三时教直接就是真理吗？当然不是，究竟真理是超言绝相的，即离分别、离言说、离诸相。要是认为言说体系能把握真理，那就跟外道一样了。外道多取话语主义，依名执义，但话语是一种共业感引的、有执的表达方式，无法直接诠显诸法实相。真正能直接开显真实的是智慧。

由于意趣具有隐密性，所以悟入圣教意趣这一层次，是我们在开展佛教义学时，尤其要注意的。把握经教，言教及其所诠理要相应，真正要表达的意趣更要契入。比如我们在正闻熏习般若教时，要知般若教谈空，并不是让我们停在大拒绝上，而是要引导我们悟入真正的诸法实相，而诸法实相正是要从甚深意趣的层面才能悟入。

第三原则是善许。在佛教学术研究中，研究成果要经佛教学术共同体的共同验证而得认可。佛教义学研究在形式上与此相似，但给予公共验许的是佛教义学共同体，而非佛教学术共同体。既然佛教义学是依于闻思修所成，用于度化广大众生，并非趣求名利的饰文、虚假颠倒的妄言、自娱自乐的戏论，就必然要有善知识群体作为佛教义学共同体的共同认可，即如法共许。这种共同认可的本质，是研究者善根与诸善知识善根之间的相摄、相应，由此，善知识们能够基于佛教本位对已完成的佛教义学研究与开展的成果做出验证与承许，所以可称"善许"。这相当于在佛教义学共同体中获得一种公共性意义上的承认，是与善根平台在善性上一致而获得的一种正面肯定。

这一原则是在善义善用的意趣上的公共性诉求，要求具有公共性意义上的判定，而这种"公共性"来自善根平台中善根间的相摄、相应。换言之，共许原则实际是告诉我们，虽然佛教本质上是基于善根及其悟性的自证自悟，但佛教义学作为面对众生的表达方式，是用于普遍度他的，也应有公共性要求，应满足善根平台意义上的公共性标准。佛教义学在开展中，存在众多善知识，他们由于内在善根的相互关联，实际上就是一种善知识共同体，故当他们面对佛教义学成果时，也就成为佛教义学共同体，而可对佛教义学成果给予公共性验许。像过去佛教结集，有众多阿罗汉会集，有无数菩萨会集，他们就是当时最权威的善知识共同体，也就是最权威的佛教义学共同体，依于他们才结集出经藏、律藏，以及论藏，佛教义学的典范就这样出世。

随着去佛时遥，佛教义学共同体出现有种种层次之别，如圣者善知识集合、凡圣善知识集合、凡夫善知识集合，等等。但在末法时期，佛教义学共同体中，一般不会有显相的圣者出现，唯现凡夫善知识的集合。而且，在末法时期，真正的佛教义学著述出现，一般不容易得到如法共许。因为佛教义学共同体难以建立，而多是相似佛教义学共同体或者非佛教义学学问共同体存在。

第四原则是如量。佛教学术研究有真实性诉求，佛教义学毕竟是要开显真实，所以也有真实性诉求，即如实性，亦可称如量性。如量是何义？先说量（Pramāṇa）。佛教的真实常称量。量有来源、依据、标准、真实（真理）、方法等义。比如，略说有三种量，即圣教量（圣言量、正教量、至教量等）、现量（Pratyakṣa- pramāṇa）及比量（Anumāna- pramāṇa）。现量是圣者真智（无分别智）所证，是如实、直接现前的境界。圣教量是佛圆满证得现量后，依于所证境界所安立的言教；由于此言教可方便开显真实，并善巧引导众生趣向真实，在一切言说中最胜，所以也称量，是以圣教为量。比量是依据现量与圣教量进行推理所成的判断；由于此判断随顺此二量，亦称为量。三种量中，只有现量是在亲证意义上建立的，所以是真正之量、根本之量，而圣教量、比量则是依于现量的安立。佛圆满证得现量，且唯有现量，但可为众生示现圣教量与比量；因位圣者皆具三量；凡夫众生未得现量，唯有圣教量与比量。既然称真实性为量，若要体现真实性，就可以称如量。在此意义上，如量性，可以是量本身，也可以是对量的随顺，也可以是与量的相应。

在三量中，佛教义学真正所依之量，是现量与圣教量，而比量派生于此二量，不计入所依量中。初发心的凡夫修行者以正闻熏习为入佛道之门，他们所直接依止之量，是圣教量。现量虽最为根本，但凡夫修行者尚未证得，只能通过圣教量去信受与远依。在此意义上，他们虽然要以现量和圣教量为成立真实的基本依据，但要将圣教量放在现量的前面，以圣教量为本。这不同于因位圣者。诸因位圣者已经以现量为本了。

就凡夫义学研究者（凡夫修行者）而言，佛教义学在内容上的真理性、如实性，是直接随顺、相应于圣教量而得，即要依于佛陀圣教说有说无，如有三界，有六道，有轮回，有净土，有神通，有真如，有般若智慧，有解脱，有觉悟，有涅槃，有阿罗汉，有独觉，有菩萨，有佛等等，如无补特伽罗我，无法我，无自性，无相，无住，无所得，空等等。但这些不共的佛教事实恰恰是世间的共业平台所不能显现也就不能证实的，所以在那里会遭到质疑，乃至否定，唯有在佛教义学共同体的善根平台上通过圣教量，才可得到许可。由此可知，佛教义学的如量性，作为真实性，必须直接与圣教量关联起来，否则无法得到如法判定。

前述四个原则构成了佛教义学的基本原则，要在研究的开展过程中得到整体的贯彻，否则，违背其中任何一个原则都会偏离佛教义学作为佛教本位学问的性质和意义。

3. 佛教义学研究和开展的规范

在从事佛教义学时，应该如何具体开展，即在立场、方法上有哪些具体要求必须遵守？这就需确立规范。规范即是具体从事义学应满足的一些规则。下面略分为九条来概括佛教义学开展的规范（以大乘佛教义学为例）：

第一是发趣规范。何为发趣？即是善根成熟以后的皈依和发心。只有皈依了佛教，而且发心要自度度他，或者说要立志修学行持佛法普度众生者，才能成为义学者。原因在于，开展佛教本位性的学问，须坚守佛教义学研究的立场，而这个立场就要通过皈依发心来树立。在此意义上，将发趣规范放在第一位。既然是规范，就有约束性，须在研究与开展过程中时时用来衡量：自己是不是真正贯彻了皈依、发心？故发趣规范也就成为发起佛教义学研究的前提。

第二是正见规范。正见规范，即在皈依、发心的前提下，须要有基本的正见。首先须知，佛教义学与世间学问在性质上完全不同，指向的是解脱、觉悟与涅槃，而世间之学，不论什么形态，都是随顺生死流转的，相应于生死流转的。世间关于佛教的学问很多，比如在世间种种派、种种思想体系里，都有针对佛教的方面，其中一些也可以认为是在研究佛教，但都属于世间学。即便是跳出一切传统宗教和思想体系的现代学术，被视为最公共的知识获得方式，其对佛教的研究，即佛教学术，在前文已反复强调，也是属于世间学。所以要在学术代表的世间学和佛教义学代表的出世间学之间划界，不能混淆。其次，须对世间学进行批判性抉择。仅在佛教义学和包括佛教学术的世间学之间划界还不够，毕竟这是空洞的。还应知道，世间学的本质为何？也就是说，世间学在本质上不同于佛教自身的学问之处为何？一般会认为，佛教的学问是无我之学，世间的学问是有我之学，云云。即使如此，也仅是落实了一个层面，还要继续落实。换言之，仅是抽象的落实不够，还需要具体的落实，即是针对世间涌现的各种代表性学问，要认识到它们为何是世间学问。比如针对儒学、道家等，针对印度教、基督教、伊斯兰教等，针对哲学、科学、逻辑学等，要了知为什么它们是世间学问？尤其是世间共学，如佛教中所列外明，即语言学（声明）、医学（医方明）、科学技术（工巧明）、逻辑学（因明）等，它们为何仍是世间学？须要抉择清楚，它们之所以为世间学，本质何在？小乘佛教，以及大乘佛教，也采用言说形态，同世间学相似，他们为何是出世间学？而人天乘教又如何定位，为何是摄在了出世间学中，而非世间学中？这些都要深入思考，明确无疑。这就是说，真正要做一个义学者，需要在见上有一些基本功。

正见规范，也是硬性的要求。缺乏基本正见，就做不了义学，因为无法抉择，无法了知自己所从事的佛教研究是否符合佛教义学性质。即使是对第一个规范，即发趣规范，也不知道自己的表达是不是符合皈依和发心，可能违背了还以为是一致的。

第三是摄取规范。所谓摄取规范是指，从事佛教义学，对凡夫义学者而言，并不是随便表达自己已有的见解，这些大多都是世间成见，即过去形成的世间见，需要按照佛教本位立场予以反思、对照与弃舍，所以须将佛菩萨等善知识的经论，用作重新思考和表达的基础，有的是直接的引用，有的是教理的阐明，有的是意趣的显发，有的是系统梳理，有的是重新组织，等等，这些都是摄取。但参考、引述的一般都是善知识的著述，以作为支撑要素来建构义学论述。尤其是凡夫义学者，没有真智，善知识的著述尤其是圣者的经论在其写作的背景中要有最重要的支撑作用，以保证佛教义学性质。

另外，在摄取中，会摄用世间一些学问的内容，以为方便，世间共学性质的外明声明、医方明、因明，还有工巧明，是最常摄用的。但如何摄用须有原则。须对世间的学问，不论什么学问，消除其本位意义，也就是其特定的世界观、价值观、真理观等。在世间学的本位意义被抽掉后，变成纯工具，则用其外壳、用其形式，来方便说明或支持佛教的内容，目的是对一切众生起到善巧引导作用。所以在摄取世间学时，不能将其本位意义一并摄用。比如在将科学内容用在佛教中时，不能按照科学本位的方式在佛教里表达，因为那样表达的是科学，而非佛教。科学是以世间人道的共业性来表达的，一旦未加"洗净"直接纳入佛教，所成就是世间学，所谓佛教文化，而不是佛教义学，不是佛教正法。又如语言也是世间的共业性产物，但语言学中，有其自己的价值论、本体论等设定，当用语言表达佛教时，须将语言的本位性意义抽掉，完全工具化后，才能用于表达佛教（所以经常强调佛教安立的一切都是方便；佛教真理在言说、分别之外，所谓言语道断、心行处灭）；凡世间共学都须如此。

所以在摄取世间学时，消解所摄取的对象的本来意义而予以工具化最为关键，是真正摄用的前提。不允许做整体的移植或者部分的移植，因为移植属于原封不动地移入，价值伦和本体论等设定保持了下来。否则，意味佛教在认知上并非圆满，而是有所缺失，需要世间学来补充。也不能采用融通的方式，这意味世间学在认知上与佛教平齐，可以等量齐观。

还有重要的一点，在摄取世间学时，一般摄取的是世间共学，原因在于共学的杂染性相对小一些。比如医方明、工巧明、声明，它们作为世间共学，体现的是人道共同的一些性质，并没有强烈的恶法色彩和倾向，对众生之心染污性较小。所以当要抽掉它们的本位意义以摄用于佛教时，虽然须"消毒""净化"，但所做功夫可以少些。（不过，摄用世间共学时如果不注意善巧处理，其"客观知识"色彩可能会潜移默化地影响研究者或者读者的佛教本位认知立场，而不察知，所以亦需慎重。）如果摄用某种恶性较显、认知较邪的外学，则相当麻烦，它本身属于邪道，而且染污性较强，对佛教本来破坏性就大，所以将其摄用过来，难以"消毒""净化"，甚至还会不断直接污染佛教性质和研究者的佛教本位立场。

也不能随便摄用与佛教显得相近的外学，比如印度教、道家等。如果摄用相似的道家，人们会将道家与佛教的相似之理混淆，引起误读；而且因为道家更容易被人接受，人们愿意相信道家比佛教更易理解、更为合理，而弃舍佛教。如果要讲佛教的真如或者如来藏与诸法的关系，一旦引了道家的"无而生有"之理来说明，今后大多可能会将佛教理解为道家的那种道理模式，即"无名而有名"，然后"道生一，一生二，乃至三生万物"。这样，佛教就从出世道堕落为了高级世间道了。正因为很像佛教，才尤其不要随便去援引它们。低级外学与佛教差异较大，容易区分，但与佛教相似的外学，以及一切高级外学，佛陀高度重视，一直以对治、抉择的方式来划界。所以我们见到道家、印度教等就要划界，就要对照、抉择，否则最后做出的研究就与印度教、道家等相混淆了。事实上不少人把道家、印度教与禅宗、如来藏学相比，相混淆。比如奥修就是典型，他本身实际是印度教徒，但自认为除通印度教外，又通禅宗、道家，并试图把这些熔为一炉，对中国当代一些教内人士的佛教观的影响不能低估。这类误区甚至不应说"笼统佛性、颟顸真如"，更应谓"万教归一"了。

所以，佛陀讲法不援引相似的外学，即高级外学。如果要举例或者比喻，一般都用日常的现象，比如，如露亦如电之类。这是因为日常现象作为自然现象，即作为共业性的体现，其杂染性较少一些，且大众人所共知易解。如果要引摄世学方便为用，按照佛陀的意趣，主要是摄取公共性高的世间学，即世间共学，通过抽掉其本位意义来用。

第四是法义规范。法义规范，即是说，佛教义学研究者在表达时，须用佛教自身的法义，而且一般用佛教的既有术语。比如表达"真实"时，一般采用"真如"等名相。也就是说，在表达时，一般要用佛教自身对"真如"等的界定来阐显，而不要用世间哲学、科学等的术语去直接表达与说明。否则，一旦堕在外学的立场上，就违背了本位意义，所谓必须"以佛法研究佛法""以佛法表达佛法"。换言之，对真如的开显，一定要从经论文本里佛菩萨讲的语境里去体会，以同样方式或意趣进行阐示。所以佛教义学中的道理，或者事实，或者规范，一般是基于佛教自身来源的，比如不共的佛教事实，像三界六道、轮回、净土、缘起、空、真如、神通、般若、解脱、觉悟、涅槃、阿罗汉、独觉、菩萨、佛等。将佛教中的不共事实认定为基本事实，作为真实的存在对待，就像日常事实世俗人把它们当作平常的真实看待一样。但这时就不能用世间的认识方式去定义、说明，须按照佛教自身尤其是经论所说的法义去做，否则，就违背了法义规范。当然阐释的形式可以有随顺众生这一面，但在本质上须建立在佛教自身义趣上而不能动摇。这是一方面。

另一方面，在表达法义时，时代不同，佛教义学的具体内容在新的环境背景下、新的文化背景下，可以用新的方式来表达，所以还需有翻新、用新的一面。比如"佛教义学"这个词，在古代中国佛教只用"义学"，就易辨识，不需加"佛教"；① 现今之所以要添加"佛教"这个限定，是因为，如果没有，在现代知识海洋中，就不易与无量世间学相区别。而且，加后所形成的新词，完全是随顺佛教自身的法义以及传统来界定的。还有，佛教本来就是一种学问，称作"佛教义学"，就相当于规定、界定了一个有佛教自身标志的专有名词，来承载佛教的自身意义和自我表达，来凸显佛教的不共性质、意义和内容，比笼统用"义学"要恰当。

在此意义上，在现代佛教义学的开展中，有时新词的安立是必要的，但不能把世间学中的相似者随便拿来使用，后者相当于格义，弊端甚大。佛教义学的本位表达反对这种方式。不能把哲学、科学等世学的一些术语原封不动随便就引用过来，但如果方便予以净化是可以的。不过，在现今科学人本文化背景中，世俗化已达充分化，并不易净化。盖因现今文化以共俗理性为本已全面世俗化，很多词汇、很多事实、很多道理都已经被大众反复熏习、习惯性接受，近乎已牢不可破，即使在引入佛教义学后予以一番"净化"，大众对它们还是有意无意采用过去的习惯性理解。这样，不仅无法弘扬佛教，反倒把佛教俗化、异化成相似佛教乃至世间学了。所以法义规范的贯彻在佛教义学研究与开展中是不可忽视的。

第五是会通规范。会通规范是说，当义学者研究佛教时，应以佛

---

① "义学"一词虽然最初借自儒家，但后来唯有佛教常用，就变成佛教专用词了。

菩萨的表达作为基础，作为学习的基本对象或者范本，但这时又常会发现，经论里面讲的内容，很多看起来似乎相互矛盾，这需要如何对待？答案是明确的。首先，我们不能真认为圆满觉悟的佛的言教之间是矛盾的，也不能真认为皆为圣者的佛菩萨之间的言教是矛盾的，同样不能真认为阿含教和大乘教间是矛盾的，也不能真认为大乘中般若教、如来藏教、瑜伽行教三者间是矛盾的，等等。如《心经》短短二百多字，里面内容却甚深不易悟解。如云"色不异空，空不异色"，又云"色即是空，空即是色"，一会儿说"空中无色"，又说无智亦无得，最后还说无上咒、无等等咒能够如何如何。这明显让我们感到，什么都没有，但又不是什么都没有，这到底是怎么回事？这不是自相矛盾么？完全不能用逻辑来思维。实际上，这些矛盾是表观性的，是在凡夫言说思维意义上的矛盾。佛陀正是要用这种方式显示诸法实相不能用凡夫思维去把握，用这种方式打破凡夫的思维惯习，并用这种方式告诉我们，当领悟到一切都不可得时，所谓言语道断、心行处灭，就可证入一个甚深层面，而超越矛盾。

其次，这些矛盾既然仅是表观的，就可以会通，而且对很多佛弟子而言，会通是必要的。这时，应该做的不是顺着矛盾思维走，而是要思考如何消解矛盾，以超越矛盾，最终帮助闻思者消除对经义的疑虑，并方便悟解甚深层面。但会通不易。比如，般若教主要讲空，佛性如来藏教主要讲有，唯识教又讲空又讲有，种种圣教意趣各有不同，甚至似乎针锋相对，到底如何处理？这就要求我们在对佛陀经教有全面、深入理解的基础上，用甚深义会通。就像前文我们所讲，如果把般若教平面化理解为完全的否定，认为就是谈一切都没有，那就堕入顽空见。问题的焦点是，般若教是不是谈一切都没有？还有，即使是谈一切都没有，范围有没有什么限定？在唯识学中对这些问题的回答是明确的，一是在针对性否定的意义上是否定遍计所执性，二是在全面否定的意义上并非单纯否定，而是要以否定反显真实，即甚深层面的真实。所以，在般若教里谈空，并非仅针对唯识学所说的遍计所执性，还与唯识学所说的第二义一致，意指"一切的一切"法空，但在"一切的一切"法空里面又不能什么都没有。也就是说，将"一切的一切"法空理解为"一切的一切"法无，就违背了般若教。般若教反复强调，在一切空中，不能说有不能说无，所谓"空亦复空"，即是返身的自空。这就意味，不可能是一边倒的无，因为一边倒的无是一个确定的否定，所谓偏空、顽空。正是在"空亦复空"的意义上，般若教所说大乘空是甚深空，绝非单纯否定意义上的偏空或者顽空。所以，任何佛陀之教都不能简单地按照字面理解，一要看所针对的认识对象，一要看它的甚深义。

会通涉及到甚深义，所以需用到类似"参"的方式。禅宗的"参"实际是何义？就是领悟甚深义，即言语道断、心行处灭所显处，如参"狗子有没有佛性"之类。对佛陀之教言的"参"又应如何理解？比如，说"一切法空"要参，怎么参？首先，参"一切法"到底为何？"空"是何义？其次，于"一切法"到底要"空"什么？或者说，怎么"空"？这时就不能抽象地讲"一切法空"，要依据文本具体"参"。须知，"一切法空"，在不同的教里，含义差别甚大，比如在第三时教、第二时教、第一时教里的含义甚至有时完全不同。所以，一定不能简单地拿"一刀切"的方式去理解。比如，以"一切法空"为"一切法无"，空就是无，这种理解只能针对特定的文本、特定的语境，如果笼统地涵盖一切，就一定与佛法相违。

在此处我们看到，会通规范的关键在于，要区分佛陀教法中表观的意义和甚深的意义，强调甚深义的存在，以后者超越前者，才能会通。也只有这样才不会违背诸教法都从佛的智慧海里流出的平等性，否则就堕入了世间学。世间学的特点是各执一端，互不相让，以标新立异为胜。佛陀教法不是这样，强调一切差别的假安立性，即方便安立性。换言之，种种差别应平等地归于佛陀普度众生的意趣，而不应执解为种种意义对立。盖因佛陀教说之所以存在表观差别，是由于随缘度化各有其针对性，实与其他似乎截然不同的教法并不相违。这种表观矛盾通过会通可以消除。总之，佛菩萨经论中看似出现了矛盾，应理解为表观性，不能以批判、否定的武断方式处理，而应会通。（或有人会说，不排除经论在传承或者传抄过程中可能出现有诵错或笔误。这当然可能。但这是另一个问题。）如果不能体会佛陀教法中种种意趣的甚深性，而随文执义，就堕入了世间言说主义和逻辑主义的误区。佛教的智慧从来就超越于矛盾，佛陀用似矛盾的方式说法，定有甚深意趣，而非思维与表达出现了问题。所以，善解"矛盾"，超越"矛盾"，就能悟入佛教的甚深义。毕竟佛教的真理是不可思维、不可言说、不可比喻的。在此意义上，会通规范是我们把握佛菩萨经论的甚深意趣以及方便悟解诸法实相的重要方式。

第六是殊胜规范。殊胜（Viśeṣa）本义是差别，以不共为胜，即是殊胜。殊胜规范是说，虽然佛教义学成果在教理上、在意趣上要与佛菩萨的经论保持一致，但它作为一种学问，不能肤浅地呈现，也不能破碎地表达，换言之，不能停留在浅白散文或者随缘开示的水平上，当然也不能直接地、简单地照抄经论，这些都不是佛教义学；必须要有深度的、组织的、系统的并且基于佛教本位的表达，才能名副其实。所以，所谓殊胜规范，要求在佛教义学的表达里，须要具有不断可以挖掘和思考的丰富内容，让随学者能够在里面不断获得新的启发和引导，而且能够把悟性有差别的随学者都善巧引向佛道。在现时代，殊胜规范更是必不可少。佛教义学本应是在闻思修基础上，基于佛教本位的深度的、组织化的、善巧的表达，可以作为佛弟子表达佛教的参照，甚至努力如同论藏那样作为典范。在殊胜规范的意义上，现时代佛教义学的研究和开展还仅仅是在起步阶段，远没有成熟。

第七是表达规范。表达规范是指，对佛教义学的表达在用语方面必要有一些限制，一方面在意义上不能自相矛盾，也不能以他位意义消解本位意义，另一方面不能直接或间接植入世间学的观念而引入世间性意义，以保证自身充分的、善巧的意义表达。现举一例。阿含佛教是以《阿含经》为代表的这样一个佛教度化阶段，或者说，这样一个度化的缘法，属于围绕解脱道的开展。以《阿含经》代表的解脱道教法如何定位呢？实际上，在佛典中常以其为佛陀直接对解脱道善根成熟者的教导而称为声闻乘教、声闻道教、声闻教（也摄独觉乘教、独觉道教、独觉教）；又常常以其核心教纲即四圣谛来标识，而称四谛教，如《解深密经》称为四谛法轮；又其是《阿含经》所代表的一种教法，所以可以称阿含佛教。阿含佛教的称法能与其相应经教联系起来，因而是笔者常用的称法。[1] 但是不能称"原始佛教"，也不能称"根本佛教"，虽然这二者已是现今学界常用的称法，甚至在佛教界也广泛使用。盖因"原始佛教""根本佛教"的称法，暗含着大乘经非佛说或者大乘非佛说，并非客观的用法，不仅不符合义学的本佛宗经原则，而且不符合学术研究的客观、中立的立场。[2] 从此例可知，佛教义学的表达，在术语的抉择和安立上，需极为谨慎，不能随便引入世学的观念和思想，否则会自毁长城。在现今共俗理性几乎普世化的背景下，学术被视为学问的公器，所以学术研究的内容和方法极容易在义学者没有任何警觉的情形下被拿过来用，自自然然就进入了佛教义学，这是需要警醒和反思的。世学中越是相似相近的，越是看似无害而具公共性、客观性的，越要反思与抉择。前文已述，像印度教、道家这类世学与佛教比较相似，像科学也有相似之处，还有像佛教学

---

① "阿含"在印度大乘佛教中统指大小乘经典，即《阿含经》和《大乘经》都包括在内。但在中国，自从《四阿含经》译出后，"阿含"就狭义化了。这里说"阿含佛教"，实际是狭义的用法。如果广义地用，则可统指佛陀在世大小乘的开展。在广义用法中，"阿含佛教"可称"根本佛教"，但在狭义用法中，则不能。

② 具体而言，"原始佛教""根本佛教"的称法，暗含着大乘是从阿含佛教经过部派佛教发展过来的，相应地大乘经绝非直接来自佛陀的"金口玉言"，而是依于《阿含经》，经过部派佛教的思想开展，然后由最早大乘论师撰集出来的。显然，如果把阿含佛教称原始佛教、根本佛教，就意味着大乘佛教是从属于它的，不仅大乘经没有独立来自佛的神圣性和权威性，而且大乘道也非真正来自佛而非真实的成佛之道。如此一来问题就严重了，相当于这两种称法直接就给大乘及其经教定了性、定了位。这是一种大乘发展起源观，也是一种"大乘非佛说"论。在教内这种立场可称为温和版的"大乘非佛说"论。他们认为大乘道成立，但大乘经不是佛说。但问题是，如果大乘经不是佛说，大乘道就不能成立，因为阿含经里没有成佛之道，这就只能说明成佛之道是后世的构造，非已成佛者的开显。依此，大乘道及其经教不再具有神圣性、权威性和合理性，实际就被取消了。持这种立场者以印顺法师为代表。当然，这种立场最初来自日本佛教学术界，他们早在二十世纪上半叶就将阿含佛教称为根本佛教、原始佛教，包括印顺法师他们都是受影响。学界这两个用语及其所摄的佛教思想，将大乘佛教的本位意义予以消解，长此以往会动摇大乘佛教信仰的根基，将在中国这个大乘佛教的传统主化区造成极为消极的深远影响。

术本来就以佛教为研究对象，相近相似之处更多，似乎本来就应属于佛教自己的学问，对这些尤要审视与反思、比较与抉择，并最终予以划界区分。

第八是自警规范。何为自警规范？即是说，义学者自己一定要有一个开展佛教义学的自觉意识，而在具体开展过程中，也要有明确的自我反思意识，从身口意审查自己所做是否合乎佛教义学的立场。自警规范对于凡夫义学者尤其重要，能够敦促其在义学活动中树立自觉自察意识。义学者常常以为，自己是佛弟子，写出来的自然直接就是佛教义学。但这话似是而非。如果自己是佛当然没问题，如果是圣者菩萨也没问题，甚至如果是高级凡夫善知识，像加行道上世亲菩萨那样，也基本上没有问题，但如果自己仅是薄地凡夫修行者，仍拒绝在撰述过程中随时审查、反思自己所表达的是否属于义学，就非真正的义学者，也做不出真正的义学。试想，如果没有自警，前一句话、前一念还是佛教本位的如理思维，但后一念、后一句话就变成了虚妄分别，换言之，如果其佛教本位思维反复夹杂有世间本位思维，而不自知，并表达出来，这如何可能符合佛教义学性质？当然，对虚妄分别或者世间本位思维的判断力，是随着每一个义学者的闻思修水平的提升而增长的，自警能力也是如此。

第九是平台规范。平台规范是指，佛教义学者要有意识地把现代佛教义学建设成佛教本位的学问，以形成佛教自己的价值与意义平台。这样的学问是佛教本位必须具备的，是佛弟子自利利他的基本方式，要有意识地如此作意和思维，并转化为持续的建设意识。一旦离开佛弟子自觉的努力，佛教义学不可能自动建立起来。有意识的建设作意是一种加行力，这对于凡夫义学者而言是必要的。佛度众生随缘任运，高级菩萨如弥勒、文殊菩萨等也是如此，但凡夫修行者要做一件事，一定是先有起心动念，即发起自觉的加行意识。尤其在末法时候，要将佛教义学建设、维护成一种学问，要将其与佛教学术划界，乃至与一切世间学划界，成立自己的学问空间，有赖于佛弟子自觉的、共同的努力。佛教义学一旦成长为一个学问空间，也就成为佛教自身的事实、真理和价值的大平台。所以，佛弟子要有本位学问研究的参与意识；即使难以直接参与，也要有推动与维护意识。这就意味佛弟子要从个体努力走向众缘协作。只有协作意识在佛弟子中普遍树立，佛教义学才可能确立为真正的佛教自己的学问。尤其是近现代以来西方学术的兴起，导致佛教学术很快占领了佛教研究的公共学问空间，并全面进入了佛教界，佛教义学甚至在佛教界自身的学问空间中也失去了主体地位。平台规范的提出，正是意在恢复佛教义学作为佛教本位学问的地位，重建佛教本位的学问空间，以及推动佛教义学进入佛教研究的社会公共学问空间，与佛教学术相待兼容、良性并存。

现在已经看到，佛教义学研究的立场是通过前述的本质、基础、原则以及规范确立的。在其中，最根本的是本质和基础，二者都依于善根，即善根性与善根平台。在此意义上，佛教义学研究立场直接反映了一切众生和佛的善根之间的相应和依待，由此二者构成了度化和学修的关系。这反映在佛教义学研究的认知立场上，即是内在以佛教的悟性为体性，外在以本佛宗经为相征。如前文所述，悟性是无执的认识方式，即智慧的认识方式。就圣者而言，即是悟性本身，而对于凡夫修学者而言，有所不同，他们不能直接证得悟性，但可以随顺悟性，而有随悟性发生，即在认识方式上相近、相似于悟性，随顺于悟性，又能引生悟性。凡圣之间存在善根之间的内在关联而有内在随顺，所以就有认识上随悟性对悟性的随顺。由此可知，佛教义学研究立场以悟性（摄随悟性）为体的认识方式，不同于佛教学术研究立场以共俗理性为体的认识方式，因为后者正是共业性所摄的一种执性（虚妄分别性）。

三、古代与现代佛教义学开展的差异

在了知佛教义学研究立场的本质和基础以及熟悉其原则和规范之后，要具体从事佛教义学研究，还需探讨以何种方式进行的问题。换言之，还需知道佛教义学应取何种形态，才能在现时代得以广泛开展，以利益安乐广大的众生。佛教义学作为佛教自我表达的基地，作为佛教自我维护的城墙，作为佛教接引众生的桥梁，要以何种方式和形态开展，无疑是一个时代课题，需要佛弟子在理论上和实践上作契理契机的全面探索。

1.古代与现代佛教义学开展的差异诸方面

佛教义学的现代开展，作为时代课题，尤其要注意针对现代众生的善根因缘和共业因缘，以及现代佛教的法运因缘，这就是根和机的问题。由此，可以大致归纳出在现代开展佛教义学所要面对的时代背景和时代因缘，以及所要采用的方式与形态，以作为现代佛教义学开展在宏观上的时代特征。佛教从印度到中国，从古代到现代，都有佛教义学的开展，其中既有传承也有开新，可以观察到共同方面也可以观察到不共方面，此处主要从差异角度说明，以凸显不共的方面，但实际上共同方面也就间接反映在其中了。略有七个方面：

一是时代社会背景的差异。现代是一种工业化的社会，已经全面走向了全球化。与其相对比的时代，创造了古典文化辉煌的时代，我们泛称为古代，是一种农业或者游牧社会。这两种时代的最大差异是，在现代，人本经验理性实现了普世化，成为共俗理性，而在古代，甚至人本经验理性在过去任何一个时代，大多是被踩在脚下的，遑论普世化为共俗理性。在古代西方，基本上都是唯心主义占上风，人本经验理性一般是受到鄙视。在印度也是。人本经验理性这种认识方式在印度称顺世外道，但基本上是其他所有教派的批判对象。在中国，实际也相似。有人以为儒家重人本经验理性，并非如此。儒家有一些人本情怀，但主要反映在历史领域。像科学之类注重人本经验的认识方式，正是在儒家主导的文化背景中被压抑的。佛教和道家道教更是直接否定人本经验理性。

但现今，人本经验理性晋级为科学人本理性，已经基本普世化，普遍认为其是自明的，是理所当然的，是本来应该如此的。所以一般思维，甚至现今神、圣传统徒众的思维，都以其为基本认识方式，所以称为公共理性，按照佛教角度，则可称共俗理性，即反映现代人道众生共业的、普遍运转的世俗理性。

既然是反映共业的共俗理性，就具有空前强大的渗透性和同化性，不仅以其为本的科学人本文化成为现代主流文化，而且一切传统宗教和思想传统也遭其"重估"乃至"祛魅"，最后免不了被反客为主。正因为共俗理性具有这种普世性，又有现代科学人本文化的强势支撑，所以被尊奉上神坛，成为具有压倒性优势的认识方式。现代共俗理性的普世化，直接带来了世俗化的全面化、充分化，所以可称现代为世俗化已达充分化的时代。

二是佛教法运的差异。在共业意义上的世俗性，以共俗理性为本，在共俗理性全方位的渗透、充分的体现中，呈现出在意义上的全面同质化。这样一个世俗化的充分化时代，从佛教本位来看，又是深度末法时代。为何称深度末法？在佛教中，佛教的法运大致分为三个大阶段，或者三个大类。一者正法阶段，是由佛或者其他圣者直接领导度化的时期；二者像法阶段，主要是由高级凡夫善知识直接领导度化的阶段；三者末法阶段，是一般凡夫善知识领导度化时期，甚至在此阶段最后，一般凡夫善知识都难逢难遇，相似佛教乃至附佛外道流行，佛教正法渐成绝响而名存实亡。其中，当佛教开始全面沦落于相似佛教之手，附佛外道也开始堂而皇之地进入佛教公共体制中时，称为深度末法时期。现今之所以称为深度末法时期，原因在于共俗理性全方位地、深度地渗透于现代佛教的思维中，构成对佛教圣道正法的全面祛魅和严重遮蔽，换言之，时代为空前强势的、普世化的共俗理性所笼罩，陷入科学人本文化带来的知识和信息的海洋中，佛教的本位意义难以得到彰显和维护，相应地，时代众生普遍善根浇薄，业障、烦恼障、邪见障深重，佛弟子也普遍丧失皈依自信而陷入自我怀疑，道心远逊于像法时期，更遑论正法时期。

现代深深地被共俗理性所遮蔽、被世俗性所淹没，是极为沉闷、单调的，却被表观的丰富性和复杂性所包装。所以现今在深度末法的情形下要提倡佛教义学，以阐扬与维护正法，扶植与增强正信，摄受与引导众生，必须面临这内外两重世俗化的严峻挑战。

三是时代学问性质的差异。古代的佛教学问，不论在印度还是在中国，基本上都是佛弟子开展的，在性质上大多属于义学。当然并非凡佛弟子所作的佛教学问一定就是义学，还得看他是否依于佛教本位，即是否以悟性开展。在古代印度，在义学兴盛时，基本是在正法、像法时期，最差也是在末法初期，关键是从事者一般都为大善知识，或者直接是圣者，或者是临近圣者的高级凡夫善知识，他们不仅能够保证正信，而且在经论的熏习上也都积累深厚，所以其所作佛教学问一般都是义学。在那些时期，即使有不合格者，一般也在当时便为众多善知识（实际构成了义学共同体）所批评、呵斥而不彰。在古代中国，大多也是佛教大善知识才有义学的开展，故佛教研究基本上属于义学性质。

但进入近现代，佛教学问的生态变得大为不同，这时的佛教研究有各种性质，不再是单纯的佛教义学研究，而更有佛教学术研究，甚至后者占据了主流，形成压倒优势，成为佛教学问的霸主。更兼随着时间的推移，即使佛教四众弟子的佛教研究，包括出家众的研究，都在学术化，而且都在追求学术化道路。现今现状是，毋庸讳言，纵使是教界，凡关心佛教学问者，大多有意无意在推动佛教的学术化。现今佛教义学的开展遭遇到佛教学问的这样一个严峻生态，这就是佛教学问的时代差异性，它给佛教义学提出了一个不易克服的时代难题。

四是学科意识的差异。既然在古代佛教学问基本上是佛弟子所作，而且一般都是大善知识们闻思修一体化的开展，因此在开展时，他们的身口意就会相应或者随顺于正见而转，不需勉力作意自警"我是在作佛教本位学问"，所作自然而然皆符合佛教义学性质。但现代佛教义学开展要面对的学问生态已经发生了本质变化，如前文所述，作为非佛教本位性的佛教学术占据了统治地位。在这种情况下，佛教义学势力空前弱小，甚至失去了自己存在的合法性，不仅是在社会的公共学问空间，而且在佛教界内也渐如此。佛教学术独大，影响佛教学问渐成其一家之学，所以，佛教义学要有所开展，首先就要以树立明确的佛教义学意识为前提。明确的佛教义学意识是一种自觉的意义选择，一方面要凸显自己作为佛教本位性学问的性质，另一方面要与一切世间学问划界，尤其是要与佛教学术划界。

在古代，没有世俗性质的佛教学术在场，佛教义学只需明确自身作为出世间学与世间学相对立即可，这种对立直接就是划界，所以古代佛教反复强调其出世间性与世间外道的世间性的本质差别，以内道与外道、内明与外明来显示正是这一意趣。但在现代，佛教学术的强势出场与近乎一统的在场，使佛教义学的出场与开展必须首先具有明确的学科自觉，也就是自我意识，明确自己的本位性质和意义指向，以与佛教学术相区别，否则，无法避免滑向佛教学术或者其他世间性学问中去。这样一种与另一佛教学问划界的学科意识在古代并不需要，但现时代迥然不同。现今，在无数世间学尤其是佛教学术的包围中，佛教义学的开展，离不开时刻保持佛教作为出世圣道学的本位意识的学科自觉，与处于弱势地位的自我维护意识的危机警觉。

五是研究竞争的差异。古代研究佛教义学，竞争对象是种种外道。在印度佛陀时代，外道除婆罗门教外，重要的有沙门六师，以及数达三百余种的其他外道。佛陀及其弟子们经常与外道辩论，古代印度的佛教义学正是在与外道们的竞争中弘扬开来的。在古代中国，在佛教传入乃至兴盛的整个过程中，也是如此，一直处在与儒家、道家的竞争中，最温和的就是论辩，有时大臣主持，有时甚至皇帝主持，大多数是佛教获胜；最峻酷的是灭佛，历史上三武一宗灭佛，后面一般都有儒家或者道家之手在挑拨。但到现代，佛教义学面临的竞争态势完全不同，首先不是与儒家、道家或者基督教这些外道竞争，而是与佛教学术竞争，因为佛教学术的强势直接消解了佛教义学的"合法性"。在现代共俗理性即科学人本理性的认识视野里，佛教义学的本位性意义难以自证自显，学术共同体不可能直接赋予佛教义学以合法性地位。因此，佛教义学需要维护自己的开展与表达方式，建立自己的学问空间，这是关系到佛教义学能否在文化中"合法"存在的关键。其中须三种因缘具足：

首先，须在教内强调佛教义学作为佛教本位学问的地位，恢复佛教的本位学问空间，改变佛教学术在教内反客为主的学问生态，然后才可能以此进入佛教学问的社会公共学问空间，与佛教学术良性并存。

其次，具体的实现状况尤其依待于佛学院的学问方向的定位能在多大程度上调整到正确方向。现今佛学院作为教内的教学与研究的中心，大多走上了与世俗学问机构如大学、研究所并轨的道路，这当然是一种学术化的方向，必须要有自我反思和重新抉择，否则，通过佛学院的快速学术化，佛教义学的学问空间会很快在教内消失。一旦如此，佛教义学就完全失去了生存的土壤，与此相应，佛教将急速"空心化"。

再其次，出现众多不同层次的佛弟子，他们具有明确的学科意识与义学发心，能够在闻思修基础上，基于佛教本位进行研究，与契理契机地持续开展。

六是研究形式的差异。古今佛教义学研究的形式与形态，观待于不同的文化背景，是有所不同的。古代无论印度还是中国的思想文化生态，都是种种教派或流派争锋，各有其本位意义的诉求。佛教以方便为门径，多随顺世间的文化形式而化度世间。既然文化主要呈现派别形态，佛教也采取相似的形式来显现和开展，即以分宗立派的形式为主导。当然最初在佛陀时代，佛教是通过"如是我闻"然后"信受奉行"的方式依教开展，未有明显宗派倾向，但在佛陀圆寂后，印度佛教很快进入了宗派开展时期，先是小乘部派佛教的种种宗派兴起，后来有不同大乘宗派的开展。到中国也相似，先有学派出现，后是八宗为代表的成熟宗派兴起。佛教以义学为本位学问，宗派的兴起也意味宗派义学的形成，所以古代印中佛教义学主要属于宗派义学。

在现时代，由于人本经验理性的共俗性，学术知识带上了客观性色彩，成为世间共学，超越国界、超越种族、超越传统思想派别界限。这种学术知识作为世间共学的进一步深化，是以学科化和系统化的方式进行的。其中，学科化是基础，依此再追求知识的系统化。这形成了现代学术学问或者说现代知识的学科化开展这个基本特色。学科化开展虽然产生的是一门一门学科，而且这些学科还可进一步分化，典型如科学、数学、逻辑等本身是学科，又可一层一层进一步分科，但所有这些学科都是普世性学问。现代学术知识的兴起，导致有悠久传承的宗教传统和思想传统的意义祛魅与衰落，代表了现代学问的基本方向和基本形态。

针对时代世俗学问这种学科化发展的特征，佛教义学的开展也须因应而有变化。换言之，在这种新文化背景下，如果不随顺学术学问的表达形式，仍一味采用宗派义学的那种形态，大众容易产生排斥心态，度化显然就难以达到随缘善巧。所以在这个时代，虽然宗派义学仍可继续开展，如大众部、说一切有部等宗学，唯识、中观等宗学，天台、华严等宗学，可以继续成为现代宗派义学的研究与开展内容，但针对现时代世间学术的学科化开展，佛教义学也必须要实现学科化，以随应建立现代佛教义学的基本开展形式。

何为学科化开展？即采用非宗派化也就是超越宗派的方式来分科开展佛教义学。分科，可有不同进路，比如可按照不同层面、不同侧面、不同趣求、不同对象、不同方式等形式关系建立种种形态，也可按照一般的意义诉求做宏观分类，如笔者曾试分七学，有护教之学即教正学，有诠释之学即教诠学，有出世道之学即教度学，有摄受众生之学即教化学，有度化史之学即教史学，有语言文献之学即教典学，有摄受世间共学之学即教摄学，这些学都超越宗派，当然它们还可有多层次的亚分科。这是一种学科化的多学科开展。

在现今时代，表达形式与形态甚为重要，否则，难与学术学问共存。原因在于，宗派义学建立在特定的门径上，容易被指责为自说自话，而学科化义学采用类似学术的形式和形态，容易令现代大众容受，而得到尊重，有利于现代的佛教义学建立起自己的学问空间，并进入佛教研究的社会公共学问空间。在此意义上，在现代宗派佛教义学的基础上开展现代学科化佛教义学，是现代佛教正法开展不可或缺的一环。

七是开展者的差异。要应对现今知识和信息爆炸的复杂文化生态，必须要在保持宗派义学开展的同时，尤要重视在学科化的多层次、多角度、多对象、多问题、多方式意义上的多样态开展，这是一个浩大的度化事业，需要广大佛弟子的普遍参与。但在现今这样一个世俗化已达充分化的深度末法时代，众生善根普遍羸弱，所以这决定现代佛教义学的研究与开展者，不可能如正法与像法时代为圣者或者凡夫高级善知识，而主要是一般凡夫善知识的参与。既然是多样态开展，广大佛弟子都有参与的可能，不同境界对应于不同的开展层次，只要能明确自我定位而量力而行，现代佛教义学突破相似佛教、附佛外道的包围圈而健康开展，并非没有可能。

2. 现代佛教义学的诸探索：宗派义学与非宗派义学

现代佛教义学的开展方向，如前文所述，可有宗派义学开展方式和非宗派义学开展方式两种，后者正是学科化的多样态开展方式。就宗派义学的开展而言，在古代的印度和中国，有无数善知识留下了众多论著可以参考，现今即使试欲在方法上有所创新，也是有充分的样本可以参考和借鉴的。但学科化开展方面相对而言可资参考和借鉴的论著并不多见，更多需要积极的探索。进入现代以来，已有不少善知识进行努力，经验和教训参半，在这里先做一番简略回顾。

在近世，佛教已全面走向没落，与此相应，佛教义学也不例外。到清末民初，佛教义学的传统基本上已中断。实际上，佛教义学的衰落开始于唐朝的会昌灭佛。当时寺院多遭毁坏，绝大多数僧众还俗，佛教典籍大多被烧毁或者散佚。这是中国佛教由盛转衰的标志性事件。在此之前，我们知道，像三论宗、天台宗、唯识宗、华严宗等的宗派义学非常发达，出现了一代一代大师，撰造了众多的重要义学著述。这些代表了中国佛教最后的辉煌，也是中国佛教极盛的顶点。会昌灭佛使中国佛教义学中断，再也无力恢复到盛期。很多汉文佛典散佚，相当一部分重要典籍后来是从高丽取回的，甚至在民国时期，还从日本取回了一些汉文重要注疏。中国佛教义学从此衰落，《宗镜录》可看作其最后的追忆。尤其是禅宗、净土宗的出现，把义学的衰落固定下来，使义学的恢复在古代变得不太可能。宋、明两朝义学虽曾有短暂的复兴，但规模不大。禅宗称教外别传，不提倡闻思经典；净土宗倡持名念佛，经论闻熏大多遭废弃。后来又禅净合流，到最后仅剩下俗化的佛教，如经忏佛事等。

现代的佛教复兴运动，肇始于清末民初。佛教界有识之士认识到，佛教的复兴关键在于义学的复兴。关于义学的复兴道路不期然而然地形成了两类共识，一者是宗派性的，一者是非宗派性的。

宗派义学的复兴是指，恢复古代的宗派义学开展方式，而接续开展。这也分两大类。一者是中国化佛教义学传统的复兴。中国化佛教分教与宗。宗有禅、净土宗，教有天台、华严等宗。这类属于回归中国传统的义学复兴。一般被认为代表守成派、老派。二者是回到印度佛教宗派传统的义学复兴。显然，提倡回到印度佛教传统而不是回到中国佛教传统，就意味对中国化佛教采取了反思、批判的态度。这正是民国时期最重要的义学重镇支那内学院的早期立场。他们认为印度佛教为佛教的根本、为正法的代表，而中国化佛教则非纯净正法，是相似佛教，从而对中国化佛教传统予以了否定，以回到印度由中观和唯识为代表的大乘义学传统。可以看到，宗派义学复兴虽然都是回归传统，但有温和与激进两类。其中，温和派是回到中国自己过去的传统，激进派是舍弃中国传统回到印度传统。正因为激进派对中国化佛教取批判立场，又遭到了温和派的激烈反批判。

非宗派性的义学开展，即不以宗派的立场开展的佛教义学。这在现代也有两类。一是支那内学院的晚期立场，主要代表是欧阳竟无和吕澂先生。他们早期是要回到印度大乘的中观和唯识相融贯的义学传统，但晚期发生了转向，超越中观和唯识之宗见，试图回到佛陀本怀意趣，从整体角度看待佛教。比如，欧阳先生以《大般涅槃经》的涅槃观来统摄佛教的一切学说，以建立一种整体的义学佛教。这是一种超越宗派的义学立场，也是一种回到佛陀本怀、回到经论、回到印度佛教整体的义学立场。

二是非宗派性的义学开展中更具有代表性的一分，即面向未来的佛教义学探索。晚期的支那内学院的非宗派性义学的开展，毕竟还是回到印度佛教的努力，属于试欲恢复与开显佛教正法的探索。而非宗派开展方向的另一支，不是向后看，而是向前看，更注意现今时代的背景和机宜，是面向时代和未来的开展，这正是汉藏教理院的太虚大师和印顺法师他们的探索。他们两者都是致力于建立新佛教，其中太虚大师主要称为人生佛教，也称人间佛教，但他更喜欢用"人生佛教"这个名称，印顺法师则一直用"人间佛教"。

太虚大师与印顺法师两者一个温和、一个激进。太虚大师虽然对传统中国佛教的弊端有激烈批评，但总体是温和的。先是主张八宗并弘，继承与发扬中国佛教"本佛宗经"的传统；后来强调回到佛陀本怀，以五乘共不共的方式统摄一切佛教；最后倡导立足于人生面向十法界的人生佛教，作为因应时代、面向未来的时代佛教。这其中还主要是以传统为依止来开展的，即主张"融贯"传统之理而建立契机之"新"。但印顺法师认为印中传统佛教中充满了外道神教"天神化"色彩，应予反思、抉择、洗炼，甚至要求对经教进行"消毒"，最终实际上否定了印中大部份大乘佛教传统[1]，而以"六经注我"的方式条理出一个"去天神化"而唯取"人间性"的人间佛教[2]。这种人间佛教思想是一种"孤取人间"的局域化的佛教思想，曾受到太虚大师的批评，但现今影响甚大[3]。他还主张《阿含经》代表根本佛教，体现了人间的亲切性和真实性，而大乘经代表的大乘佛教充满神话和神化色彩，是基于"根本佛教"通过部派佛教发展而成的，所以提倡大乘佛教发展起源论，这也是一种温和的"大乘非佛说"论。印顺法师甚为激进，甚至是中国现代佛教当中最激进的一位学者，远超支那内学院。毕竟支

---

[1]　释印顺：《印度之佛教》自序，第3-7页，台湾：正闻出版社，1992年。

[2]　释印顺：《华雨集》（四），第47页，台湾：正闻出版社，1993年。

[3]　《太虚大师全书》，第二十八卷，第50页。

那内学院只对中国化佛教传统予以批判，而对印度佛教传统完全是要回归，但是印顺法师对中印佛教传统都予以批判、抉择，尤其是否定了大乘经教直接来自佛陀"金口玉言"的神圣性与权威性，由于其巨大的学术与思想影响力，对大乘佛教传统"本佛宗经"的信仰根基构成了极大的冲击。

3. 现代中国佛教义学探索与开展的代表人物

我们下面再看现代义学开展的代表人物。回归中国佛教传统的代表主要是虚云法师、印光法师、谛闲法师和弘一法师等。虚云法师、印光法师是宗门的代表，谛闲法师、弘一法师是教门的代表。回归印度佛教传统的代表性人物是欧阳竟无和韩清净先生，而面向时代和未来而开展的代表人物，是太虚法师和印顺法师。身在现代，他们都存在如何面对科学人本文化笼罩一切这样一个现代文化大势的问题。回归而恪守中国传统的大师们当然一般都是拒斥，把现代文化基本上关在了门外，而恪守中国佛教传统的学修和度化路径。这种疏离和拒绝的态度，也反映在欧阳竟无和韩清净先生身上。尤其是欧阳先生，他作了一个著名的演讲"佛学非宗教非哲学"（后来又有补充，括入非科学），表达了对现代世学的大拒斥。欧阳先生的老师杨仁山先生在现代最先主张以唯识来对治中国佛教的顽疾，即笼统空疏，所谓"颟顸佛性""笼统真如"。欧阳先生继承师说，又有进一步强调。在他看来，唯识学更是了义正法，不仅可以扬弃中国化佛教的"相似佛教性"，而且能够满足求真的诉求，并对治现代西方文化中偏重客体性的倾向，而超越现代西方文化。韩清净先生则以注疏印度佛教论典的方式，直接回到印度佛教传统，尤其是印度唯识传统。

不同于回归派，太虚大师和印顺法师作为开新派，主要针对的是现代文化中偏重主体性的一面，即人本主义。他们一者强调摄用，一者强调随顺。太虚大师所做较为善巧，在立足佛教传统圣道本位的前提下，多因应而方便摄用，即他主张保持佛教自身的特质，又能方便摄受人道世间之学，所谓契理契机。印顺法师也试欲贯彻契理契机，但做得并不成功。他对大小乘的本位意义尤其是经教的神圣性和权威性予以了近乎彻底的消解，所以不能如实随顺经论以契理，而偏重于契机方面，即以随应为主。又因对机不从善根而多从共俗理性角度阐发，以致最后在本质上与共俗理性所摄的现代世俗性形成了合流。换言之，印顺法师从提倡"以佛法研究佛法"的诉求，最终却走到了以科学人本理性为根本的认识方式上。这是一种随顺共业的立场，已经不属于佛教义学的本位立场。他们二者都是开拓者，虽然没有形成成熟的、系统的关于义学的理论著述，但取得的多方面经验和教训，或者有指导性，或者有启发性、借鉴性，意义重大。

上述诸家大致可以代表中国现代佛教义学的开展，但其中真正的代表人物，一个是欧阳竟无先生，一个是太虚法师。欧阳先生认为佛教真正的学问，是自己的学问，称内学。在印度佛教中名为内明，他称内学，这一方面是表明对印度传统的继承，另一方面是强调其作为学问的性质。由对内学在性质上的明确，他主张基于佛教本位的研究是内学研究。这就相当于我们所说的佛教义学和佛教义学研究。应该说，在现代第一位真正明确佛教本位学问的性质，而又有一种研究意识的是欧阳先生。大多数主张回到中印传统的佛教研究者与欧阳先生不同，他们没有明确的义学意识，并没有真正看清在现代的知识海洋中凸显佛教本位学问的重要性。

太虚大师提倡开展佛学，而佛学须以对"果觉之仰信"为前提，主要是"研至教"，其目的在于建立契理契机的佛教理论，以指导现实的佛教实践。由此他抉择与阐显出人生佛教，为现代佛教的开展指明了一个重要方向。当然，这个方向只是可能的众多方向之一。这些可能的方向既可有种种传统方式的开展，也可有种种新方式的开展。但凡是契理契机的阐显和发扬，都属于他说的"佛学"即佛教义学的开展。①太虚法师作为发心宏大的大师，关注面甚多，不仅关注善根这个个机，也关注这个时代的文化与社会背景这个共机，所以随缘开示极为丰富，这实际上给印顺法师造成一个错觉，以为所契之机当是时代的大共业背景。结果，印顺法师所理解的机与太虚法师所针对的机在含义上大为不同，更多把这个机限定在这个时代的共业及其所体现的共俗理性上，以致他提倡"以佛法研究佛法"，看似有明确的佛教义学的意识，但在通过契理契机原则贯彻时，由于这个机的选择出现问题，最终还是落实到了佛教学术的世俗学问之路上。

总之，在现代贯彻契理契机原则开展佛教义学时，契机成为出现问题最大的环节。机应是偏重善根，但常常错认为是偏重共俗理性所摄的共业性方面，而不知这个方面实际对圣道而言或者是所要引摄的共缘，或者是所要对治的共障，并非是成圣直接要针对的契应对象。所以真正的义学，唯有站在佛教的善根平台即佛教本位立场上才能有所开展。在此基础上，方便摄受共业性科学人本文化种种内容用以摄受、引导社会大众，也是可以的。但这是教化学的内容，属于圣道学中辅助性的一分，不能与圣道学主体相混淆。当然，这一分与一般佛教文化的性质和意义也有所不同。后者是以世间同情性立场善意看待佛教形成的种种文化形态。

四、现代佛教义学的学科化开展方式

现代佛教义学的开展有两个方向，一是以宗派义学形式开展，继承和发扬古代印度和中国的宗派义学传统；二是根据现今时代的文化

---

① 太虚法师批评现今的佛学走入了歧途："今世研究佛学者，大致可分二派：一、训诂派，二、义理派。训诂派之研究，依训诂解释文句，然泥守陈言，鲜有发挥。义理派之研究，类皆望文生义，穿凿附会。以是二因，研究佛学者虽多，而佛之教理，茫昧难知如故。"太虚法师这里没有注意，这样的佛学实际不少是混杂有学术倾向。见《太虚大师全书》，第二十五卷，第117-118页。

特点，超越宗派性，以非宗派义学形式开展，主要是学科化的方式。在前已述，现代佛教义学的开展在形式上一定要顺应这个时代的文化背景，否则就容易失去种种方便而难以化导现代众生。在此意义上，宗派化的开展作为已经成功的传统，应当保持，但学科化的开展作为现时代的新特点，尤其要提倡。

具体看，学科化的开展应如何进行，也是一个有待探索的时代佛教课题。不过，有一前提可先明确，即首先应该解决佛教义学的学科划分问题，幸有古代佛教的丰富开展，以及现代世间学问的系统发达，可资参照。笔者曾从护教、诠释、圣道、接引道、经典、历史和摄俗等七个方面，建立了七学，以作为佛教应该具备的七门普遍性学问。七学即教正学、教诠学、教度学、教化学、教典学、教史学、教摄学。其中，加"教"字在前是标明佛教本位，以表其作为依止、随顺、相应于佛陀圣教的开展，即本佛宗经的开展，不同于世学。其实，无论怎么分类，只要能够构成对佛教的重要方面有基本的覆盖就有意义。在笔者看来，这七学就构成了一个基本覆盖。首先是教正学，以破邪显正；其次是教诠学，以诠显佛教的性质、意义与内容构成；其次是教度学，以显明作为佛教的根本的成圣之道；其次是教化学，以显明佛教结缘、摄受、引导众生之道；其次是教典学，以显明佛教的经论文献与语言；其次是教史学，以显明佛教传播与度化的历史；其次是教摄学，以显明一般可引摄作佛教方便的世学方面。

1. 教正学

第一是教正学。教正学是佛教的护教学。"正"显示抉择、批判意趣，即破邪显正。由此可知，教正学是依于佛陀圣教，即本佛宗经，抉择正法与非法、相似法，凸现、维护正法之学。古代的佛教论著在开端都要破邪显正，而这些破斥都是针对性的。每个时代包围佛教的执见和邪见都有种种，所以一般都是选择最有代表性的予以破斥。但是现时代世间见展现不同的特点，通过学术，产生了种种具有普世性色彩的世间学，而且传统的各种文化和宗教仍在广泛传播，同时又出现了无量种种邪见，其中不乏有很大影响者。在这个时代，如何划分佛教和外道的界限？如何来破邪显正？如何彰显佛教不共的殊胜特质？如何对佛教从各方面予以辩护？这些不能再用简单的破邪显正方式去解决，需要系统的、深度的分析、批评，以及辩护，由此，必须要建立一种佛教的本位学问来担当，即佛教的护教学，可称教正学。教正学需要成立佛教护教的一些普遍性学说，比如需要针对世间外道的普遍性执见以及世间种种邪见，进行划分、分析和批判；又如针对对佛教的种种误解、攻击和污蔑，予以系统的辨明和回击，以维护和彰显佛教；又如对佛教的本来面目和化世导俗的度化意义予以深度、系统的开显。置于世俗化已达充分化的深度末法时代，佛教的教正学是现今的佛教之所急需，现实的佛教迫切在呼唤这个学科的出现。试想，如果没有这个学科的出现，护教是破碎的，不成体系，难以整体显示佛教自身的本来面目和特质，难以与世间的学问真正划界，难以应对世间汹涌而有系统的世学和广有影响的邪见，难以为佛教进行有力、系统的自我辩护。在这个时代佛教早已边缘化，而且被广泛视为消极文化的代表，再加上佛教自身存在种种弊端而在自我抹黑，所以尤其需要护教，以维护佛教自身的合法存在，彰显自己不可或缺、不可替代的时代意义，其中不仅包括一般的文化意义，而且包括佛教自身自度度他的意义。这意味，佛弟子既要树立关于教正学的学科意识，更要积极推动和参与建立这个学科。

2. 教诠学

第二是教诠学。教诠学是佛教的诠释学。前文说教正学的破邪显正，有批驳，也有开显，而开显是把佛教的一些基本特质显示出来，但这种开显是针对性的，主要用于破斥和自我辩护，不同于教诠学基于佛教本位的充分自我诠显。由此可知，佛教的教诠学是以类似哲学的方式基于佛教本位所进行的深度、系统的自我诠释。教诠学古代在印度和中国的论师有众多的著述，但在现时代，要因应现代学术的学科化开展，也采以相似的学科化方式，超越宗派进行开展，方法与形态上就大为有别。不过，这其中不能堕入世间哲学的窠臼，虽有相似形式和规模性，但立场和意趣不同。传统的宗派教诠学同样可以开展，但超越宗派的教诠学是新时代要重点突破的教诠学形态。

教诠学作为本佛宗经对佛教的诠说或者诠显方式的研究与开展，可分为本位（教位）与学位两分。其中，佛教本位诠说方式作为佛教内在诠说方式，乃是在教位的佛教自我诠说方式，而佛教学位诠说方式指从修学者的学位角度对佛教的诠说方式，是在随顺佛陀圣教意趣的基础上，对佛教的诠说方式的不断再阐明与再组织。

3. 教度学

第三是教度学。教度学作为佛教义学最核心的学科分支，是佛教义学的根本、本体，承载佛教作为圣道的具体内容，可称"教体学"。其中，"度"即"到彼岸"，显示佛教义学作为圣道学的意义归趣。教度学正是以"到彼岸"为内容和趣求，而得名。佛教作为解脱觉悟之学，作为涅槃之学，当然会以教度学为最根本之学。

在此意义上，教度学作为佛教的圣道学，用以开显佛教的出世圣道，如解脱道（即声闻道、独觉道）、菩提道（即菩萨道）以及一乘道，统摄这些圣道的教、理、行、果整个道次第系统。由此可有小乘教度学（声闻教度学、独觉教度学）、大乘教度学，二者融摄在一起则成完整的佛教教度学，或者从归趣上看，即一乘教度学。

古代印度、中国的宗派义学，基本是宗派教度学形态，主要在于阐发在宗派义趣上的教、理、行、果的道次第。在这方面，瑜伽行派（唯识派）的瑜伽行义学（唯识义学，瑜伽行学、唯识学）的教、理、行、果最为完整，堪称代表。

4. 教化学

第四是教化学。在佛教义学中，直接配合教度学的，是教化学。此中，"化"谓教化，即依于佛陀圣教而行世间教化，其直接的指向并非涅槃，而是人天果报，因此，有别于"度"，具体含有三义，即结缘、摄受、普化。

教化学作为人天乘之学，重在于人天道安顿众生，令其保有人身，或者获得人天福报。当然，其作为佛教所摄之学，必不与圣道相违。事实上，教化学主要是为保有后世与圣道直接结缘的机会而安立之学。需要注意，严格地说，直接引摄众生入于圣道的方便安立，不属于教化学的范围，而是属于教度学，乃教度学的前方便，但一般也摄在教化学中。这样，教化学就可略分为人天乘学与教缘学：

一者人天乘学，用以引导人天善根成熟者，即通过建立这样一个缘法，令他们能够与佛教结缘，今后能够往生到人道和天道，保持住与佛教圣道最有可能结缘的生存方式，因为人道天道是最容易和圣道结缘的善趣。在此意义上，佛教是以人天乘作为人天善根成熟者今后进入圣道的一大聚善缘，甚至一大孵化器。

二是教缘学。教缘学是用以结缘、摄受未入佛道众生之学。一般而言，教缘学是基于佛教本位，以大小乘、人天乘的种种内容，方便稀释到各种文化里面，形成种种表达，与众生结缘，而摄受他们。教缘学所建立的结缘方式和形态没有定规，更多是随缘性或者针对性的安立。

教度学和教化学构成了佛教义学的两大根本学，互补共成，包括了上求佛道、下化众生的两个向度，而成度化众生的基本完型结构。依于这两个基本学问观察，前面的教正学、教诠学属于起开导作用的学问，让众生了知佛教的总体性质以及与世间学的根本差别，然后再入根本之学即教度、教化之学。此后之学，如教典学，是阐显教度、教化学的典籍之学；再后是显示教度、教化的历史之学；最后是教度、教化学所要方便摄用的世间共学方面。

5. 教典学

第五是教典学。教典学是佛教本位的文献学和语文学，即是本佛宗经，对佛教所摄的言说、传承、结集、流布、撰作、文本、语言、译传、考订、辨伪、整理等的研究，重在对佛教善知识的言教及其流布的全方位研究，以确立佛教的如实言教，保证佛教言教的如法流布、久住世间。

在学术意义上，现今有发达的佛教文献学与语言学，但在佛教本位上，教典学少有开展。佛教本位的文献学的重要性，是显而易见的。按照佛教本位，也必须诠释佛教经典是如何产生与出现的？在其中佛陀与经典的关系如何？包括传承、结集、编辑等过程又是如何？大乘经典和阿含经典的关系如何？经典是如何传播的？经典在传播与翻译的过程中，其形态是如何转变的？如何理解佛说与非佛说？还有疑伪经、伪经、伪论的问题，考证的地位问题，等等，也是佛教本位的文献学要处理的重要问题。佛教经典的文本主要通过语言表达，所以基于佛教本位对经典的语言进行研究，对开显佛教经典的本来面目，以及经典的教理教义和意趣，是必需的，这决定了佛教本位的语文学的必要性。在其中，必须研究，佛陀在印度最初是以什么语言或者以哪几种语言说法？经典结集的语言为何？梵文、巴利语到底在佛教经典的结集和传承中是何地位？等等；还必须研究，经典从一种语文转换到另外一种语文的翻译问题，尤其是佛教经典的汉语表达与藏语表达及其过程的问题，包括格义形态与成熟形态。这些涉及到佛陀出世说法这一大事因缘，涉及到阿含经典和大乘经典是不是佛说的问题，涉及印度佛教在度化中的特殊地位，以及佛教在印度、中国等国本土化的问题，涉及正法的开显与相似法的形成等问题。这些都是要系统思考和探究的。

教典学作为基于佛教本位的研究，与作为学术研究的佛教文献学、语文学存在本质的差别，也就是说，立场不同，导致二者对待佛教经典及其相关问题的态度差异很大，甚至是根本对立的。现今出现的大乘经典是不是佛说这样一个对于佛教信仰极为关键的问题，及阿含经典与大乘经典的关系问题，以及佛教经论及其所诠圣道在科学人本文化中遭到祛魅的问题，这些正是教典学必须优先处理的一些重大问题，从中能集中反映佛教本位的教典学与学术本位的佛教文献学、语言学的本质差异之所在。

凡要开展教典学，尤其是大乘佛子，必然首先要面对现今大乘佛教信仰受到的最大挑战，即学术立场下的"大乘非佛说"论，要对大乘经教及其所摄大乘道、大乘理的"佛说性"予以辩护。这个辩护有两种方式，一种是按照佛教本位立场的方式，一种是随顺学术立场的方式。随顺学术立场的方式，是要根据世间文化给出的空间进行辩护。要辩护大乘的"佛说性"，实质上是要维护大乘经的"佛说性"，即来自于佛陀的金口玉言的神圣性。而大乘经的"佛说性"，具体是指大乘经中主体内容是"佛说"，即佛亲说，及佛陀加持、开许其他善知识的代佛说。既然世间学术立场说大乘经"非佛说"，那他应该要论证为何大乘经"非佛说"？当然这是证明不了的。实际在 20 世纪初日本佛教研究者就知道，无法从考证角度证明大乘经"非佛说"。这就给大乘经的信仰留下了空间，提供了自我辩护的合理性：大乘佛弟子宣称大乘经是"佛说"，由"如是我闻"而来，后来再经过神通或者口耳相传传承到后世，再写下来加以编辑，而成我们现今看到的经典。所以，实际上佛教学术一方面质疑大乘经的"佛说性"，另一方面也给大乘经的"佛说性"留下来可辩护的余地。毕竟真正的佛教学术对这类宗教事实只能怀疑而加以悬置，难以否定。无法以考证的方式予以否证，反过来，也不能以考证的方式予以证明，故考证方式不能解决大乘经是否"佛说"问题，故只能悬置。正是这个悬置，给佛教的自我辩护与信仰留下了空间，提供了可能性。这是随顺佛教学术的方式提供的可能辩护。

在佛教史上，在印度大乘佛教中，依据佛教本位立场一直都有辩护。在早期宗派大乘，龙树菩萨、提婆菩萨主要以破斥部派佛教的执见来显示大乘佛教的"佛说性"及其殊胜性。在后来瑜伽行派的弥勒菩萨、无著菩萨都曾系统为"大乘是佛说"辩护。无著菩萨在《显扬圣教论》里谈到一条辩护，就是"今不知故"，显得干脆，也就是说，你们批评者没有在场，怎么知道大乘经不是佛说的？你们直接看见过吗？既然没有直接看见，就只是推测而已，而且这种推测隔了多少多少代？按照经教，佛的神通智慧不可思议，能以种种方式说法，甚至能一音演万法，众生随类各得解，而且众生所听闻到之法，恰是佛陀观待众生根性要传达之法，即正是佛陀所说之法。故"如是我闻"，传承下来佛所亲说，理上可以成立。在此意义上，"大乘经是佛说"在佛教本位立场上也是可以辩护的。

在文化佛教徒中，还有在佛教本位立场和学术立场间摇摆者，如印顺法师。他依于共俗理性所摄的学术立场，接受了大乘经非佛亲说这样一个大乘经观为其论说大乘的前提，但又依于佛教本位立场主张"大乘是佛说"。显然，这个"是佛说"不再是传统大乘佛教本位的含义了，而是以"佛法"代替"佛说"，形成"大乘虽非佛亲说但是佛法故是佛说"这样怪异的论证逻辑，并以此为大乘辩护。但问题是，只要接受大乘经非佛亲说这个前提，后面无论如何试图为大乘辩护都是徒劳的。就像防御侵略军一样，如果把最关键的关口放弃了，后面一马平川，无论如何都是守不住的。所以，最关键是守关，护住它，敌方就无法通过。印顺法师把最关键之处放弃了，导致他后来纵然竭力为大乘辩护，也不能重树大乘的神圣性和权威性，甚至不仅不能有所辩护，反而越辩护越说明大乘就是非佛说。因此，最初立场的选定是最关紧要的。

6. 教史学

第六是教史学。教史学乃本佛宗经所立的关于佛教度化历史之学，是对佛教在具体时空的流布、开展与度化的研究，但不同于学术立场的佛教史，后者建立在共俗理性上。教史学之所以是佛教本位的度化史学，原因在于佛教的传播与开展本质是对众生的度化。佛教指佛陀以一大事因缘出世说法，带领弟子度化众生，以及弟子们代代度化众生，而前赴后继的开展整体。教史学正是对这样的度化整体和部分的开展过程予以显示之学，而不是现在看到的以客观知识方式呈现的学术佛教史。

教史学要开显的度化史，应该知道，是可以有不止一种说明模式的。一种是经典自身表达出来的历史开展，这可称内部度化史，简称内部史。另一种是基于佛教本位，结合世间的共业平台的考证予以说明者，可称为外部度化史，简称外部史。二者都是佛教本位的度化史，差别在于，一个是纯粹出于经典的自我显示，另一个还注意到后世迄今的历史记载、考证的资料。换言之，内部史是佛教经典所叙述的佛教流布过程，是佛教在内部教度时空的历史；外部史是在凡夫共业平台上所显现的佛教历史，即是在凡夫共业时空中显现的佛教流布过程。不过，外部史虽是在凡夫共业平台上的显现，但不接受凡夫立场的诠释，而是基于佛教本位，对佛教在凡夫共业平台上的显现予以如法诠释所成，在此意义上，区别于从世间立场上对佛教的流布形成的世俗佛教史。

特别要注意，从学术立场所作的各种佛教史，都属于世俗佛教史。并不夸张，现在我们看到的几乎全部的佛教史，不论是不是佛弟子所写，基本上都属世俗佛教史，甚至在佛学院讲习的佛教史一般也不例外，都是在共业平台上用共俗理性编撰的，其中通过宗教史或者宗教思想史角度，把佛教看成了一个在人间平面上关联发展的复杂宗教运动，一种世俗宗教或者思想发生、开展与流变的过程，与所有世俗宗教和思想传统的社会开展没有本质的差别，消解了佛教作为圣教与圣道的出世本质及其殊胜意义。

7. 教摄学

第七是教摄学。前面六学都是属于佛教本位的学问，即内明，而教摄学乃有助于佛教义学开展的种种辅助性学问，属于外明，即关注佛教如何方便摄用世间之学，如何用世间之学作为工具来承载佛教意义。从传统外明的分类看，是以工具性、客观性较强的世间共学，所谓普世性世学，来为佛教所摄用，如声明、因明、医方明、工巧明。实际上现代还是可以沿用这四种外明的分类，即相当于语言学、逻辑学、医学，还有科学技术。其中，古今差别最大的是工巧明。因为现今科学技术已经得到高度、充分的发展，成为现代最重要、最庞大的学科。之所以强调四种外明的工具性，目的在于消除其本位意义，所谓本位价值设定，以用于佛教度化的理论与实践中。因此，科学技术必须在它们工具化后才能摄用，换言之，不会把整体的科学技术作为外明直接引入，必须要经过工具化的转化。其他三外明也不例外。去本位性，令工具化，是教摄学摄用外明的基本原则。

教摄学的开展关键在于划定佛教作为出世间学与世间学的界限，而对世间共学选择性方便摄用，但排除整体或部分的直接引入，或者二者的相互融通。现代共俗理性作为科学人本理性，通过科学文化，影响深广，包括佛弟子在内的社会大众都广受熏习。即使是佛教界人士，大多也不注意区分世间学与出世间学，而喜欢在佛教著述中直接纳入世间共学，或者与世间共学相融通。他们很少反思，如果直接纳入世间共学，如果真能融通，佛教不成为了世间学了吗？尤其是逻辑学和科学是他们积极纳入或者融通的主要对象。其中，在古代，因明通过印度唯识家的发展，被广泛用于佛教的论证与阐说，所以，现今很多人就将因明或者逻辑不加反思地直接用在佛教思想中，导致了佛教的俗化。在现代，佛教徒最热衷于进行佛教与科学之间的融通。如果真能融通，那就说明不需要佛教了。因为，既然科学都可以代表佛教了，科学又那么深入人心，佛教望尘莫及，要他何用？换言之，科学都可以推出佛教的真理了，佛教也就真真切切失去了价值。但凡一种学问没有了任何独特的意义存在，就会被直接扬弃。一旦佛教没有了不共的意义，就完全失守，可以进入时代的垃圾堆了。所以，教摄学的基本意趣是要在维护、强调佛教不共即本位的意义的前提下，将世间共学工具化后予以摄用，为佛教的自度度他服务。

教摄学或者外明为何选择摄用的是世间共学？主要在于世间共学在一切世间学中的公共性最强，带有极共业性，没有明显的染污性，似无记性，容易工具化。其他世间学，如儒家等传统思想及基督教等宗教，就不合适，因为其带有明显的价值设定，直接与佛教的意义指向相冲突，难以去其本位性，也就难以工具化，所以不能作为方便摄用的外明。

8. 小结

由上可知，佛教义学通过七学，可以对佛教的意义域构成一个基本的覆盖，而称佛教义学七支，所谓"一本五支一辅"。在其中，"一本"即教度学，因教度学是本，直接开显成圣之道；"五支"即教正学、教诠学、教化学、教典学、教史学，都是用于直接支持教度学的支学；"一辅"即教摄学，摄用外明以从外在辅助教度学，而得称名。

在七学的具体开展中，作为前锋的是教正学、教诠学与教史学。这三者一个是用于破邪显正的护教，一个是用于阐显佛教作为圣道为本的正法的性质与意义，一个是用于说明佛陀以"一大事因缘"出世说法对世间的影响及其度化的开展，以及佛弟子一代一代在世间的相续度化开展。

在此基础上，要走向佛教义学的根本即教度学、教化学，二者代表了佛教的具体度化的教理行果系统，以及摄持、引导、成熟众生学修的种种随缘方便，是向上一路的圣道学与向下一路的结缘学相互补的安立。

而教典学与教摄学关涉了佛教学修的所依以及结缘的所摄，则是前面诸学开展的援助。教典学是围绕经论文献之学，用于维护圣典的神圣性以及开显圣典的清净性。教摄学是对外明即最具普遍性的世学的摄受，以在去除其本位意义的前提下用于佛教普度众生的方便设用。

上述佛教义学七支，笔者认为，是现代佛教义学在非宗派化的意义上进行学科化开展需要的一种基本分类，而且，以此七种分科，实际也可以统摄一切宗派义学的开展，如瑜伽行学作为圣道学的层面可统摄到教度学中，而其他层面可放到相应的其他学中，又如人天乘则可放到教化学中，等等。由此可知，通过现代佛教义学的学科化方式，可以全面开展佛教义学，包括宗派和非宗派的义学。

循此七种分科，对佛教义学进行系统和深入的开展，显示其作为严肃与深湛的学问，不仅能够成为现代佛教的理论与实践的可靠支撑，张开佛教本位的学问空间，而且能够代表佛教进入佛教研究的社会公共学问空间，体现佛教积极、殊特的文化意义。当然，其他不同的学科化分类和开展也是可能的，应该欢迎，而且这恰能说明佛教的博大精深和强劲生命力。一旦学科化开展能够广泛进行，佛教义学就会迎来新的发展机遇。

附：问答——有关"比量""契理契机""公共性话语"等的问题

第一问答

问：在三量中，如果取消了圣教量，在没有现量的情况下，比量能否独立成为佛教之量，即佛教比量？

答：在这种情况下，比量不能独立成为佛教之量。在印度，用于推理和判断的基本程式，称因明，相当于逻辑。但因明，或者说逻辑，本是外明，而非内明，是世间性，所以不能直接成立佛教比量。在什么情况下可以成立佛教比量呢？这需要将因明本位的意义设定取消，将其完全工具化，然后用它随顺现量和圣教量进行证明、说明，在此意义上可方便建立佛教比量。关键要注意，必须把因明（或逻辑）完全工具化，消除它作为一学自身含有的那些本体论等的基本意义，由此随顺现量和圣教量，可成立佛教比量。显然，佛教意义上的比量以现量和圣教量为基础，实际应含摄到这两个量中，不能独立成立，否则，即非佛教比量。

但在印度唯识学后来的开展中出现了问题，陈那论师突出比量，而取消了圣教量。这样，三量收摄为现量和比量。在凡夫修行者那里，未得现量，若又无圣教量，比量就不能独立成为佛教之量，不能成为一种独立的真理来源。如果此时以比量为独立的佛教之量，就将佛教理解为了概念的逻辑构造，而改造为了一种世俗哲学。实际印度后期唯识学就走上了这样一条俗化之路。

应该强调，圣教量绝不能取消。道理其实很简单。佛教修行的目的是证悟真实，即获得现量。然而凡夫没有证悟真实，不知道现量为何，如何能够起信，然后修行，而获得证悟？这就是圣教量的胜用。圣教量会告诉佛弟子，存在现量，佛弟子就由此起信。所以在尚未证得现量的情况下，圣教量就是最权威、最神圣之量，因为直接来自佛。一旦把圣教量取消，剩下现量和比量，就会进入一个无法选择的怪圈：对凡夫修行者而言，不能证得现量，只能依靠比量；但比量建立在现量上，因不了解现量，也就不知比量可不可靠；既然不知比量是否可靠，如何能够比知而相信现量？不相信现量，又如何可能去证得现量？换言之，在现量与比量两种量结构下，没有圣教量这样的权威来告诉我们为什么要相信现量，为什么要相信比量，则凡夫修学者是无法起信的。如果有圣教量就不同，就有了起信的依据。相信圣教量，也就相信圣教量所说的现量，也就相信依于二者建立的比量，由此能够发起闻、思、修，而最后证得现量。所以圣教量不能取消。

一旦取消了圣教量，还有一个严重问题会出现。在取消圣教量后，凡夫修行者因不能证得现量，只能依靠比量。比量是运用因明（逻辑）进行思维而推理、判断成立的，突出比量，极易把因明抬高到一个获得真理的可靠途径的地位。但因明，作为逻辑，本是世间共学，所谓外明，仅是世间共业习气的一种体现，佛教方便以工具的形式摄用于论说中。但一旦抬高比量，令其在无现量和圣教量的情况下独立成量，即真理的一分来源，世俗性因明就进入了佛教，而带来俗化的严重过失。现今正有此倾向，一讲唯识学，就讲成了知识论，又进一步讲成了因明学，从而将唯识学俗化。结果，完全混淆了世间学与出世间学，即外明与内明。在此意义上，取消圣教量，特重比量，是印度晚期大乘佛教如晚期唯识以及晚期中观出现严重俗化的重要原因。不得不说，陈那论师取消圣教量，开了俗化唯识学的先例。总之，应强调现量和圣教量并重，而消解比量的重要性，将其置于圣教量和现量的统摄下，不能予以其在佛教中独立成量的机会。这样摄用因明，或者逻辑，才不碍圣道义趣的传达与悟解。

第二问答

问：在佛教义学研究的四原则中，顺应、随融二者实际包含了一条开展佛教或者义学的原则与方法，即契理契机，其中，前者立契机，后者立契理，二者合观，可得"契理契机"。是这样吗？

答：大致可以。从顺应角度看，有随应佛陀本怀，以及众生根机的一面；从随融角度看，有依教说、教理教义、教意融入的一面。这两个方面，就佛教义学的开展而言，正好构成上契佛道、下化众生这个原则，所谓"契理契机"。契理，是随入正理，而此正理是广义的，包含了佛陀的本怀，佛陀的圣教及其所摄的义理和意趣。契机，是偏重随应众生的发心、皈依，根本上是随应众生的善根。

契理契机作为开展佛教或者义学的指导原则，看起来意义很明确，但在运用中如何去契，实际并不容易把握，常出现一些问题，比如，将所契理予以片面理解，固化出一两个教条，如三法印之类的道理。但所契理实有丰富的内涵，包含不少层次，有浅表的，也有甚深的，如教、理、意，还有本怀等，这些构成一个立体的契理进路。契机也容易误解，常不知道什么是机，把机给契错了。比如现今佛教俗化、异化严重，出现种种问题，原因大多在于误解机。何为机？根本是善根，直接表现是皈依和发心，这是要契之机。换言之，佛陀要度化众生，真正要直接度化的，一定是善根成熟者，观待于他们的善根，尤其是善根所摄的皈依与发心；如果善根未成熟，就只有摄受，本质上还是针对众生的善根。每个时代众生之机不同，主要是他们所成熟的善根有别。实际上，正法时代、像法时代与末法时代众生的善根差别很大，厚薄大有不同。现在属于末法时代，善根最为浇薄。机作为善根，而其他的如时代背景、个体的障碍和心行等，即共业与别业及其所摄事，都是属于缘。时代背景是共业所引而世俗化达到充分化的现代性状况。甚至凡像这类共业所引的具有共同性的方面，常被错误地作为机。现今属于科学人本时代，人道共业在认识方面已经体现为一种几乎"普世化"的认识方式，也就是现代人本经验理性，所以这个时代是一个理性齐平、思维规范化的时代，以学术为思想公器，而其他任何时代都不具备这个特征。所以，这个时代世俗化达到充分化，甚为特殊。佛教中不少人认为"契理契机"所契之机，正是这个方面，即随应凡夫的共俗理性，或者时代共业，当然这就颠倒了。契理契机，是要开显时代正法、建立现代正行之路，所以不能契应众生的共业、众生的共俗理性为机，而应以之为方便随顺的共缘，或者，以之为对治的对象，都是可以的。所以，要契应时代众生善根之机，才能开展出佛教时代正法，才能开展出现代佛教本位学问。

　　这其中实际区分了两类：一类是佛教文化，包括佛教学术在内；一类是佛教，佛教义学摄在其中，并为佛教义学所开显。佛教及其义学基于佛教本位，所契是善根这个机。一旦将此机误解为共业下的共俗理性，那开展的就变成了佛教文化以及佛教学术。这实际应该是教外人士所做的。所以要有严格的限定，只有契合善根之机，所做才能成立属于佛教本位的、属于闻思修相应的佛教义学。在现代，我们知道，被广泛推动的人间佛教思想，大多类型都契错了机，都契到共业的人本经验理性上，所开展出来者就不再是基于佛教本位，而是属于佛教文化范畴，虽与佛教有结缘，但并非佛教正法性质。当然也有少数，比如太虚大师提倡的人生佛教思想，虽有种种随缘机宜用语，但实际仍是依于圣道的现代开展，是契合时代众生善根因缘的时代佛教，其所契的正是善根。总的来看，有种种人间佛教的表述，非常混乱，大多没有正知正见，都以为要契的是共俗理性，把佛教甚深、广大的圣道之学生生契成一个世间文化之学。这是一个非常严重的见地问题。现今强调区分义学和学术，根本原因就在于，义学立场契于善根，其所成的是佛教本位之学，属于佛教圣道之学，而佛教文化，包括佛教学术，契于共业，则非佛教本位之学，而是世间本位之学，虽然与佛教结缘深厚。

第三问答

问：佛教学术被广泛认为是公共性话语系统，佛教义学是否也是公共性言说？

答：这恰是紧要之处。佛教义学并非想象的那样纯然个体性的、主观的、心理性的"自说自话"，而有其内在在善根平台意义上、外在在佛教义学共同体即善知识共同体意义上的公共性保证，即佛教义学作为善的认识表达，所谓善的"知识"即"善知识"①，与共业意义上即共俗理性意义上的"公共知识"性质不同，但在理上也是可以分享的，在体验上是可以印证的。这意味，佛教义学研究立场要求佛教义学作为佛教本位学问的具体开展，一方面须依于自善根的成熟与发用，另一方面须观待于诸善根间的相摄与相应。就后者而言，一是要面对广大众生善根的普遍性关联和合，即要随应广大众生的善根机宜，二是要诉诸于诸善知识善根的关联和合，即要诉诸于善知识共同体即佛教义学共同体的普遍认可。换言之，佛教义学成果的判定要由佛教义学共同体进行，而不能假手于佛教学术共同体。一旦诉诸于佛教学术共同体，如果属于建设性立场，会判是佛教一家之言，但能自成一说；如果属于武断性立场，会判是虚妄的自说自话，而予以否定，盖因他们一般斥轮回、净土、神通、真如、圣智、解脱、觉悟、涅槃、佛等为神话和神化。所以，佛教义学成果的水平是由义学共同体而非学术共同体判定。在此意义上，义学与学术两种学问性质的差别，是和内在善根性与内在共业性间的差别直接相应的。就当前而言，佛教研究者中，佛教义学者较少，佛教义学共同体隐而未显，佛教义学尚不成气候；佛教学术者居多，学术共同体显而势强，佛教学术几乎独占佛教研究的学问空间；甚至大多佛教义学者是以"非纯粹学术研究者"的方式存在于学术界中。他们外现学术者相，内是义学者，仍在艰难地为佛教义学去争得一分学问空间。

———————————

① 善知识有二义，即作为认识结果的善的知识，以及作为善的认识的发起者的圣贤。

第五章　现代佛教义学的开展前提

一、非宗派、学科化的开展方向

在中印历史上，佛教的普度与兴盛都离不开佛教义学的繁荣，反过来也是如此。作为佛教兴盛留下的见证，通过大藏经仍可以看到，佛教义学在印中古代都有系统和深入的开展，形成了众多伟大传统。在其中我们尤其要注意，佛陀的阿含、大乘经教是佛教义学的最早与根本示范，是佛弟子开展义学的不可动摇的基础与准则。佛教作为出世圣道，指向佛陀的解脱、觉悟与涅槃境界，但佛陀的境界佛弟子无法直接了知，须要通过从佛陀的经教到凡圣佛弟子的论著这样的义学传承来引导与修证。凡圣佛弟子作为在佛陀圆寂后印度佛教义学的开展者，造就了从部派佛教义学到大乘佛教义学的繁荣。古代中国佛教的义学也曾在外来译师和本土大师的推动下，呈现学派蜂起、宗派纷呈的百花齐放景象。

不论古代印度还是中国，佛教义学都是通过大师的垂范和带动，以宗派传承和发扬的形式开展的。但现今这个时代的文化背景发生了根本性变化，义学的涌现方式也变得不同。现代文化进入一个多元化的复杂生态，而且时代的共俗理性成为科学人本理性，学术作为公器居于学问领域的主导地位，佛教学问中佛教学术以压倒性优势，迫使佛教义学边缘化而日趋没落，甚至逐渐丧失了在文化意义上存在的"合法性"。在此严峻的文化态势下，佛教义学要重新出场与全面立足，一方面要恢复作为佛教本位学问的本来面目，另一方面要在社会文化的学问空间通过彰显自己的积极社会、文化意义而获得"合法"地位。因此，佛教义学针对现今科学人本文化这个新时代，不再可能完全延续古代佛教义学的开展方式，必定要有时代义学开展的新形式和新内容。换言之，古代佛教义学传统虽然作为立足之处，不可能抛到一边，要有充分的继承和发扬，但时代的新挑战要求佛教义学严肃应对，开显有别于以往的新形态，以重新焕发佛教作为涅槃圣道的殊胜意义。

科学人本理性全面拓展了前现代的人本经验理性，作为其升级版，带来了知识爆炸。一方面各种学科知识高度分化，另一方面每一学科又有特别完整的结构，并且全体学问由于科学人本理性的普世化而互相交叉、融合而呈现不同于以往任何时代的复杂分科和宏大整体。在此面前，一切传统宗教和文化作为学问的主体性与本位意义遭到消解，它们要获得复兴，必须因应科学人本文化的特点而开展。所以佛教义学必定要契理契机，实现现代转型，包括在方法、形式和内容方面当有大的转换。

传统佛教义学基本都是宗派性质的开展，其所有门类几乎都带有宗派意识色彩。佛陀圆寂后，最初仍是和合一味的信受奉行阶段，而后佛教成为全印度宗教，因戒律、教理和地域，遂分为种种部派，相应而有大众部、说一切有部等种种部派义学兴起和盛行。在大乘佛教兴起后，先是中观派，后瑜伽行派，尤其是后者，引领了印度大乘佛教的兴盛，大乘佛教义学在瑜伽行派和中观派的相互砥砺中繁荣起来。而在中国，在译经师译传经典和义解师讲习经典的推动下，先是种种学派兴起，后在隋唐有种种宗派出现，三论、天台、华严、唯识、禅、净、律、密宗令中国古代佛教义学达到鼎盛。依止于佛陀经教，宗派义学这种方式在印中传承佛教法脉、学统达两千多年。不得不承认，佛教之所以能在世间久住，有赖于宗派义学的充分开展，现代佛教义学要出场并求得生存和发展，也必然离不开这个基石。

因此，在科学人本文化代表的新时代，面对新世间共业和新众生善根因缘，佛教义学必然会有两个层面的开展。一是随顺古代宗派佛教义学的层面，即通过抉择、继承或者融贯，在现时代，进行现代宗派佛教义学研究。这样的研究可以在方式方法或者对象上相顺于古代模式，也可以摄受时代的新方式、新路径形成新模式。前者如支那内学院欧阳先生的内学研究，后者如汉藏教理院太虚大师的唯识思想开展。二是开显非宗派佛教义学的层面。非宗派佛教义学，相较于前者，从宗派资源中虽有所继承和摄取，但更多是回到超越宗派的佛陀圣教那里，去直接或整体或部分，或教理或意趣，或度化或学修，进行研究或理论开展。这个层面主要是因应时代而开显，尤其是要应对全新科学人本文化和高度组织化社会下的新对象。首先，在形态方面，现代学问体制学科密集化，不断分化和整合，要与此竞争，佛教义学当以学科化方式来开展。其次，在意趣方面，要有超越诸派、回到佛陀本怀的开显方式，一般以对圣教整体性随顺和开展为要。正是非宗派化这个层面显示出现代佛教义学的新特色，而成为现代佛教义学的基本层面，一般可代表现代佛教义学的基本趣向。欧阳先生谈整体佛学以及以涅槃学来统摄建构，太虚大师谈完型佛教及其意趣下的人生（人间）佛教思想，都看到了现代佛教开展要有整体性趣向。笔者近年思考和探索现代佛教义学的开展方向和方式，提出完整佛教思想和佛教义学七学（教正学、教诠学、教度学、教化学、教典学、教史学、教摄学）的学科化开展，也是注意到了这种时代因缘下的应然性。

　　简单而言，针对现时代，佛教义学要有一种新的眼光，即使不是整体完全转型，但至少也要创生出新的层面，以针对这个时代的文化背景做一些不可或缺的相应开展，或者是方式、方法，或者是方向、意趣，或者是形式、内容，尤其要针对现代学术学问的开展方式作因应调整，既要有整体性的战略思考和理论建构，也要有学科化形态的针对性和深度化研究、探索。

二、广泛参与的开展方式

　　佛教义学在现时代的开展，当然如同古代一样，只能是佛弟子来承担，这是由佛教义学作为佛教本位学问的性质决定的。但是否也如古代一样，必须是大善知识（即圣者，至少高级贤者）参与？应该说，在这个时代并不唯有大善知识才能从事义学。传统的宗派义学一般都是道次第式的，基本上完整的义学著作都会给出完整道次第及其阐明。在此意义上，只有圣者善知识才具有这样的权威性，凡夫善知识的权威性则较弱，所以古代一般凡夫善知识，除非已经临近见道，如世亲菩萨这样的高级贤者，基本上很难真正在义学领域里发挥作用。但是现时代不同，职业急剧变化、人才快速流动与经济活动趋同的全球性、复杂组织和结构化的社会性、多元化的文化特征以及学科化的学术体制，要求现代佛教义学做出各别针对性又高度系统性的学科化开展，包括各种层面、各种侧面、各种对象、各种问题、各种形式，而不再局限于完整道次第这样的单纯"宏大叙事"。这就使凡夫修行者能够在有一定积累的基础上做相应层面的义学。换言之，可以把义学做一定种类、层面、侧面、对象、问题等的分割，针对这些分割的开展，大多无需大善知识就能处理。所以，这形成现代佛教义学的一个重要特征，这也是为何我们在近年不断提倡义学的主要原因。如果一定要求是圣者善知识或者有高度修养的接近圣者的高级贤者善知识，那就不可能全面复兴和系统建立现代义学，也就难以应对现时代社会大众广泛参与下的世俗学问的全面繁荣，因为现今末法状态下大善知识难逢难遇。要知道，现时代对经论有所闻思的人已非常少，有充分深入、系统的闻思的人就更罕见，而且即使有所系统闻思的也不一定具备传统大善知识那样的证德。

因此，现代佛教义学的普遍开展，前提是广大佛弟子要有发心，不能总寄望于圣者的出现，或者说现代佛教义学的命运不能总等待圣者来拯救。佛菩萨等圣者当然不弃众生，但在现时代末法的精神状况中，共业及其所摄共俗理性对圣性有严重遮蔽，众生善根尚未普遍成熟，邪见与业障深重，所以圣者难以直接以庄严身显现在前，一般都是应缘以化身"微服私访"。在此意义上，能够直接推动佛教义学的还得是有发心的广大佛弟子。要有这样的意识：有圣者显现于世最好，如果未见，有发心的佛弟子们通过力所能及的开展，义学仍可以繁荣。现在关键是，不能直接寄望佛弟子们即刻去踊跃推动，尚需通过启蒙方式引导教内普遍明确树立义学的观念，令越来越多的佛弟子发心承担通过闻思修来维护、开展佛教本位学问的这样一个时代责任。

这个承担并非那么轻而易举，而是要对佛教在现代的法运有深切关注和忧虑，才能发起。情况并不乐观。现在是网络时代，网络连通全球，很多佛弟子每天都在网上活动，但是其中有多少想到过令正法久住？大多佛弟子甚至从未有过这种忧患和担当意识。他们会认为信佛是自己的事，但关于佛教法运如何的，应该是大师们要去操心和处理的问题。他们没有意识到，佛教其实是每一个佛弟子的事。在现今的时代共业和众生善根因缘下，若寄望于横空出世的大师，结果都会在等待中烦恼地发问："大师您到底在哪？"一旦大多都这么寄望时，实际就见不到大师了，就没有大师出现了。毕竟，大师是怎么来的？都是发心的佛弟子成长而成的。如果佛弟子都没有关切和发心，我们会看到，所盼望的真大师就难逢难遇了。如今打着佛教旗号的有大量网红呼风唤雨，也有种种假"大师"满天飞，但皆非佛教真善知识。如此一来，我们将不得不面临一个不幸的前景：佛教愈加"空心化"，正法逐渐在世俗化浪潮中消亡。

总之，时代文化精神状况的不同，令我们对义学在现时代的开展要做一种重新思考。其中有一点必须充分意识到，现代佛教义学面对充分多元化、全面世俗化的现代科学人本文化环境，需要有多层次、多层面、多对象、多问题、多方式的面向，这决定其开展的形态必然是多样性的，而使众多佛弟子都能够参与其中。比如现今不乏人宣称"大乘非佛说"，一般佛弟子都可以从不同角度积极参与回应以维护大乘。又现代对佛教的宇宙观有怀疑者众，需要不同层次的辩护，凡夫佛弟子也可以大显身手。如此等等，可以参与的层面委实很多。在古代的传统中，因为那些时代，不管是正法还是像法，善知识高级别的不计其数，所以普通凡夫佛弟子能够在义学中发挥作用的可能性较小，一般而言他们都只有"如是我闻"而"信受奉行"，没有太多空间造论以行教化。但是佛教在现时代面临的问题非常多，各个方面，包括护教、开显教义，包括引导众生，各个层面都有，将它们予以分解以后，很多凡夫佛弟子都能够力所能及地参与。也就是说，通过现代佛教义学的学科化形式统摄下的多层次分割，凡佛弟子实际都可以各有其开展的位面，只要不越位而力所能及即可。前提是不仅要有忧患意识和担当意识，还要有自知之明，否则会力不从心而所作不能如法，即不能契理契机。而且，要明确自己所开展的义学的层次和对象，这是开展义学必要的又一个条件。换言之，开展义学，也就是从事义学研究，必要对自己的义学能力、针对性和意趣有了自知。毕竟任何义学著述，作为佛教度化的方便，或者用于摄受与引导，或者用于对治，或者用于开显，必然不能是普适的，必然不能是作为认识终点的究竟真实。

在现时代文化教育普及的状况下，佛弟子大都有表达思考的机会，也就有普遍参与佛教义学开展的可能。古代佛教义学基本是极少数大师的工作，而现今佛教义学的命运其实掌握在广大佛弟子手中，而不是仅仅掌握在少数大师手中，更不可能掌握在那些从事佛教学术研究的学者手中。这也是笔者曾说现今广泛开展佛教义学的时代因缘已经成熟而可以全面倡扬佛教义学的原因。所以，现代佛教义学是一个需要广大佛弟子共同参与、共同开发的"大事因缘"。

三、本位意义的凸显

现今，佛教义学处于世俗化已达充分化的时代精神状况中，在佛教研究的学问空间，早已边缘化，甚至遭到遗弃。现代学术，通过学科化的全面开展，构造种种有普世性影响的、有公信威力的世间学问，如科学、哲学等，构成空前的学问强势，主导社会公共学问空间。佛教义学虽是传承久远又广利群生的传统学问，但遭遇现代理性下的世俗化带来的意义遮蔽和价值消解，自身又缺乏有力的因应开展，几乎消失于公共学问空间，在现代文化中已不"在场"，甚至在佛教自身的学问空间也已遭边缘化。佛教义学既然在社会的思想、文化层面不再有生存空间，佛教就只能"被"解释、"被"标色，而不能自我解释、不能自我辩护，即使在教内也变得如此。换言之，佛教义学不仅失去了在社会文化中的"客场"，而且失去了在教内的"主场"。所以，佛教义学要重新出场，首先要以佛教本位学问的身份，回到教内的学问空间，重建佛教自身的学问空间，同时进入社会的公共学问空间，拥有一席之地，而与佛教学术良性并存，以表明在社会文化中，佛教作为传统文化也有其重要的文化意义和积极社会作用。

佛教义学作为佛教本位学问，所谓佛教自己的学问，是唯一本佛宗经的古老传承之学，是唯一佛教于其中能自我辩护、开显、解释与表达从而能自我成就的时代开展之学，而且在一切关于佛教的可能学问中是最根本、最不可或缺之学。佛教义学的时代意义在于，它能直接进入现代社会文化，成为佛教能对治邪见而自我辩护的"防火墙"，成为佛教能自我开显而照亮世间的"明灯"，成为能连接佛教与众生的"纽带"，成为能引导众生走向涅槃的"桥梁"。但现今，由于佛教在现今社会广泛消极评价下的困境，佛教义学作为佛教本位学问这样的界定，在大众（甚至在教内）眼里，仅是一种自我复制的"自说自话"，其学问地位难以得到重新认可。然而，没有义学为佛教"保驾护航"，佛教在思想文化、社会存在和宗教意义上缺乏存在主体性与价值本位性的自我认定以及信仰自信，只能落得，如同现在，"被"种种解释、"被"种种构画。更加上自古养成的"自清自高"的"方外"形象，与近世一味"圆融"的处世习气，使自身在"被"的泥潭中，不仅"消极"标签愈加牢固，更成负面精神的"背锅侠"。比如现在社会贬说的"佛系"，这个用语明显充满对佛教的栽赃和诬蔑甚至蔑视，把社会现象中大量消极的方面都归为佛教自身或者佛教之所带来，佛教被贴上了一个大大的、社会直接默许的负面"标签"。社会对佛教整体的消极评价，大多出于对佛教缺乏基本的了知，而生出的误解。这些问题在相当程度上是佛教由于义学的缺失而使教众正信正见不具足、社会对佛教价值蒙昧不知所引生的。

佛教在义学的缺失下，自身丰富又殊胜的教理教义被封蔽在大藏经中束之高阁，佛出现于世的无上本怀，圣道的解脱、菩提与涅槃以及甚深境界与无量方便，菩萨行自利利他而普度众生的广大智慧悲悯，整个这些体现佛教本位意义的内容，一方面为社会贪嗔痴的喧嚣所遮蔽，另一方面为各种学术所消解。佛教的一切都在"被"评价、"被"解释下，失去本来面目，其本位意义如神圣性、出世性、甚深性、解脱、觉悟、涅槃等在学术主导的学问领域中遭到摒弃，在一般社会文化中遭到讽弄。也就是说，在佛教研究中，佛教仅作为外在的学术资源、作为客观的研究对象被思考、评判，而不再能作为开显出世真实的正法、趣向涅槃的修行体系被如实阐发与维护。

因此，佛教义学的重新出场，特别是现代佛教义学的全面开展，对佛教教理教义的如实开显与维护，对世间流转性和戏论邪见的深入辨析与对治，对众生走向涅槃的方便摄受与善巧引导，都具有现实的必要性与紧迫性。如果没有现代义学的开展，佛教的存在主体性、价值本位性不能得到维护和彰显，很快不免像日本、韩国、中国台湾佛教那样，沦于休闲化、相似化、"空心化"，而虚化、俗化、异化。试图通过学术来普及佛教、振兴佛教、令法久住，都是不切实际的幻想，在学术强势下失去主体性、本位性的所谓"佛教"，已经异化为一片久已废弃的"文化废墟"，一种思想、神话的历史堆积，一个"神道设教"的精神化石。换言之，凡依附在社会文化、依附在学术当中的所谓"佛教"，早已不是真正的佛教，甚至在其中已经难以找到佛教的真正精神记忆。在此意义上，佛教义学的重新出场与否，能否重建自己的学问空间并在社会的公共学问空间拥有一席之地，关系到佛教正法及其土壤佛教文化在中国的时代定位和历史命运。

佛教义学要在科学人本文化时代复兴，作为其具体开展的前提，必然要与佛教学术相区分。其中的根本之处在于，佛教义学作为佛教本位性的开展，有其自身不共的特质，故在本质上不同于世间的种种学问，包括佛教学术。因此，佛教义学与佛教学术分别依于出世间性和世间性这两种意义指向的差别，存在一个不可通约的分野。希望更多人意识到，这种分野性并非是在具体实践中可以不予理睬的"抽象教条"，而是在操作意义上切实的划界，是直接体现佛教义学的本位价值的思维方式，换言之，这种划界，不能理解为单纯的比高低，或者对佛教学术的武断排斥，而是要有此作为前提，才可能在现今学术知识的海洋中，谈义学如何重新出场，如何具体开展，包括如何建立开展方式与规范，如何处理佛教义学与佛教学术的关系，如何处理佛教义学与佛教学术外其他世间学问的关系，等等。

既然作为佛教本位的学问，佛教义学在性质上就需保证"佛教性"，在此意义上，凡是不能维护佛陀经教的神圣性的，凡是不能维护佛教圣道的出世性的，凡是不能维护佛教胜义真理的如实性的，凡是不能维护佛教度化的正法性的，就不能是义学。所以不能混淆义学于学术，乃至一切世间学问。现在不乏教内人士堕入一个误区，认为称不称义学名并不重要，将义学作为学术的一类并不损失什么，而且以学术之名来思考、表达佛教更容易得到社会接受，如果用义学之名反而容易被指责为自说自话而遭社会拒绝。但，殊不知，如前文所述，学术基于人本经验理性而诉求客观、中立、公共性，与义学的佛教本位价值取向性质相违背，如何能合二为一？若义学混淆于学术，就既非单纯的"学术"，也非纯正的"义学"，属于"伪学术""伪义学"（"相似义学"），这就等于以"伪义学"取代真义学，以"伪学术"取代真学术，其结果既乱了学术，又坏了义学。这意味义学再也无法重新出场，从而取消了义学。一旦佛教本位学问的缺失，必然导致佛教正法"空心化"，佛教将发生变异、断裂乃至灭绝。反倒是佛教义学的意义凸显与重新出场，基于中国作为大乘佛教的新故乡，基于佛教作为中国传统文化，基于广大佛弟子的现实存在，基于一切众生都本有佛性，能令佛教以不共的特质庄严而立，久住于世，而不为世俗化的海洋所倾覆、淹没。

"佛教本位"对佛教义学的统摄，意味佛教义学自身有一个独特的学问开展方式，能在性质、意义和内容上与其他学问相区别，而在佛弟子心中激发独特的"义学意识"。由此，一旦佛弟子明确佛教本位，"佛教义学"意识就会生起。在此基础上，佛教义学才可能重新出场与持续开展，形成自己不共的学问空间，进入社会的公共学问空间。随着佛教义学的广泛与深度开展，佛教将获得与日俱增的摄受、普化与深导众生的影响力与能力，在社会全面立足与发挥积极作用。

四、意识的觉醒

现实告诉我们，在古代中国有强大影响力的佛教传统，在现今时代，在科学人本文化这个新文化生态出现后，并没有一个有力的应对，没有实现因应时代的现代转型，所以，我们没能看到佛教以时代佛教的新气象继续在现今兴盛。原因何在？根本是佛教义学未能复兴。

佛教义学作为基于悟性正知的佛教本位学问，关系佛教自身教理教义与修行实践的建设和开展的根基所在。为了因应"现代性"所标识的科学人本文化的时代大势，笔者认为，复兴佛教义学是复兴佛教的必由之路。

改革开放前，佛教义学传统曾彻底中断。现今教内不仅没有佛教义学的明确意识，甚至由于混淆了佛教义学与佛教学术，而几近取消了佛教义学，致使重新显扬佛教义学变得极为困难。没有维护佛教自身、表达佛教自身的本位学问的明确意识，从事佛教学问的佛弟子一旦进入研究便自然地将其归类到学术研究中，而趋于向人本经验理性为本的学术研究所要求的"客观性""中立性""公共性"标准看齐，结果，由于要以放弃佛教本位的价值取向为学术研究前提，非但在研究过程中难以开展佛教本位的佛教义学，甚至三宝皈信也不易得到持守，而堕破见、破戒、破皈信之危。在这种佛教学术主导佛教学问空间的背景下，佛教义学复兴不免行路艰难。此时佛教义学无法作为一种学问形态在社会文化中与佛教学术并肩而立，甚至在教内也不例外。自然，现代佛教义学在现代教育与研究体制中难觅踪影。我们看到的佛教学问著作基本都是学术形态，佛教本位学问即义学形态罕有见到，即使外在形式有，也夹杂着学术立场的表达，没有一种纯净的佛教本位性。

义学面临困境的一个主要原因在于，佛弟子在思维上以佛教价值为本位的意识普遍没有觉醒。何况仅在思维上存在这种本位价值意识还不够，仍需反映到表达上，即依于佛教本位进行表达。这是末法时代对基本属于凡夫佛弟子的义学者从事义学的最基本要求。这与古代不同。古代从事佛教义学者都是大善知识，或者是圣者，他们以智慧为本的思维与表达当然没有过失，直接体现了佛教本位，或者是临近圣者的大贤者，像世亲菩萨，他们在闻思的思维与表达上能够随顺佛教本位，也不存在问题，换言之，由于都是大师德位，他们在义学思维和表达上，不用强调佛教本位而自然就能基于佛教本位，即佛教本位意识自然具足。但现时代众生的佛缘状况大有不同，佛教面临的是末法中的善根及共业障，佛弟子的佛教义学意识远未觉醒。共俗理性的普世化，学术的压倒性优势，导致包括佛弟子在内不自觉都采用了世间日常生活中熟悉的、在世间文化教育中熟悉的以及过去生就曾熟悉的人本经验理性，以此在无始以来的世间串习、熏染过程中熟悉的理性来表达佛教。所以问题就在这里：人本经验理性一旦普世化为共俗理性，把大众都模式化地教育为单面化也就是平面化之人，每个人都自觉或不自觉地默认这种共俗理性为本位认知模式和知识评价标准，即使是佛弟子的思维和表达大多也不再采用佛教本位所摄的认知立场，而认为以共俗理性为本理所当然，佛教学问也不应违背。但他们少有意识到，如果佛教的本位性在佛弟子那里都得不到维护，正法就会像一滴墨入水似的，开始看是一滴墨，但一旦滴入大池中，片刻就会稀释，再也找不到丝毫墨迹了；佛教也是如此，大多认为只要能融化进社会就是天大好事，而不用问方式，但如果以放弃本位性的方式融化进去，佛教将急速俗化——最初还有正法的色彩，不过很快将销声匿迹，就如现今常看到的，庙这个壳还在，但是里面能表法、住持法的真正僧宝则难以找到，早已"空心化"了。可以日本佛教为例略加对照。现代在日本，沾有佛教名义的宗教派别难以计数，每个都不乏弟子追随，但是称得上真正佛教的寥寥无几，即使是宗门和寺院系统，大多俗化严重，比如娶妻生子之类，学术取代义学之类，纯正佛教难寻难觅，只有少数山头还在挣扎着维护、传承传统。纯粹性、本位性佛教的丧失，使日本看似佛缘广大，但大部分淹没在相似佛教、附佛宗教以及学术中。近年不断有义学者在各种场合呼吁义学的重新出场，正是忧心于现代佛教因应时代开展的失措上。如果教界仍不注意佛教自我定位中自身价值的本位性与理论开展的主体性，任凭佛教学术在佛教学问空间中一统天下而取消佛教义学的存在，教内所作佛教学问无外乎戏论。在这种情况下，甚至应该说，不做佛教学问反而过失小些。因为我们如果没有佛教返身自重的自觉，我们所做的学问对于佛教本位性恰恰是一种消解，恰恰是在推动佛教的世俗化，是"自毁长城"。

这其中的原因在于存在严重的错误认知，即以佛教的世俗化为佛教的普化。佛教的世俗化是放弃圣道指向以随顺世俗趣求，而佛教的普化是依于圣道而随缘以种种方便摄受众生。在普化中，应对现今科学人本时代有普世的教法，即人天乘法。用普世的人天乘法来摄受众生，意在摄众生于佛教的善缘中待以后圣道的进一步引导，并非以人天善果作为最终目的。普化还有依于圣道直接施设的方便，用以摄受并诱导众生入于圣道。所以，佛教的普化是要将众生以方便直接或间接摄引到佛教本位性即圣道性那里去，与佛教的世俗化对圣道性的背离方向正相反对。如果舍弃支撑本位性的圣道性，如果趣向世俗而造成佛教本位性的丧失，所谓的普世教化其实就是全面世俗化。

佛教的世俗化造成佛教本位性的丧失，结果只有一个，即佛教不再成其为佛教——似是而非，如同行尸走肉。莫要以为信众多就是佛教的兴盛。如果佛教没有本位性的坚守，人多只是佛教的"热闹"，而绝非佛教的"繁荣"。这样的"热闹"挽救不了佛教正法如同一滴墨汁很快消失在世俗化的汪洋大海中的命运。而且，一旦同其他宗教或者传统竞争，没有佛教本位性的基石，佛教当堕为无特质、无凝聚力、无教化力，也就无竞争力，各种腐败、弊端就会接踵而至，像在印度那样灭亡也是可以预期的。

现代佛教恰在这一方面缺乏自知与反思，而放弃了佛教义学，放弃了对佛教本位性与主体性的坚守，以学术来阐释佛教，佛陀经典作为佛说的神圣性和权威性被"祛魅"，佛教的正法性与出世性被消解。所以，佛教自己遗弃了自己，急速走向世俗化，而堕入了一个颇为荒诞的境地：一直自傲是最有智慧的宗教，却盲目、谦卑地一味拜倒在世俗的佛教学术面前，以学术对所谓客观知识的追求，代替了义学在佛教本位意义上作为闻思修的开展，结果是，学到的佛教知识越多，佛教精神在他们心里就消失得越快。

佛教的现实困境提醒我们，现代佛教需要在文化、思想上有一个自我表达，即义学，以作为它最后一道也是最根本的一道防波堤。如果没有义学的开展，佛教很快就会丧失自己的价值与思想主体性，甚至不谈它作为解脱菩提道，就是作为一个社会文化建制，也会失去其存在的价值，仅仅成为一种思想文化的研究对象、过时资源、思想化石，而其宗教性则变成一个神秘化、庸俗化、世俗化的大杂货铺，就像现今的一些怪现象：有些所谓法师用神秘化的"装神弄鬼""神通"来诓诱人们以激发迷信，有些用世俗化的"糖水蜜汤"带给人们心理上的短暂愉悦、安慰和休闲，有些用庸俗化的"法事""财神修法"以作利益交换，等等。这种种做法都是为了双方眼前的世间安乐，而没有给佛教本位的圣道留下余地，没有引摄进入圣道的方便。如果教内义学的意识没有激发，甚至不需用太长时间，我们就会看到，佛教将走到完全丧失其本位价值和文化意义的绝境。

中国有句老话说，人生要"立乎其大"。但在佛教的复兴进程中，是要"立乎其本"，盖因"本"者为"大"。此"本"即是"佛教本位"意识，也就是佛教本位认知。将此立住方能明确与觉醒义学意识，进而有义学的开展，乃至佛教的全面复兴。道理原就如此简单：作为佛教自己不共的、以出世圣道性为本位性的学问，佛教义学，剀实而言，只有自己激励自己、自己推动自己、自己开展自己，以不断积累、相续传承而形成不可动摇的传统，即学统。如果等待外缘来推动和开展，而缺乏自醒自力，结果可以想见，佛教义学的复兴将遥遥无期，终成泡影，佛教随应将很快堕入世俗化，在世俗化达到充分化的现代文化中被淹没，被同化而蜕变为虽与佛有缘但已堕世间性的世间文化的一种。实际，不幸，现在佛教已呈这样的趋势。这种趋势到底可逆不可逆，有赖于佛教摄受众生所成的善缘平台和佛弟子自己所结成的善根平台是否能够抗衡现今人本经验理性为本的世间共业平台。

五、应开展的头等大事

古代义学著作常以护教性质的"破邪显正"开篇，如果把现代佛教义学的开展当作一篇大文章看，开篇也应该是破邪显正性质的护教，而且自然是最基本的护教，即维护大小乘经，尤其是在现今科学人本文化时代饱受质疑的大乘经教作为"如是我闻性"的神圣性。盖因佛陀经典的神圣性是佛教正法性的保证，也是确立佛教义学作为圣道学的前提。否则，伴随着佛陀经教神圣性的消解，佛教与义学将异化、俗化为世间教与世间学。

从近百年来的中国佛教历史可看出，佛教的世俗化，并非是世俗化环境直接引起的，反而是佛教徒自己把佛教推入了其中——他们受时代共业潜移默化的影响而不予反思，以共俗理性即人本经验理性去看待佛教，消解了佛教圣典的神圣性，以及作为本位意义的圣道性，实际将佛教视为了世俗法的一种，斥其甚深、超越的层面为想象、神化、神话。在他们眼里，佛教如果与世间法平齐，并非是下堕，反倒更亲切、更容易理解、更容易接受，而传统的佛教却充满来自外来神教的神秘化、天神化内容，整体需要通过抉择予以重建。佛教就这样通过共俗理性被"去神圣性"，通过取消义学将自己本位的解释"封口"，而失去了主体认知性与意义本位性。

我们看到，在人本经验理性影响下的一些大乘佛教徒普遍怀疑甚至否定大乘经典作为"如是我闻"而来的神圣性，普遍怀疑甚至否定其超越人间的三界六道、轮回以及净土的存在性，普遍怀疑甚至否定其超越人的体验、认知的境界和能力如神通、真如境界、全知等的可能性，但他们又承认这些经典所讲的基本道理是成立的，甚至承认其中的成佛之道是成立的。问题是，如果大乘经典非佛说，那成佛之道必然是后世未成佛者所建立，但未成佛者如何可能成立成佛之道？换言之，他们怎么知道这些后世撰集的经典中的成佛之道是真正能够成佛的？如此一来，这不正是要告诉世人，大乘佛教的信仰是迷信，成佛之道是虚妄构造，整个大乘类经典是欺骗性谎言吗？他们的怀疑乃至否定（所谓"去天神化"）正是为了消除迷信，但结果不又堕入新的迷信了吗？

不得不说，一旦以人道共业所摄的共俗理性理解和诠释佛教，即使仍试图皈信佛教，但由于对经典的本来面目及其所开显的三宝有疑乃至有所否定，而皈信不完整，最终实际不可能进入真正的正法，而是堕入了俗化、异化的相似佛教的歧途。但现今佛教界中这类大乘佛教徒不在少数。

在异化、俗化的立场中，否定大乘经教具直接来自佛的这种神圣性，但承认大乘经教是佛法而具正法性，是现今大乘佛教徒中最有代表性的似是而非的大乘经教观。他们将大乘正法性立基于佛弟子的认知能力上，而否定直接立基于佛圆满智慧的神圣性上，看不到正法性根基于神圣性，从而决定违背了以佛为本师的根本立场。须知，经教之所以称为经教，是因其为佛说，即以佛陀的亲说为本，并摄有在佛陀加持、开许下众多善知识（如化佛、佛弟子、国王、长者、天神等）的代佛说。所以，一切经教反映的是佛陀的身口意，正是依于此诸经教，才有后世佛弟子的学修、度化，才有后世正法在各个层面的开展。没有传承自佛的神圣性，就没有正法性。佛反复说过，唯佛是"法根、法眼、法依"。虽然作为诸法实相的真理常在，但唯是佛陀圆满觉证了诸法实相，然后出世说法，建立了种种教法，才能方便予以开显，否则诸法实相定被遮蔽而世间恒处于无明的黑暗中。如果成佛之道成立，最初定然唯有已成佛的佛陀才能宣说。如果成佛之道作为最高教法非佛陀所说，佛陀焉能称为本师（根本导师）？如果已成佛的佛陀未宣说成佛之道，未成佛的佛弟子定不可能宣说；如果未成佛的佛弟子有所宣说，就不可能是真正的成佛之道。所以，凡承认成佛之道者，由于成佛之道是大乘经所开显，就应承认大乘经是佛说，即具直接来自佛的神圣性。

有说，大乘真理常在，超言绝相，大乘经是谁说并不重要。这种说法咋听极有道理，但似是而非。确实，大乘诸法实相离言无分别，法尔常在，佛出世不出世皆是如此，但既然由大乘经所方便开显，大乘经的归属就并非无足轻重。在阿含经中就反复说，佛未出世，世间处于无明长夜。唯佛圆满证悟真理后出世说法，才有诸法实相在世间的方便开显，以及众生趣于解脱、觉悟的发动。所以，既然唯大乘经开显了诸法实相，除了圆满证悟真理之佛，谁能说之？未成佛者如何能说证悟成佛的真理？若许为未成佛者所说，如何取信？故能信大乘真理真实不虚，就应信大乘经教出自于佛之金口玉言。而且，佛弟子凡有所言说，若不本佛宗经，则无可靠之所据，终成无根的戏论。在此意义上，佛教义学作为佛弟子之所说所作，必然要维护大小乘经教出自于佛的神圣性，否则就不可能有佛弟子的学修和度化，也就没有佛教正法法脉与学问学脉的传承与延续。

如果佛弟子尚未证悟而达到超言绝相的境地，需要言教指导与言说表达；已达超言绝相境界的因位圣者也需要言说——言教曾经甚至仍将给予他指导，言说可用于度化众生；即使佛陀也采用言说方便施教，以普度众生。而言说中最高者，就是佛陀经教。正是佛陀的大小乘经教作为圣教量引导了凡圣佛弟子，他们才可能建立如理言说。因此，佛弟子维护大乘经教为佛陀言说的神圣性也就必然而应然了。而且，这对佛教义学的开展而言，理所当然应是首当其冲的，即现代佛教义学在开显佛教本位意义的诉求中，要迈开的第一步正是对佛陀经典的神圣性的阐明与维护，而将作为佛教本位学问的佛教义学奠基在本佛宗经的原则上。

在"本佛宗经"的前提下，依于佛陀圣教，依于善根所显的悟性，佛教才能立足于佛教本位，以追求涅槃为导向和趣求，建设起随顺、相应于涅槃的学问。现时代世俗化的充分化，警醒一切佛弟子要发心推动佛教义学，普遍参与到义学的开展中去，不再将其当作少数大师专有的责任，而要当作每一佛弟子自己的责任，所谓责无旁贷、义不容辞。倘能如此，佛教义学复兴，以及有赖于此的佛教复兴，当为期不远。

附：问答——现代佛教义学学科化开展的"时代因应性"与"步骤"等问题

问答

问：现代佛教义学的学科化开展，有其时代因应性，如何理解？

答：现代佛教义学，虽然须传承古代传统佛教义学包括宗派化开展在内的种种开展方式，但其最基本的特色是学科化开展。这确实决定于现今的时代文化因应性，是契理契机的时代选择。

进入近现代，世间文化为科学人本理性所主导，通过学术的学科化开展，建构起空前的、无量的学科知识体系。现代佛教义学要在这样的背景中开展，十分艰难，必须有所因应。换言之，唯有随应转型，从传统佛教义学的宗派义学形态，转变为学科化开展的义学形态，才有可能。否则，佛教义学难以在现代世间知识的海洋中立足，相应佛教也就无法契理契机地化导现代众生。

在此意义上，佛教义学在现代的开展，一方面要继承与发扬古代佛教宗派义学传统，另一方面，也是更重要的方面，是要以学科化的方式建立佛教义学的新方向、新形态。这决定现代佛教义学的基本特色是学科化的开展。在此意义上，现代佛教义学作为基于佛教本位的学问，可称"佛教本位上的学科化开展"。以这样的因应开展，方能在现代体现出佛教的时代文化性，进而方能彰显佛教的圣道超越性与化度殊胜性，接续其至光大佛教的法运。

既然现代佛教义学本意是针对现代性的因应，其学科化开展方式主要随应现今的普世文化因缘，就应主要从其时代性角度予以认知。佛陀以一"大事因缘"出世，以三乘方便施教，应机随缘，普度众生。历代圣贤随顺佛陀本怀，随顺时代机宜，在不同时代开展出义学的差异形态。以中国为例，先是注释、讲习经论的学派义学开展，后是各树宗义、各成宗风的宗派义学开展，到现时代则是学科化义学开展。

不同时代众生共业文化不同，善根成熟状况各别，故有不同义学形态随应兴起，理所当然。不过，其中显扬佛陀圣教，传承佛教义学传统，是前提与基础。在此意义上，新的佛教义学一方面随应传统而传承，另一方面因应时代而开新，保证了佛教义学作为佛教的道学能够不断继往开来，永不坠落。而传承与开新的融冶，正是每一新时代义学的本质特征，现今学科化开展也不例外。

问：现代佛教义学学科化开展的基本步骤如何？

答：首先是要在观念上明确有"佛教本位上的学科化开展"的意识自觉，这是开展的前提。其次是进行学科划分，即基于佛教本位认知立场，以圣道为本，区分根本之学与各种辅助之学。最后方是具体开展。这需要有优秀义学著述的不断涌现，并形成佛教义学共同体，以保证佛教义学在教界具有本位学问的地位，并在学界的佛教研究学问中具有其不可取代的基础地位。

在现代，欧阳竟无先生与太虚大师是现代佛教义学开展的两大先驱，都对义学开展的原则予以了说明。在总原则上，欧阳先生主张，内学研究，即义学研究，当是"结论后之研究"，而太虚大师主张义学应"本佛宗经"。在具体开展方面，欧阳先生最先倡导"内学"与"外学"的划界，并参考古印度那烂陀寺的佛教学科划分，进行现代义学学科划分的尝试，且有种种开展。虽然不乏争议，但他对现代佛教义学的推动与开展，影响极为深远。太虚大师则对现代佛教义学的具体开展原则进行了精当的归纳与阐发，其所提倡的"契理契机"以及"融贯而开新"的时代义学开展原则，成为了现代佛教义学开展的重要指针。而且他明确指出现代佛教的开展方向应"非宗派性"，并应立足人间而面向法界，即应具"人间而法界"的时代性。这些思考与探索已经成为了现代佛教义学开展的重要财富。

附录 佛教义学略论

在古代，从印度到中国，佛教的弘扬离不开佛教义学的开展，佛教的兴盛也与佛教义学的繁荣关联在一起，但到近世，随着佛教在中国的整体衰落，佛教义学的学脉趋于断绝，尤其随着现代科学主义以及人本主义影响的普世化，佛教义学甚至在佛教界内都失去了"合法性"，已然被佛教学术研究所取代。既然佛教义学作为"佛教自己的学问"，与佛教的命运紧密相连，佛教正法的全面复兴，必定有赖佛教义学的相应开展。因此，必须面对这样一个严峻的情形，并予以严肃思考，换言之，必须深刻反思现代佛教学问的性质问题，以保证佛教义学在佛教界以及社会公共学问空间的重新定位与出场。这不仅关系到佛本位上的正法久住，而且关系到佛教作为传统文化基本组成部分之一所承担的安定社会的重要功能的切实实现。本文拟就佛教义学与佛教义学研究的几个基本方面作一些思考，内容大略分为六分：一者探讨"佛教义学"以及"佛教义学研究"观念；二者探讨古代佛教义学形态；三者探讨佛教学术研究立场；四者探讨佛教义学研究立场；五者探讨现代佛教义学研究的学科化特征；六者探讨兼容建设性佛教学术立场与佛教义学立场的公共学问空间的建立。

一、"佛教义学"及其异名"内明""内论""内学"

1."佛教义学"

在"中国佛教义学的过去与现在"一文中，笔者曾对"佛教义学"一语有过说明。在汉语源流中，"义学"一语可能源于儒学，后为中国佛教所采用，最初转指解诠佛教经义之学，所谓"义解"之学，后渐泛化，凡以注解、疏钞、讲说、造论等方式解诠佛教，乃至围绕佛教开展的种种辅助之学，都摄在佛教义学的范畴。①

现在当我们试图重新激活"佛教义学"一语时，先要回到其佛教意义上的本义，然后再与印度佛教传统中的相似用语比较，以期把佛教义学传统从印度到中国连成一体，而指向一个继往开来的愿景。

对"佛教义学"一语予以界定，意味其中之"义"作为"学"的限定，当在佛教自己的理境中获得意义，故不能是随顺世间流转的性质，而须与佛教的出世间旨趣内在一致。由此，"佛教义学"最基本的界定可称"基于佛教本位的学问"。这显得笼统，但反倒能够免于不少诤议。②

2."内明"与"内论"

基于佛教本位在印度佛教中称"内"，从而佛教义学可称为"内明"，梵文为 Adhyātma- vidyā，又称"内明处"，梵文为 Adhyātma-vidyā- sthāna。其中，adhyātma（"内"）指符合佛教性质；vidyā（"明"）指智慧、学问、学等；sthāna（"处"）指"学处"，即所学，或者所学之处。

称内明为内明处，意谓内明为佛教修学者即佛弟子所学之处。在《瑜伽师地论》卷十三中对"内明"，从四方面予以说明：

云何内明处？当知略说由四种相：一、由事施设建立相；二、由想差别施设建立相；三、由摄圣教义相；四、由佛教所应知处相。③

《瑜伽师地论》接着有具体解释：

"云何事施设建立相？谓三种事总摄一切诸佛言教：一、素怛缆

---

① 参考周贵华：《中国佛教义学的过去与现在》，载于《西南民族大学学报》2014年第10期，第80页。
② 同上。
③ ［印］弥勒菩萨，《瑜伽师地论》卷十三本地分中闻所成地第十之一，《大正藏》第30册，第345页上。

事；二、毗奈耶事；三、摩怛履迦事。"① 即指经、律、论所摄的诸佛言教。

"云何想差别施设建立相？嗢拖南曰：句迷惑戏论、住真实净妙、寂静性道理、假施设现观。"② 此中"嗢拖南"，梵文 Uddāna，指总摄颂。句、迷惑、戏论、住、真实、净、妙、寂静、性、道理、假施设、现观指经律论所诠说的世间、出世间法及其道理。

"云何摄圣教义相？此中有能修习法，谓于诸善法专志所作、相续所作方便勤修；有所修习法，谓所有诸善法；有有过患法，谓应遍知法；有有染污法，谓应不著、制伏初应断法；有障碍法，谓违逆现观究竟法；有随顺法，谓随顺现观究竟法；有真如所摄法，谓应觉悟法；有胜德所摄法，谓所应引发法；有随顺世间法，谓应习、应断及断已现行法；有得究竟法，谓究竟自义所应证法。"③ 即佛教修行应知、应断、应证、应修之法。

"云何佛教所应知处相？当知此中一切有情住有三种，谓日别住、尽寿住、善法可爱生展转住。初由食增上力；第二由命行增上力；第三由于诸善法不放逸增上力。于诸不善、无记法中亦有相似不放逸法，如于杀生等事及威仪工巧等中审谛而作，然于善法不放逸者，于现法中，乃至能得般涅槃故，于后法中往善趣故，多有所作。" 即依世间法以及出世间法众生的存在方式。

总的来看，内明处当归摄为佛陀言教，但亦可进一步略开为三义：一者、凡一切佛教言说，即经、律、论三藏，所显示之学；二者、凡随顺与显示佛教道理之学；三者、凡指向佛教道果的修行之学。这意味佛陀言教是成立佛教义学总的依据，而三义则是成立佛教义学所依据的三个并非互不关联的具体路径，其中特别以三藏即经、

---

① ［印］弥勒菩萨，《瑜伽师地论》卷十三本地分中闻所成地第十之一，《大正藏》第30册，第345页上。

② ［印］弥勒菩萨，《瑜伽师地论》卷十三本地分中闻所成地第十之一，《大正藏》第30册，第345页中。

③ 同上书，第347页上。

律、论为范例，显示佛教义学的言说形态。

《瑜伽师地论》又称"内明"为"内论"。"内论"梵文即Adhyātma- śāstra，藏译为 Nang gi bstan bcos（"内论"），玄奘法师译为"内明论"，如《瑜伽师地论》卷三十八在谈内明时云：

> 如是一切明处所摄有五明处：一、内明处，二、因明处，三、声明处，四、医方明处，五、工业明处。菩萨于此五种明处若正勤求，则名勤求一切明处。诸佛语言名内明论，此几相转，如是乃至一切世间工巧业处名工业明论，此几相转？谓内明论略二相转：一者，显示正因果相；二者，显示已作不失、未作不得相。……云何内明论显示因果相？谓有十种因，当知建立无颠倒因摄一切因，或为杂染，或为清净，或为世间彼彼稼穑等无记法转。云何十因？一、随说因，二、观待因，三、牵引因，四、摄受因，五、生起因，六、引发因，七、定别因，八、同事因，九、相违因，十、不相违因。……菩萨于是内明所显正因果相如实知已，精勤修习，令处非处智力种姓渐得清净，渐得增长。云何内明论显示已作不失、未作不得相？谓诸有情自所作业，虽复作已经多百劫，与果功能终无失坏，亦无不作、或复异作，而有异熟或异果熟。菩萨于是内明所显已作不失、未作不得相如实知已，精勤修习，令其自业智力种姓渐得清净，渐得增长。①

此中称"诸佛语言"，即一切佛语（Buddha- vacana、Buddha-pravacana），也就是一切佛陀教言，为"内论"，即"内明论"，乃是根据佛陀圣教量衡量内明；同时，在具体内容上，又依据能否显示佛教因果道理说明内明。

《瑜伽师地论》是玄奘法师所译，他对此论的"内明"之义有所

---

① ［印］弥勒菩萨，卷三十八本地分中菩萨地第十五初持瑜伽处力种姓品第八，《大正藏》第30册，第500页下 -502页中。

抉择，故在《大唐西域记》中解释"内明"时，侧重从能否显示佛教道理来界定内明，如云："内明，究畅五乘因果妙理。"① 五乘，即人乘、天乘、声闻乘、独觉乘与佛乘（大乘），皆以因果道理摄世间流转与出世解脱，而说明染净一切法，所以为一切佛教的理纲，可代表内明。

3. "内学"

在现代，支那内学院欧阳竟无先生则直接称"内明"为"内学"，这是"佛教义学"观念在现代的最初直接登场。② 欧阳先生将内学与世间学如宗教、哲学、科学相区别，强调其不共、殊胜之特质。关于"内学"之"内"，他在"谈内学研究"一文中主张"内学之谓内，有三义"：

第一义："无漏为内，有漏为外也。"如云：

> 《杂集论》云："堕于三界为漏，其有漏法，即流转法，与还灭法截然二事，犹水与火，犹黑与白，以其种子即成二类也。"昔人于此每每讲错，以为真如本净也，烦恼染之则流转，烦恼远离则还灭，二者相替如轮转焉，而不知其实不相谋也。……故云：有无漏可判内外。其理应于《大论》真实品中详求。四真实中烦恼障净智所行与所知障净智所行，皆以纯净得名真实，内学即应认清此真实。③

第二义："现证为内，推度为外也。"如云：

> 如今人言哲学，研究真理而不得结论，以其出于推度，人各不同，遂无定论也。若出诸现证，则尽人如一，无有异说。如见物然，同见者则说同，出于想象则不同也。以是先

---

① （唐）玄奘，《大唐西域记》卷二，《大正藏》第 51 册，第 876 页下。

② 参考周贵华："中国佛教义学的过去与现在"，载于《西南民族大学学报》2014 年第 10 期，第 85 页。

③ 麻天祥主编：《欧阳竟无佛学文选》，武汉大学出版社，2009 年，第 31 页。

佛、今佛、当佛皆言四谛，大小、空有、显密乃至诸宗疏释亦莫不说四谛，以其现证同而立说同也。又如诸佛以苦、空、无常、无我为教，乃至涅槃言常亦为无常之注脚，此又现证同而立说同也。由此即得结论与哲学有异。余常云：内学为结论后之研究，外学则研究而不得结论者，此为内外学根本不同之点。由此内外方法亦不同。①

第三义："究竟为内，不究竟为外也。"如云：

> 经云：止有一乘法，无二亦无三。故佛说法无不究竟者。惟此就起点含有全体而言，虽始有未竟，而至终则究竟，如不了义经，得其解释终归了义也。无量义经云：四十九年皆说法华，其间虽实说三乘法，意则均在法华也。故云：教则为一，乘则有三。乘以被机有三，实亦各究竟也。由此内学者应生心动念皆挟一全法界而来，大悲由此起，大智从此生。即如大乘唯识说阿赖耶，亦以其挟全法界而得究竟也。此种全体大用上讲求是为内学，反此皆属外学。②

其中，第一义讲世间法与佛教出世法的划界，以有漏与无漏作性质或者价值的区分；第二义谈佛教真理乃智慧的现证，有真理可得，而非如世间哲学等以推度为准，人各不同，众说纷纭，遂无定论；第三义讲佛说法在范围上是遍及一切，在深度上是达至究竟，而且法法虽各有机宜，但互相含摄，彼此通达，显示的是全体大用，而世间学皆非如此，各有执定，抵捂扞格。由此区分内外，而成内学。即以善、现证以及大用为"内"。

在"内学序"一文中，欧阳先生又以现证为内学，以大悲所充为内学，强调内学之大机大用，这是就学之最高、最胜意义而言的，以显示佛教本质上是一度化、学修系统，而佛教义学必须以此为基本特

① 麻天祥主编：《欧阳竟无佛学文选》，武汉大学出版社，2009年，第31页。
② 麻天祥主编：《欧阳竟无佛学文选》，武汉大学出版社，2009年，第32页。

质。①

4."佛教义学"：广义与狭义

从前面诸例可知，不论是"佛教义学"还是其异名"内明""内论""内学"皆给出的是一个总略的意义，仅在明确基于佛教本位的学问的性质，因此其在实际的开展或者具体的论说中，必然因为深入阐发的层面、侧面、方式等差别，会表现出不同的结论，显得众说纷纭。

但同时可知，佛教义学作为基于佛教本位的学问，在与佛教的基本性质联系起来时，一般强调从三个角度的开展：

一者，是契应于佛教所要实现的最高目标涅槃之学，即依止、随顺、相应、指向、修证涅槃之学，故可称为涅槃之学。这实际是从此岸世间通过究竟解脱到达彼岸出世间的圣道之学，即又可称圣道之学。

二者，是契应于佛教所要证悟的诸法实相之学，即依止、随顺、相应、开显诸法实相及其所摄根本道理如四谛、三法印、三性等之学，可称实相之学。这实际是通过智慧而圆满证得真理之学，即又可称觉悟之学。

三者，是以佛陀为根本导师，而依止、随顺、相应佛陀圣教（言教，Buddha- vacana、Buddha- śāsana）之学，所谓本佛宗经之学，可称佛教之学。这实际是以佛陀为最高垂范、遵从佛陀教法而自利利他、与众生一同成佛之学，即又可称成佛之学。

在上述意义上的三类佛教义学，从开展者看，显然有所差别。第一、二类定摄佛以及一切佛弟子，即佛及其弟子都有开展，也就是佛陀所说所显之教亦属此列；但第三类完全属于佛弟子开展之学。据此佛教义学可开为广义与狭义两分：狭义者唯佛弟子所开展者，广义者还包括佛陀所宣说者。按照这样的归类，经律论三藏作为整体，属于

---

① 欧阳竟无：《内学》序，载《欧阳竟无佛学文选》，第 79-80 页。

广义佛教义学，而狭义佛教义学者，仅有律藏一分及论藏。在中国古代佛教中，从注解、疏钞、讲说、造论等方式成立的佛教义学，属于狭义佛教义学。

本文所取乃佛弟子所开展的基于佛教本位之义学，即狭义佛教义学，原因在于，佛陀作为已成佛果者，出世意在普度众生，即以众生的根本导师之身，恒处教位，其教对众生而言，乃属给予者，尊为圣教量，因而最重要的是佛弟子如何去闻熏、如何去信受、如何去思维、如何去奉行，即佛教义学应重在佛弟子的开展方面。这样，本文在前三类中，唯将佛弟子的开展归摄佛教义学，即狭义者，而与佛陀的圣言教（圣教）区别开来。

5. 佛陀圣教与佛教义学

针对佛教本位区分两分佛教言说：一者乃佛陀所宣说，可称佛陀圣教，简称佛教，或者教；二者为佛弟子所开展，可称佛教义学，简称义学，或者学。此教与学二分无疑是关联在一起的，后者当以前者为依止，即佛教义学乃本于佛陀圣教之学。这是佛教义学作为佛教本位的学问必须遵循的基本原则。

二、佛教义学与佛教义学研究

1. 佛教义学与佛教义学研究：学处与学问

既然佛教义学乃基于佛教本位之学，则与佛陀圣言教一道，同摄在三宝的法宝之中，换言之，广义的佛教义学，即内明、内论、内学，皆属法宝，而成为佛弟子闻思修的修学对象，在此意义上，在印度佛教中皆称为"学"，梵文为Śikṣā，即作为修行者的佛弟子之所应学，故又称"学处"，梵文为Śikṣāpada。

佛教义学除作为佛弟子所应学的学处外，还作为佛弟子所应开展的学问。在后一意义上，乃是对佛教义学的开展，即佛教义学研究。

这就是说，基于佛教本位对学问的开展，即是佛教义学研究。因此，佛教义学研究并非指对佛教义学的研究，而是依据于佛教义学立场展开的一切学问研究，不过也包括对佛教义学予以研究的部分。其中必须强调，"基于佛教本位"乃属前提，应予保证，否则不能与佛教学术研究相区别。按照这样的界定，佛教义学研究的成果，即是佛教义学。

佛教义学研究作为对佛教义学的开展，必须恪守佛教本位，这意味只有佛弟子才能真正发起。佛弟子作为皈依三宝者，守持佛教本位是其基本立场。这也鲜明地反映到"佛子"一语的界定中。大小乘经典对佛子（Buddhaputra）即佛弟子的说明相当一致。在《杂阿含经》中称佛子乃"从佛口生，从法化生，得法余财"，[①]到大乘经中亦如是，如《法华经》云佛子为"从佛口生，从法化生，得佛法分"。[②]其中"佛口"指佛陀言教（佛陀圣教），而法即佛陀言教所开显者。三句依次相应于闻、思、修。要依据佛陀圣教及其所开显之法闻思与修才能称为佛子。其中闻思与修化为言说者，即属佛教义学的范畴。

2. 佛教义学的教位与学位：佛说与义学三印

佛教义学具有作为学处与学问两个维度，相当于具有教位与学位的双重意义。教位乃三宝度化佛弟子的层面，亦即佛弟子所学的层面，而学位是佛弟子受度化的层面，亦即佛弟子修学的层面。

在教位上，佛教义学即成为度化众生的法宝的组成部分，也就与佛陀教说即佛说有相似的度化作用，在此意义上在经典中也方便称为佛说（Buddha- bhāṣita）。其中，"佛说"本义指佛陀亲说，但进一步包括其他善知识在佛加持与开许下代佛所说。[③]佛教义学在与佛说相随顺的意义上亦称为佛说，乃在强调其在度化中作为佛说的重要辅助

---

① 《杂阿含经》卷四十五之一二一二经，《大正藏》第 2 册，第 330 页上。
② 《妙法莲华经》卷二譬喻品第三，《大正藏》第 9 册，第 10 页下。
③ 布顿著：《佛教史大宝藏论》，民族出版社，1986 年，，第 20-21 页。

的意义的一面。这种宽泛佛说之义在《阿含经》中就不少见。如佛在《阿含经》中谈及"四大教法"，判定凡符合佛所说经、律、法之说，皆可称佛说，这分四种情况：

第一种情况，即"若有比丘作如是言：'诸贤，我于彼村、彼城、彼国，躬从佛闻，躬受是教'"；

第二种情况，即"复次，比丘作如是言：'我于彼村、彼城、彼国，和合众僧多闻耆旧亲从其闻，亲受是法、是律、是教'"；

第三种情况，即"复次，比丘作如是言：'我于彼村、彼城、彼国众多比丘持法、持律、持律仪者，亲从其闻，亲受是法、是律、是教'"；

第四种情况，即"复次，比丘作如是言：'我于彼村、彼城、彼国一比丘持法、持律、持律仪者，亲从其闻，亲受是法、是律、是教'"。①

这四种情况传达的言说不乏佛弟子所说，对此，佛陀云：

> 从其闻者，不应不信，亦不应毁，当于诸经推其虚实，依律、依法究其本末，若其所言非经、非律、非法，当语彼言："佛不说此，汝谬受耶！所以然者，我依诸经、依律、依法，汝先所言与法相违。贤士！汝莫受持，莫为人说，当捐舍之！"若其所言依经、依律、依法者，当语彼言："汝所言是真佛所说！所以然者，我依诸经、依律、依法，汝先所言与法相应。贤士！汝当受持，广为人说，慎勿捐舍！"②

此中表明，与已有被共许的经、律、法相随顺的言说，皆可许为佛说，与真正佛说一样，而作为法宝、学处度化众生，即起作众生熏习、信受、思维、遵奉的教量、指南之胜用。

---

① 《长阿含经》卷三游行经第二中，《大正藏》第 1 册，第 17 页下 -18 页上。
② 《长阿含经》卷三游行经第二中，《大正藏》第 1 册，第 17 页下 -18 页上

从前例中也可得知，在学位上，佛弟子在闻思修意义上的佛教义学研究，作为佛教义学的开展，其恪守佛教本位，实际即是随顺经、律、法，这在《入大乘论》中亦有直接表达：

> 世尊昔说："于我灭后，当来世中，多有众生起诸诤论：'此是佛说，此非佛说！'是故如来以法印印之，若义入修多罗、随顺毗尼、不违法相，是名佛说。"①

其中，"入修多罗、随顺毗尼、不违法相"，直接对应前述《阿含经》中所说"依诸经、依律、依法"，这相当于给出了开展佛教义学研究的三大准则，可称佛教义学研究三印。②

佛陀经（修多罗）、律（毗尼／毗奈耶）、法可以归摄为教、法。其中，教即经、律，直接为佛陀所安立；法，即佛法（Buddha-dharma），乃佛陀经、律所开显者，故在《阿含经》中说佛陀为"法主"，为"法根、法眼、法依"。③由此，经、律、法可或摄为教，或者摄为法。所以，在佛教义学研究中，随顺经、律、法可从随顺佛陀圣教与佛法两方面来开展。

3. 佛教义学研究随顺教与法：圣教量与四悉檀

（1）随顺教之开展：圣教量与四法行

随顺教，即是以佛陀圣教（圣言教）为圣教量，或说圣言量、正教量。其中，圣教量，梵文为 Āpta- āgama，义谓"传承而来"者。佛教义学研究以佛陀圣教量为准绳，即依于圣教量开展，乃是佛弟子本位立场的必然要求。这包括两个方面：

一者以佛陀圣教为所缘，即对象。这也是佛弟子应行的"四法行"意趣的直接体现。四法行谓亲近善士、正闻熏习、如理作意、法随

---

① ［印］坚意菩萨造：《入大乘论》卷上，北凉道泰译，《大正藏》第 32 册，第 38 页上。

② 参考周贵华："中国佛教义学的过去与现在"，载于《西南民族大学学报》，2014 年第 10 期，第 81 页。

③ 《杂阿含经》卷一之二十四经，第 5 页中；三十六经，第 8 页上，《大正藏》第 2 册。

法行，即尊师而闻、思、修。佛陀乃根本导师，闻思修的开展当然要以佛陀圣教为基本对象，佛教义学研究作为闻思修的重要途径与重要体现也不例外。所以，佛经中强调以"如是我闻""信受奉行"的态度去闻熏、信受、思维佛陀所说圣教，无疑乃佛教义学研究的基本方面。

二者以佛陀圣教为依止，即基本前提、基础、标准、方法与指导。这是佛陀圣教称为圣教量的基本义。"量"即真理、来源、标准、准则、方法等义。依止于佛陀圣教量，佛教义学的开展才能保证佛教本位，从而成为佛教自身的学问，成为众生可以学习的学处的组成部分。

（2）随顺法之开展：四悉檀

随顺法，即依止、随顺、相应于佛陀圣教所显示的理、境界、道、果等基本道理而开展佛教义学研究，更直接显示了佛教的真理指向。古今都不乏阐发这种趣向的善知识。在《大智度论》中，强调佛陀说法的原则是四悉檀：

> 有四种悉檀：一者世界悉檀，二者各各为人悉檀，三者对治悉檀，四者第一义悉檀。四悉檀中一切十二部经、八万四千法藏皆是实，无相违背。[①]

其中，"悉檀"梵文 Siddha- anta，此处乃道理、原则、宗旨等义。世界悉檀显示佛法的缘起道理，即一切法乃因缘和合而生，重在随顺世间而摄受众生；各各为人悉檀显示佛法的善巧道理，重在针对众生善根与心行善巧引导而令生善；对治悉檀显示佛法的方便道理，重在针对世间贪嗔痴等杂染方便对治而除恶；第一义悉檀显示佛法的真实道理，即揭示一切法的实相，重在引导众生悟入诸法实相。佛陀以"一大事因缘"出世说法，普度众生，无不体现了四悉檀，这里就不仔细

---

① ［印］龙树：《大智度论》卷一大智度初序品中缘起义释论第一，《大正藏》第 25 册，第 59 页中。

论说了。

《大智度论》又进一步指出："佛法中有，以世界悉檀故实有，以各各为人悉檀故实有，以对治悉檀故实有，以第一义悉檀故实有。"①此中意为，佛法之所以为佛法，乃因其符合四悉檀。佛陀作为无上正等正觉者，其所开显者，定然符合四悉檀，故定然为佛法，这也是佛法如此命名之原由。并且，佛弟子中其言说所开显者，如能符合四悉檀，亦可计入佛法之内。这部分即相当于狭义佛教义学部分。在此意义上，四悉檀成为佛教义学在义理方面的指导原则，换言之，唯符合四悉檀的研究，方称佛教义学研究。由此所成的学问，才能属佛教义学范畴。

4. 随顺教与法之现代佛教义学研究

（1）随顺教之现代佛教义学研究："结论后之研究"

在现代真正系统阐明佛教义学研究即内学研究观念者，乃支那内学院的创建者与领导者欧阳竟无先生。他是现代中国最先区分佛教与科学、哲学、宗教者，也是最先阐明世间学术研究与内学研究在性质、目的、内容与方法上的区别者，也因此最先试图为现代佛教指明一条通过内学研究而回到正法的佛教闻思修路线。

欧阳先生对内学研究有明确定义，在"谈内学研究"一文中界定了"内学研究"：

> 余常云：内学为结论后之研究，外学则研究而不得结论者也。此为内外学根本不同之点。由此内外方法亦不同。②

即欧阳先生主张内学研究，作为佛法研究，是"结论后之研究"，所谓"一切佛法研究，皆是结论后之研究，非研究而得结论"③，有别于

---

① ［印］龙树：《大智度论》卷一大智度初序品中缘起义释论第一，《大正藏》第25册，第59页中。

② 麻天祥主编：《欧阳竟无佛学文选》，第31页。

③ 同上，第29页。

世间学问求结论而研究但不得结论。换言之，要以佛陀的圣教量为准量、为依据。而且，内学研究的最终目的不是停留在对经教结论的理解上，而是由此最终达到现证，以真正契合经教所示之境界。如他说：

> 内学……期在现证，无用比度，如说四谛，即是现证，即是结论。研求结论，乃有种种解析方法。又如不能理会苦而说苦由无常，复由种种分析以明无常，此皆为教导上不得已之办法。故内学所重在亲证也。然学者初无现证，又将如何？此惟有借现证为用之一法，所谓圣教量也。有圣教量，乃可不凭一己猜想。若不信此，亦终不得现证。世间哲学家即不肯冒险置信圣言，以为迷信，处处须自思一过，遂终堕于推度矣，此又内外分途之一点也。①

由此可知其"内学研究"的逻辑路线：先有佛陀现证真实，这是结论；然后以种种方便开示于众生，即圣教量；佛弟子以信为基础，依据圣教量种种思维、分析、推求、观察，即研究；以逐步实现对佛陀所证真实的现证为最终目标。简言之，随顺佛陀的现证，依于佛陀的圣教量，开展研究，最终自己实现现证。在此过程中，内学研究起到一个极为关键的桥梁作用。

欧阳先生还对内学研究从法、人两个角度做了具体阐明。其中，"法""人"方面皆分四："知所研究者，为无漏、现证、究竟之学，而起研究也。此可分人、法两者言之：法是所学，人是能学，各有四端。法有四者：一、研究之必要；二、研究之范围；三、研究之所务；四、研究之方法。……次言研究人，有四者：一、研究之因力；二、研究之可能；三、研究之缘助；四、研究之兴趣。"②对此八个方面，欧阳先生又作了细致阐明。在其中，尤其强调"研究之因力"，即发菩提心与大悲：

① 麻天祥主编：《欧阳竟无佛学文选》，第32页。
② 同上书，第35-36页。

平常但言求离生死，因犹不真。今谓另有二语曰：亲证
法尔，大往大来。证法尔即发菩提心，所谓菩提心为因也。
大往来即大悲，所谓大悲为根本也。因须通盘打算，而后有
力。因谓依，是人依我，非我依人。因又谓自，仗自不仗人。
所谓法尔，即自也。万法皆由法尔缘起，故有力能生。……
《大论》有云：自因力不退，可以为因；他力、加持力皆退，
但可为缘。故求不退，应熏因力。大往大来，时间则三无数
大劫，空间则大千沙界无量众生，以他为自而思及众生，此
特扩而张之，即是因力，前所云挟法界以俱来也。此是大悲
为本，是真佛学。[①]

简言之，欧阳先生明确内学研究须大乘佛教修行者，方能真正开
展，强调以菩提心为依，以大悲为本，以良师益友为助缘，以闻思三
藏要典乃至六度万行为资粮，以全教、诸宗为对象，用六次第、四
事、四入（并避四忌）等种种研究方法，[②] 如实研理，乃成"真佛学"。
这是从大乘佛教本位对内学研究即佛教义学研究的相当充分的论说。

（2）随顺法之现代佛教义学研究：根本与方便原则——契理
契机

在前已述，四悉檀整体是佛教义学研究开展的基本原则，但其中
也有根本与方便两种性质的区分。世界悉檀与第一义悉檀直接诠显世
俗谛与胜义谛，代表了佛教的最基本道理，在佛教义学研究中属于必
须遵守的根本原则；各各为人悉檀与对治悉檀更多显示佛教方便性的
方面，即随缘应机的方面，故在佛教义学研究中属于要遵守的方便原
则。因此，从需遵守根本原则角度，成立佛教义学研究的契理原则；
从需遵守方便原则角度，成立佛教义学研究的契机原则。简而言之，
四悉檀原则在佛教义学研究中的运用，可以归摄为契理契机原则。这
表明，佛教义学研究的开展当以契理契机为指导原则。

① 麻天祥主编：《欧阳竟无佛学文选》，第 34-35 页。
② 同上书，第 33-34 页。

在现代中国佛教的义学研究中，释太虚最先提阐契理契机原则。他认为，佛学有两大原则：一者契真理，二者协时机，如在"人生佛学的说明"一文中云：

> 佛学由佛陀圆觉之真理与群生各别之时机所构成，故佛学有二大原则：一曰契真理，二曰协时机。非契真理则失佛学之体，非协时机则失佛学之用。真理即佛陀所究竟圆满觉知之"宇宙万有真相"，时机乃一方域、一时代、一生类、一民族各别之心习或思想文化。必协时机而有佛陀之现身说法，故曰"佛陀以世界有情为依"；又曰"佛陀有依他心，无自依心"。①

在此中释太虚视佛学为佛陀及代代弟子们共同开展的事业，以佛陀所觉悟的普遍真理为佛学之体，以佛陀及其弟子顺应时代机宜所开显者为佛学之用，由此才能在现代有佛学的如法展开，才能在现代发挥佛教度化众生之大用。在"新与融贯"的讲演中，释太虚在谈及佛教的现代开展时说到："然依佛法契理契机的契机原则，以佛法适应这现代的思想潮流及将来的趋势上，因为人类在一个区域之中一个时代里面，适应其现在的、将来的生活，则有一种新的意义。……一般为佛法传持的人，若能依照契理契机去躬践实行，则不但目前及将来的中国的佛教可以发扬光大，即全世界佛教亦会因此而鼎新起来。……需要佛教中心的新，即是以佛教为中心而适应现代思想文化所成的新的佛教。这佛教的中心的新，是建立在依佛法真理而契适时代机宜的原则上。"②在此中，释太虚主张佛法在新时代新文化背景下要有新的开展，乃至建立新的佛教中心，但须遵循契理契机原则，其中他特别强调契机原则，即随宜开展方面。其弟子释印顺受其影响，也提倡契理契机，只不过更强调契理方面，对过度"契机"方面保持

---

① 释印顺编：《太虚大师全书》第 3 卷，宗教文化出版社，2005 年，第 181-182 页。

② 同上书，第 1 卷，第 380-381 页。

警惕。这在下文当述，此处略。

（3）随顺法之现代佛教义学研究："以佛法研究佛法"

释印顺在以契理契机为佛法研究的指导原则的同时，强调契理是佛法研究的最根本方面，反对研究者以自己的世俗知见来衡量佛法。由此他提倡"以佛法研究佛法"：

> "佛法"，"佛法"，我们经常的在说着、写着，假如离开佛法的立场，本着与生俱来的俗知俗见，引用一些世学的知见，拿来衡量佛法，研究佛法，这还成什么话？还能不东倒西歪、非驴非马吗？"以佛法来研究佛法"，这是必要的，万分的必要！①

对"以佛法研究佛法"这个指导原则的具体运用，释印顺说："然而，什么叫'以佛法来研究佛法'？论题容易提出，而内容却还等待说明。……我以为：所研究的佛法，是佛教的一切内容；作为能研究的方法的佛法，是佛法的根本法则，普遍法则——也可说最高法则。……如依据他，应用他来研究一切佛法，这才是以佛法来研究佛法。研究的方法，研究的成果，才不会是变了质的、违反佛法的佛法。"②

在释印顺看来，根本、普遍的法则乃"法性，法住，法界"，其体现在具体差别性理上，即是三法印，谓"诸行无常、诸法无我、涅槃寂静"：

> 佛所说的"法性，法住，法界"，就是有本然性、安定性、普遍性的正法。这是遍一切处、遍一切时、遍一切法的正法。大而器界，小而微尘，内而身心，一切的一切，都契合于正法，不出于正法，所以说："无有一法出法性外"；"一切法皆如也"。这是一切的根本法、普遍法。……怎样

---

① 释印顺：《以佛法研究佛法》，台湾：正闻出版社，2000年，第1页。
② 同上，第1-2页。

是"法性""法住""法界"的正法？从相对而进入绝对界
说，法是"空性""真如"，也称为"一实相印"。从绝对一
法性而展开于差别界说，那就是缘起法的三法印——诸行
无常性，诸法无我性，涅槃寂静（无生）性。……研究佛
法，应该把握这样的法则，随顺这样的法则来研究！我以
为，这才算是以佛法来研究佛法，才能正确地体认不违反
佛法的佛法。[①]

此中意为，对佛法的研究，如果以"法性、法住、法界"原则，
或者具体以一法印与三法印来指导，才能真正不违背佛法，才能是如
实的研究。这当然必须对三宝有皈依而具解脱、觉悟的追求的佛弟
子才可能努力这样去做，才可能做到。所以，他说："涅槃，有真
实、解脱的意思。佛法研究者，在还没有直接接触到它的时候，也
就该把它作为最后的归结，勇猛前进。所以，学佛者具备真理的探
求、解脱的实现的信念，研究佛法，既不是学点谈话资料，又不是
为自己的名誉利养作工具，是要想从修学中去把握真理。如释尊的
为真理而牺牲一切；玄奘的去印度求法，不惮一切的危难；赵洲的
八十岁行脚，无不是为了真理的探求。研究佛法者，若有了这一念
心，一切都有办法。"[②]

总之，释印顺指出，研究佛法当以趣求涅槃为发心，以佛教根
本、普遍法则为指导，才能真正践行"以佛法研究佛法"的原则。这
是把佛法研究作为趣求涅槃、开显诸法实相的重要途径来阐明的。这
也正体现了佛教义学研究的性质与方向。

---

① 释印顺：《以佛法研究佛法》，台湾：正闻出版社，2000 年，第 2-3 页。
② 同上，第 13 页。

三、古代佛教义学的形态

佛陀出世说法度生，应机随缘，由于众生的善根、障碍、心行、希求种种不同，佛陀遂建立种种方便，诠显种种法，予以善巧引导，如在内容方面有大乘、小乘、人天乘，有境、行、果，有戒、定、慧，有闻、思、修，等等；如包括形式、内容在内则有九分教、十二分教，等等。其中的十二分教最有代表性。十二分教谓契经、应颂、记别、讽诵、自说、因缘、譬喻、本事、本生、方广、希法、论议。在形式方面分二：一者经文体裁的分类，如契经、应颂、讽颂，或者颂文体，以用于提纲挈领地统摄与记诵，或者长行散文体，以用于叙述与说明；二者说法方式的分类，如自说、譬喻、论议（优波提舍）。在内容方面亦分二：一者佛及其弟子行事的分类，如记别、因缘、本事、本生、希法，表明佛及其圣弟子的胜能、胜德与甚深因果；二者法义的分类，如方广，开显甚深的法义。[①]佛教义学作为善根成熟众生依止、相应、随顺于佛陀圣教的研究开展，显示出更加多样的面貌，下面以总别两种形态略论。

1. 佛教义学的总相形态

（1）佛教义学与论藏

在前文已述，"佛教义学"，或称"内明""内明论"以及"内学"，指基于佛教本位的一切佛教研究。在古代中国，以"佛教义学"总摄对佛教的一切研究，但没有明确的依于佛教本位这样的要求，不过，那时研究者基本皆属佛教信仰者，即佛教修学者，又没有其他关于佛教的学问来竞争，所以佛教本位性反倒贯彻较好。然而近现代以来，科学主义与人本主义的普世化，形成了佛教研究的学术立场，而与佛

---

① 周贵华：《唯识通论——瑜伽行学义诠》（上册），中国社会科学出版社，2009年，第147页。

教本位立场相区别，佛教研究的价值取向问题凸显了出来。可以看到，在古代佛教研究的主体是基于佛教本位的，佛教义学的称谓名副其实，而到近现代则发生了转向，基于佛教学术立场的研究成为主体，即使是佛教修学者，大多也自觉不自觉地采用这种立场，佛教学术取代了佛教义学的地位。正是在此背景下，佛教义学的性质才得以明确出来，其作为佛弟子闻思修开展的内学，不再总摄一切佛教研究，而仅指基于佛教本位的佛教研究，即基于佛教信仰本位的佛教研究。换言之，唯基于佛教本位的佛教学问才称佛教义学，也因此说，凡基于佛教本位的佛教学问皆称佛教义学。

佛教义学作为佛弟子闻思修活动系统开展的学问，在佛教典籍的归类中划为论藏，而与集成佛说的经藏、律藏一道，构成佛教三藏。大乘佛教一般建立三藏，但从部派佛教看，不同部派立藏情况有异，有的在三藏外，还有杂藏等的编辑，不过基本都是从佛说的分类角度建立的，所以无论大小乘，佛弟子的撰作大致可摄在论藏中。

佛教义学，作为论藏所摄，在古代常有不同的代称或者代表形态，如论、优波提舍、摩呾理迦、阿毗达磨、蜫勒等，下面略加说明。

（2）论

论，梵文 Śāstra，指有组织的系统论说，如论述、说明等，常用作一切论说的总称。由于佛弟子的佛教义学开展最根本是为了开显与抉择法义、法相，故以论为本，进而用"论"摄一切佛教义学形态，成为佛教义学的代称。正是在此意义上在汉译中论藏即以"论"来总标。但实际论藏在印度称为阿毗达磨藏，梵文 Abhidharma- piṭaka。

（3）优波提舍

优波提舍，梵文 Upadeśa，意译论议，原为佛陀的十二分教之一种，指佛陀通过问答等形式显示、说明法义，后来又指佛弟子对佛陀经教所摄的法义、法相予以解释、论说、阐明、抉择等。如《阿毗达磨大毗婆沙论》云：

> 论议云何？谓诸经中，决判默说、大说等教；又如佛一

时略说经已，便入静室宴默多时，诸大声闻共集一处，各以
种种异文句义，解释佛说。①

意为，佛陀明确揭示未显法义、开阐甚深法义，谓论议；②佛弟子
以种种方式与意义显示、阐明佛说，亦为论议。这表明优波提舍最初
是围绕佛说界定的，但后来又用来泛指佛弟子的一切佛教义学开展，
如《大智度论》云：

> 论议经者，答诸问者，释其所以，又复广说诸义。如
> 佛说四谛，何等是四？所谓四圣谛；何等是四？所谓苦、
> 集、灭、道圣谛，是名论议。何等为苦圣谛？所谓生苦等
> 八种苦；何等是生苦？所谓诸众生各各生处是中受苦。如
> 是等问答广解其义，是名优波提舍。……复次，佛所说论
> 议经，及摩诃迦栴延所解修多罗，乃至像法凡夫人如法说
> 者，亦名优波提舍。③

即优波提舍可包括佛说，以及圣弟子如摩诃迦旃延对佛说的解
说，乃至包括佛凡夫弟子在内的一切佛弟子的如法的言说。在此意义
上，优波提舍可指一切基于佛教本位的佛教义学的开展。

（4）摩呾理迦

摩呾理迦，梵文 Mātṛkā，意译母、本母、智母、行母等，即"作
为根本而生发，如母生子"之义。"摩呾理迦的体裁，是标目作释，

---

① ［印］五百大阿罗汉，《阿毗达磨大毗婆沙论》卷一百二十六业蕴第四中自业纳息第五
之三，玄奘译，《大正藏》第 27 册，第 660 页中。
② 释印顺认为"默说"乃"黑说"的讹写，"默说""广说"应是黑广说、白广说，这样
论议就是对此二者的决判，但这种说法并不恰当，因为如是黑说，就绝不可能称为教。参
见释印顺，《说一切有部为主的论著与论师之研究》，第 25 页，载《印顺法师佛学著作集》，
网络版。而且"决判"并非判定是非，而是明确开显、阐明、抉择之义。
③ ［印］龙树：《大智度论》卷三十三释初品中见一切佛世界义第五十一之一，《大正藏》
第 25 册，第 308 页上一中。

标目如母；从标起释，如母所生。"① 即标举纲目，总摄要义，由此阐显广大教理，以作为生发智慧、发起行持的基础。如《瑜伽师地论》云：

> 我今复说分别法相摩呾理迦。……若有诸法应为他说，要以余门先总标举，复以余门后别解释。若如是者，名顺正理。②

其中略分两层意义：一者标举纲目，总摄要义；二者反覆研核、解说阐明法义。如《根本说一切有部毗奈耶杂事》云："所谓四念处、四正勤、四神足、五根、五力、七菩提分、八圣道分、四无畏、四无碍解、四沙门果、四法句、无净、愿智，及边际定、空、无相、无愿、杂修诸定、正入现观，及世俗智、苦摩他、毗钵舍那、法集、法蕴，如是总名摩窒里迦。"③ 此为第一层义。第二层义如《瑜伽师地论》云："论议者，谓诸经典循环研核摩呾理迦。且如一切了义经皆名摩呾理迦，谓于是处世尊自广分别诸法体相；又于是处诸圣弟子已见谛迹，依自所证无倒分别诸法体相，此亦名为摩呾理迦……依此摩呾理迦，所余解释诸经义者，亦名论议。"④

显然，摩呾理迦包括佛说，以及佛弟子所说。在佛教义学作为佛弟子所立学问的意义上，摩呾理迦主要指佛弟子所说。

摩呾理迦作为佛教义学，在《瑜伽师地论》中明确表明是依于佛说建立的。作为佛说有两类，即经教，摄在经藏中，以及律教，摄在律藏中，故摩呾理迦也相应有两类，即经摩呾理迦与律摩呾理迦，如《瑜伽师地论》云："云何名为摩怛理迦事？谓若素怛缆摩怛理迦，若

---

① 释印顺：《说一切有部为主的论著与论师之研究》，第29页，台湾：正闻出版社，1992年。

② ［印］弥勒：《瑜伽师地论》卷一百摄事分中本母事序辩摄，《大正藏》第30册，第878页中。

③ 《根本说一切有部毗奈耶杂事》卷四十第八门第十子摄颂之六五百之余及七百结集事，《大正藏》第24册，第408页中。

④ ［印］弥勒：《瑜伽师地论》卷八十一摄释分之上，《大正藏》第30册，第753页中。

毗奈耶摩怛理迦，总略名一摩怛理迦。"①

摩呾理迦并非仅指一种体裁，如同优波提舍、阿毗达磨一样，可摄一切佛弟子依于佛教本位的一切佛教研究，故通于佛教义学之义。

（5）阿毗达磨

阿毗达磨，又作阿毗昙，乃梵文 Abhidharma 的音译，意为对法、无上法、胜法等。阿毗达磨的本义是指佛陀的证法，即现观之法，包括智慧及其境界，但因为佛弟子需修学才能发起智慧，所以又进而摄佛陀度化众生的教法，如《摩诃僧祇律》云："阿毗昙者，九部修多罗，是名阿毗昙。"② 在此意义上，阿毗达磨指佛陀的一切教说。在大乘中，虽然没有明确以佛陀一切教说为阿毗达磨，但佛陀的教说是可以称阿毗达磨的，如《阿毗达磨大乘经》之名所示。由于阿毗达磨本义是与智慧关联，最初是关注对所缘法从种种相予以说明、观察，如《大智度论》云：

> 云何名阿毗昙门？或佛自说诸法义，或佛自说诸法名，诸弟子种种集述解其义。如佛说："有比丘于诸有为法不能正忆念，欲得世间第一法，无有是处；若不得世间第一法，欲入正位中，无有是处；若不入正位，欲得须陀洹、斯陀含、阿那含、阿罗汉，无有是处。有比丘于诸有为法正忆念，得世间第一法，斯有是处；若得世间第一法，入正位；入正位，得须陀洹、斯陀含、阿那含、阿罗汉，必有是处。"如佛直说世间第一法，不说相义、何界系、何因缘、何果报，从世间第一法，种种声闻所行法，乃至无余涅槃，一一分别相义，是名阿毗昙门。③

---

① ［印］弥勒：《瑜伽师地论》卷一百摄事分中本母事序辩摄，《大正藏》第 30 册，第 878 页上。

② 《摩诃僧祇律》卷一四明单提九十二事法之三,（东晋）佛陀跋陀罗共法显译，《大正藏》第 22 册，第 340 页下。

③ ［印］龙树：《大智度论》卷十八释般若相义第三十，《大正藏》第 25 册，第 192 页下。

由此进一步注重诸法法相的解释、组织与抉择，换言之，以明了分别、善巧抉择为其特点，①具体以种种类别分别、组织、统摄一切法相，而后诠说、抉择，从而在中国的译著中称为法相学。

虽然阿毗达磨最初是指佛说，但真正充分体现阿毗达磨特点的开展，主要还是佛弟子的著述，从部派佛教到大乘佛教，都出现了众多阿毗达磨性质的著述。佛弟子的阿毗达磨依于佛陀教说，主要体现了五大意趣：一者，于一法从种种相说明；二者，以简明法相类统摄一切法相，如建立因缘、自相、共相、摄、相应、成就等类；三者，通过法相类统摄种种层次法相由简至繁予以解释诠显；四者，以分析、比较等方式抉择诸法相，对治谬见而显示正见；五者，依于正见思维、观察，以获得现观，发生智慧，最终走向解脱觉悟。在佛教大小乘中都有众多阿毗达磨式的著述，在部派佛教中以说一切有部为代表，在大乘佛教以瑜伽行派为代表。大众部、经量部都有庞大的阿毗达磨著述，但惜未流传至今，现见到的主要有上座系的《舍利弗阿毗昙论》《阿毗达磨发智论》及其六足论《阿毗达磨法蕴足论》等、《阿毗达磨大毗婆沙论》《阿毗达磨俱舍论》《阿毗达磨顺正理论》等，大乘有《大乘阿毗达磨集论》等。

既然建立阿毗达磨的意趣是引导众生发生智慧，因而，不仅佛陀的经教可统称阿毗达磨，佛弟子依于佛陀教说的一切著述也当如此。在此意义上，阿毗达磨不但是一种解释法相的体裁，更用于指一切佛教义学开展。在三藏中，论藏统摄一切佛弟子的佛教义学著述，梵文称阿毗达磨藏，即体现了此意趣。实际上，在印度佛教中，优婆提舍、摩呾理迦、阿毗达磨都可用于统称一切佛教义学的开展，三者可互通，如《瑜伽师地论》云：

> 云何论议？所谓一切摩呾履迦、阿毗达磨。研究甚深素呾缆义，宣畅一切契经宗要，是名论议。如是所说十二分

① 释印顺：《说一切有部为主的论著与论师之研究》，第29-30页，台湾：正闻出版社，1992年。

教，三藏所摄，谓或有素怛缆藏摄，或有毗奈耶藏摄，或有
阿毗达磨藏摄。当知此中若说契经、应颂、记别、讽颂、自
说、譬喻、本事、本生、方广、希法，是名素怛缆藏；若说
因缘，是名毗奈耶藏；若说论议，是名阿毗达磨藏。①

当然优婆提舍、摩呾理迦、阿毗达磨就其本义而言是有区别的，
其中优波提舍较为笼统，而摩呾理迦与阿毗达磨则特色鲜明。如摩呾
理迦摄一切了义经推源佛说，强调释经宗趣，法义所本，而阿毗达磨
遵经以简择类分，唯务其末，重在阐明、抉择法相。②

（6）蜫勒

蜫勒，梵文 Karaṇḍa，本义为篮，或者箧藏，③转具广解佛说，而
包含一切法义之义。"蜫勒"最初指摩诃迦旃延解佛说所作论书，如《大
智度论》云：

> 有人言：佛在时，舍利弗解佛语故，作阿毗昙，后犊子
> 道人等读诵，乃至今名为《舍利弗阿毗昙》；摩诃迦旃延，
> 佛在时，解佛语作蜫勒（蜫勒秦言箧藏），乃至今行于南天
> 竺；皆是广解佛语故。④

由于是广解佛语，此论书篇幅巨大，达三百二十万言，后世的简
略版本也有三十余万言。⑤后来，由于传承与影响，蜫勒成为一种解
说佛说的体裁，所谓蜫勒门，而与阿毗达磨门、空门并列，三者在阿
含佛教中由佛陀的三大弟子摩诃迦旃延、舍利弗与须菩提分别弘扬。

---

①　［印］弥勒：《瑜伽师地论》卷二十五本地分中声闻地第十三初瑜伽处出离地第三之四，
《大正藏》第 30 册，第 419 页上。

②　吕澂：《吕澂佛学论著选集》卷一，第 34 页，齐鲁书社 1991

③　吕澂说"蜫勒"乃"毗勒"的讹写，梵文 Peṭa，非也。参见释印顺著《初期大乘佛教
之起源与开展》，第 355 页，台湾：正闻出版社，1994 年；萨尔吉著："《大智度论》中的
蜫勒与毗昙"，载《法音》2003 年第 7 期。

④　［印］龙树：《大智度论》卷二初品总说如是我闻释论第三，《大正藏》第 25 册，第 70
页上。

⑤　同上书，卷十八释般若相义第三十，第 192 页中。

如云：

> 智者入三种法门，观一切佛语皆是实法，不相违背。何等是三门？一者、蜫勒门；二者、阿毗昙门；三者、空门。①

蜫勒的论说方式在《大智度论》中有直接的说明："蜫勒广比诸事，以类相从，非阿毗昙。"②又说："若人入蜫勒门，论议则无穷，其中有随相门、对治门等种种诸门。"③如云：

> 随相门者，如佛说偈："诸恶莫作，诸善奉行，自净其意，是诸佛教！"是中心数法尽应说，今但说自净其意，则知诸心数法已说。何以故？同相、同缘故。如佛说四念处，是中不离四正勤、四如意足、五根、五力。何以故？四念处中四种精进，则是四正勤；四种定，是为四如意足；五种善法，是为五根、五力。佛虽不说余门，但说四念处，当知已说余门。如佛于四谛中，或说一谛，或二、或三，如马星比丘为舍利弗说偈："诸法从缘生，是法缘及尽，我师大圣主，是义如是说！"此偈但说三谛，当知道谛已在中，不相离故；譬如一人犯事，举家受罪。如是等名为随相门。

> 对治门者，如佛但说四颠倒：常颠倒、乐颠倒、我颠倒、净颠倒，是中虽不说四念处，当知已有四念处义。譬如说药，已知其病，说病则知其药。若说四念处，则知已说四倒，四倒则是邪相；若说四倒，则已说诸结。所以者何？说其根本，则知枝条皆得。如佛说一切世间有三毒，说三毒当知已说三分、八正道；若说三毒，当知已说一切诸烦恼毒：

---

① ［印］龙树：《大智度论》卷十八释般若相义第三十，《大正藏》第25册，第192页上-中。
② 同上书，卷二初品总说如是我闻释论第三，第70页上。
③ 同上书，卷十八释般若相义第三十，第192页中。

十五种爱是贪欲毒，五种瞋是瞋恚毒，十五种无明是愚痴
毒，诸邪见、憍、慢、疑属无明，如是一切诸使皆入三毒。
以何灭之？三分、八正道。若说三分、八正道，当知已说一
切三十七品。如是等种种相名为对治门。是等诸法名为蜫勒
门 ①

从中可看到，蜫勒有三个特点：一者，常举一法来代余法论说；
二者，以种种门、种种类统摄诸事，如随相门、对治门等，又如九
类，大致为"分别说戒、分别说世间、分别说因缘、分别说界、分别
说同随得、分别说名味句（名句文）、分别说集定、分别说集业、分
别说诸阴（蕴）"，此对阿毗达磨的法相论说的分类有重大影响；②三者，
通过诸门、类别，广分别佛说，以及诸法相、法义。第二个特点是其
真正有别于阿毗达磨的地方，无量分别，充分解说，无尽阐明，所谓
"论议则无穷"。

既然蜫勒广解佛语，可包摄一切法义，所以也可用指一切佛教义
学的开展，成为佛教义学的一种别名。

2. 佛教义学的别相形态

（1）偈颂与长行

佛陀的经教有偈颂与长行，一般是混合出现的，但在佛弟子的著
述中，单纯类型并不少见，比如很多著述直接就是偈颂形式，如部派
佛教的《阿毗达磨俱舍论本颂》，如大乘佛教的《中论颂》《辩中边论
颂》等。一方面，偈颂利于标示、统摄、总结繁复的法义、法趣及法
相，长行利于叙述、解释、抉择、论说；另一方面，偈颂利于诵持、
温习以及传承、传播，长行利于理解。因此，偈颂与长行在佛教义学
开展中历来都是兼用的。

① ［印］龙树：《大智度论》卷十八释般若相义第三十，《大正藏》第25册，第192页中-下。
② 吕澂：《印度佛学源流略讲》，上海人民出版社，1979年，第303-304页。

（2）注释与疏释

佛陀的教说（佛说）作为度化众生的最高指南，一直是佛弟子学修的根本依据。在佛教史上，对佛说的闻思修研究以及讲授，更多采用了注疏方式进行。这对佛陀引领的度化事业的开展具有重要意义。具体而言，注疏不仅利于系统、深入地理解佛说，而且利于传承、传播佛说，以及形成佛教教与学的传统，尤其是，注疏的开展能够深入探求与系统显示佛陀教说的意趣，避免断章取义、片面曲解，保证佛陀教说的真义能够得到如实传递与弘扬，从而实现正法久住、法轮常转。对佛经直接的注解称为注释，而对此注释的进一步注解称为疏释。

在佛教的度化中，佛陀圣弟子的论著也对众生闻思修具有重要指导意义，因此，一些重要的论著常也有大量的注释以及疏释出现。正是通过论，及经论的注疏，才形成了种种宗派，或者佛教义学学脉。

在古代印度，注疏经论最多者是世亲菩萨（公元4-5世纪）；在古代中国，则是窥基大师（632-682）。后者所作注疏的典范是对《成唯识论》的注释，即《成唯识论述记》，其弟子慧沼大师（651-714）以及再传弟子智周大师（668-723）进一步做了疏以及复疏，即《成唯识论了义灯》与《成唯识论演秘》，形成了对《成唯识论》的系列注疏，并由此奠定了中国唯识宗的唯识学脉。

（3）释经论与宗经论

释经论与宗经论皆是依于佛陀经教的论说，直接显示佛弟子一切思维与言说皆需以佛为依、为根、为眼的皈依立场。在此意义上，佛弟子的一切论说不出这两者范围，虽然有直接与间接之别。

凡释经论实际都属对佛陀经教的注疏，但有广狭的区分。其中，广义者，谓对经教的一切注疏都可称释经论；狭义者，谓注疏中予以了系统的开阐与深度的发挥者。本文的释经论指狭义者。

释经论略分四类：一者，释解整部经者，如《十地经论》；二者，释解经之部分者，如《大智度论》，其是《大品般若经》的部分释论；三者，释解经之要义者，如《摄大乘论》，其是《阿毗达摩大乘经》

的十句义即"十相殊胜殊胜语"的系统释论；四者，以诸要义或者种种相门去概括、释解一部经者，如《金刚般若波罗蜜经论》，以诸句义摄释《金刚经》。

宗经论乃依于经的教理、意趣所造之论，略分为三类：一者，依于佛陀一部或者一类经的具体道理建立论说者，如《四谛论》是以佛陀阿含经教的四谛道理为中心之论，又如《辩中边论》是以佛陀唯识经教的三性唯识道理为中心之论；二者，依于佛陀一部或一类经的意趣建立论说，如《中论》主要是贯彻佛陀的般若教的空意趣之论；三者，依于佛陀经教的总体意趣或者道理论说者，如体现了补特伽罗无我或者三法印或者三宝皈依性等者。显然，前二者与佛陀经教有直接的关联，第三者乃是间接关联。正是在最后一种的意义上，我们可说佛弟子的一切闻思修研究不出释经论、宗经论的范围，这也是对佛弟子开展的一切佛教研究的内容限定，即佛教本位性的基本要求，以保证佛教义学的纯粹性质。

与此相似，也可区分出释论之论，以及宗论之论，这二者一般是具体宗派内部的论说开展，将宗说予以阐释与发挥，但常有过度化的弊端出现，而令宗学走向极端，如《阿毗达磨大毗婆沙论》作为《阿毗达磨发智论》的释论就是一例，它既是说一切有部思想的集大成，又代表了其传统走向终结。

（4）经、律与论学、学派及宗

经学谓围绕或总或别佛陀经教的众多闻思修研究，如涅槃经学、华严经学等。其中一般对一经或者一类经开展闻思修研究而形成一类相续传承的传统，称学派，如涅槃学派。若进一步建立宗趣，形成相续传承的传统，即为宗派，如印度瑜伽行派、印度中观派、中国华严宗等。

律学谓围绕或总或别佛陀律教的众多闻思修研究，其中一般对一律教或一类律教的闻思修研究，形成一类相续传承的传统，称学派；若进一步有宗趣建立，并依之形成传统，可称为宗派，如中国律宗。

论学谓围绕一论的众多闻思修研究。若于此形成一类相续传承的传统，称学派；若进一步建立宗趣，而形成传统，则称宗派，如中国三论宗、中国唯识宗。

（5）宗论与宗学

宗论即宗派之论，其所成之学称宗学。宗论包括立宗论以及随宗论，前者是立宗之论，后者是随顺立宗之论而撰著者。立宗论根据其来源，可略分五种情况：一者，教宗论；二者，趣宗论；三者，论宗论；四者，缘宗论；五者，自宗论。

教宗论谓直接依于佛陀经教而立宗者，即直接随顺佛陀经教而依于其规模立者，如印度瑜伽行派，其依于佛陀经教的三性唯识观所统摄的道次第立宗，忠实地传达了佛陀瑜伽行教的旨趣、法度以及境行果道次第。

趣宗论谓虽然依于佛陀经教但偏重在意趣上贯彻者，如印度中观派，其立宗之论如《中论》契合佛陀般若教的空意趣，但并未直接地随顺其规模。

论宗论谓直接随顺共许的大论而立者，如中国的三论宗与唯识宗，前者宗龙树菩萨与提婆菩萨的三论而立宗，后者宗世亲菩萨的《唯识三十颂》的护法释立宗，具体体现在《成唯识论》的糅译中。

缘宗论谓以佛陀经教为引缘，而偏重于发挥者，如中国的天台、华严宗，其核心教理纲要作为圆教系统以法华经、华严经为引缘，然而并非来自佛陀圣教，属于自意发挥立宗。

自宗论谓强调不依经论而重自意自悟立宗者，如中国的禅宗，称"教外别传"，以明心见性而自悟自觉为宗。

（6）护教论与辅教论

护教论乃维护佛教的辩护论，包括护教之论与护宗之论两类。护教之论乃对佛教整体性质的辩护，在佛教史上大致分几种情况：

一者，厘清佛教作为出世间学（圣道）与世间学之别，显示其乃真正的解脱觉悟之道，在很多论典中都有这些内容；或者阐明大乘与小乘之别，显示大乘真是佛说，如《大乘庄严经论》的〈成宗品〉以八义成立"大乘真是佛说"。

二者，批驳世间对佛教的误解与诽谤，如慧远大师作《三报论》，批判世间对佛教善恶报应观的怀疑与否定。

三者，批驳小乘对大乘的否定，如玄奘大师在印度作《制恶见论》，批驳小乘正量部僧般若毱多（Prajñā- gupta）的"大乘非佛说"论，论证大乘经是佛说。

护宗之论是维护宗派的辩护论，用于宗派之间的辩论之用，驳其他宗派对己宗的误解与诽谤而护己宗，如玄奘大师在印度所作的《会宗论》批驳那烂陀寺中观派僧师子光（Siṃha- raśmi）对唯识学的破斥，同时会通唯识学与中观学。

总的来看，破斥外道之说，开显与维护佛教，在印度很多佛教论著中都具有涉及这方面内容的专品，甚至亦有这样的专论。在中国佛教史上，也如此。必须注意，在《弘明集》《广弘明集》中系统收集了不少护教论著，但相对而言论说的教理层面不高，而玄奘大师的两篇《制恶见论》《会宗论》在护教论著中属最深刻、最严密的，可惜没有翻译为汉文。

辅教论乃属对社会中未入佛教圣道的大众弘法结缘之论，用以摄受世学而引导他们成熟其善根。这大致包括了三方面：一者，在社会上开显与弘扬佛教人天乘道理特别是善恶因果报应道理，这在中印佛教论著中不少见；二者，将大小乘圣道的种种道理如缘起、慈悲等随缘糅化在世间法中，以行普摄普化；三者，摄受世间共学与众生结缘以成熟其善根，如在古代印度摄受四种外明即声明、医方明、工巧明与因明，而在古代中国，还摄受本土思想代表儒家、道家等，如表明佛教不违儒家，提倡佛教与儒、道"三教合一""三教一致"等。从《弘明集》《广弘明集》起，中国就不断有辅教论出现。

（7）圣贤传史、经典史与学说史

在古代印度，最先出现的有依于佛说编辑的佛与圣弟子包括过去生在内的因缘事迹等，但一般属于经藏，而这里谈到的史主要指佛弟子后来依于佛教本位立场撰写的、属于论藏者。

史主要包括三类：一是圣贤的，主要指传；二是经典的；三者学说的。

圣贤传史类在古代佛教史中内容最丰富，可略分三种；

一者集传，即众多佛教圣贤的集成传记，有两类：一者集成的佛及其弟子传的，如纪传体的《佛祖统纪》、编年体的《佛祖历代通载》等；二者集成的佛弟子传，如《付法藏因缘传》《高僧传》《续高僧传》以及各种灯录等。

二者佛传，谓佛陀之传，如《释迦谱》，其涵盖了佛陀的家世谱系，以及佛陀的度化事迹；

三者佛弟子传，谓佛陀的单个四众弟子之传，如《马鸣菩萨传》《龙树菩萨传》《提婆菩萨传》《婆薮槃豆法师传》《大唐大慈恩寺三藏法师传》等，又如《阿育王传》等。

经典史谓佛陀教说在世间出现、结集、传播、翻译的历史，主要分经典结集史、经典流传史与经典翻译史三类；论也可成立类似的论典史。经典结集史如《撰集三藏及杂藏传》，经典流传史如《华严经传记》，经典翻译史如《历代三宝纪》等。

学说史谓佛教宗派学说的历史，如《异部宗轮论》，其按照印度部派佛教的部派分裂情况叙述了各个部派的基本学说。

（8）文献学、典语学与义类学

佛教文献学是依于佛教本位立场关于佛教典籍的学问，可包括印度典籍、翻译典籍以及非印度撰述典籍三方面，其中典籍史也可在前文的经典史中叙述。古代的印度典籍文献学主要通过汉译、藏译以及后来的巴利语典籍文献学来间接的说明。在翻译典籍文献学中，汉传、藏传佛教传统都主要体现在经录的考证与编撰中，如汉传佛教在西晋时已有简单经录出现，到东晋道安大师（312-385）的《综理众经目录》，经录学真正开始形成，后来不断有经录问世。相对而言，古代佛教文献学的范围还是比较狭窄的。

佛教典语学谓佛教经典语文学的简称，是关于佛教经典语言的学问，凡佛教典籍涉及的经典语言都在研究范围内，其中印度佛教经典语言、中国佛教经典语言、西藏佛教经典语言、南传佛教经典语言、西域佛教经典语言是重点。如在古代中国，有《一切经音义》《翻梵语》《翻译名义集》《悉昙字记》等出现。

佛教义类学乃佛教典籍中的名相以及事迹的汇集与解释的学问，包括名相、事相以及综合三类。其中，名相义类如《大乘义章》《大乘法苑义林章》《诸经要集》等；事相义类属于事汇性质，如《经律异相》等；综合义类属于百科全书性质，如《法苑珠林》等。

四、佛教学术研究的立场

古代中国佛教研究大多乃佛教义学研究，而现今毋庸置疑主要是佛教学术研究。这两种研究意趣不同，皆有各自开展所依据的立场，这是需要辨析清楚的，毕竟佛教义学研究要在明确其价值立场的前提下才能有效地进行。

1. 作为追求客观、公共知识的佛教学术研究立场

（1）非佛教本位之立场

佛教义学立场，即佛教义学研究立场，作为佛教义学研究的出发点，在前文已述，称为佛教本位立场，除此之外的一切佛教研究立场皆非佛教本位立场，因而据此开展的佛教研究都不能称为佛教义学研究。

（2）佛教学术立场

非佛教本位的佛教研究立场实际就是世俗立场，但其所摄的具体立场有无量类型，共许程度也有种种差别，这里我们最关注在世间共许程度最高的佛教研究立场。不同时代、不同文化背景一般都有共许最高的立场，在现今时代共许程度最高的佛教研究立场无疑是佛教学术立场，即佛教学术研究立场。换言之，学术立场在现代学问研究中已经普世化、公共化。佛教学术立场即是学术立场在佛教研究中的具体体现。

学术研究要达到的目标是知识，即客观、公共的知识，这要求通过相应的学术研究立场来保证。

一般学术立场大致依次有三个层面的含义：一者规范层面；二者原则层面；三者根据层面。学术立场最直接的显现即外在层面是学术规范层面，其精神趣求即内在层面是原则层面，而最深也是隐含着的基底层面乃根据层面，实际属于价值性质，即价值层面。因此，依根据层面建立原则层面，又依原则层面建立规范层面，反过来，以规范层面体现原则层面，又以原则层面体现根据层面。

如果从特质看，学术立场这三个层面具有不同性质特征：根据层面归摄为以科学人本主义为本质的理性，即科学人本理性，所谓普世性；原则层面归摄为以前述科学人本理性为本质的学术精神；规范层面归摄为以前述学术精神为本质的规范性。

2. 佛教学术立场的原则层面

佛教学术立场的原则层面大致有四义：一者客观，二者中立，三者公共，四者真实。我们一般说学术精神，就指此四义。

（1）客观原则

客观原则要求佛教研究的对象须外在化、对象化，即主客分离，意在表明只有保持距离，才能如实呈现研究对象的本来面目而获得真正的知识。客观化有利于消除研究者主观性、情感性、随意性处理研究对象的弊端，对正确认知研究对象具有积极的一面，但这对佛教而言，本质上不仅无助于真正认识佛教，而且能够障碍真正认识佛教。

具体而言，按照佛教，研究佛陀圣教的目的并非是获得外在的知识，而是要正闻熏习，为成就圣果积累智慧资粮，故其恰恰反对将佛陀圣教外在化，反而要求将其拉近乃至拉入到心中，与其保持零距离的反复接触，打成一片，而形成熏习。用比喻来说，熏习如同一物熏香，必须要将此物与花放在一处，经过一段时间，才能沾染而植入花香。所以佛教的熏习是要通过与佛陀圣教打成一片，让其影响研究者内心的一切。而且佛教强调，要正确理解佛陀圣教，也不能外在化，因为佛陀圣教是出世间法，绝非世间流转性质，因而必须是基于善根发用，才能与佛陀圣教构成相应而达成如实理解。其中，以研究者的善根去相应研究对象，就不可能是客观化，就不可能是保持距离。

还必须指出，佛教的根本乃通过证悟诸法实相而实现涅槃，但证悟是亲证，即直接、如实地认识，所谓自内证，绝非对象化、二元化的认识，绝非获得外在化的知识，如果以主客二元分立的"客观性"去要求，佛教的证悟、涅槃根本不可能满足佛教学术立场的"知识"的含义，佛教本质上遭到了否定。简言之，这条原则直接与以亲证为体性的佛教本位相违。

（2）中立原则

中立原则作为价值原则，意味在研究佛教对象时要求价值中立，而在价值取向上不预设立场。这是要告诉我们，如果有价值偏向，就无法如实、公正地把握对象，所以在研究过程中，要求研究者放弃自己诸如信仰之类的价值述求。应该说，在一般研究过程中，放弃自己前具的成见开展研究，是必须的，否则无法如实呈现研究对象的本来面目。但在佛教那里，情况有所不同。

佛教强调，佛教研究要成为如实、公正地理解佛教的方式，一方面要放弃自己的世俗执见，甚至佛教宗派见，这似乎体现了"中立原则"，但另一方面，佛教研究的最终目标是超越于言说、分别之外，这要求必须是闻思修的体现，必须建立在真正皈依三宝的基础上，即根据于佛教本位，换言之，只有实现了真正的皈依，才意味研究者的善根已经成熟，而能与佛陀圣教构成相应，从而发生对其的正确理解，这在前文已有述。所以佛教不可能承许"中立原则"。

中立原则还意味作为佛教信仰者的佛教研究者在佛教研究过程中必须悬置或者放弃对三宝的皈依立场，即要求研究者在具有佛教信仰者与佛教研究者双重身份时，为了开展佛教研究，必须悬置或者放弃前者，但这对真正的信仰者而言是不可接受的。换言之，依据佛教学术立场，真正的佛教信仰者永远不可能真正认识佛教，因为他不可能在任何情况下有意识地悬置或者放弃其佛教信仰！这条原则直接与以皈依为前提的佛教本位相违。在此意义上，佛教四众弟子作为佛教信仰者，不应该从事真正的佛教学术研究，否则，一旦从事真正的佛教学术研究，就等于放弃了佛教信仰立场，违背了三皈依，即舍去了真正的皈依。

（3）公共原则

公共原则要求佛教研究应具有公共性，即在表达时必须要有公共接受的可能性，否则就不会被允许进入佛教学术的学问空间。公共性要求首先建立在学术共同体上，其次再延伸到社会中。[①] 所诉诸的公共表达在形式与内容方面都对研究有限制。在形式上要求满足公共交流的规范性，即要求学术研究一体遵行学术共同体所普遍认可的表达规则与方式，反对"自说自话"，否则就不能进入交流而不被接受为学术与知识。在内容上要求得到公共理解与验证，排除私人情感与个体体验直接作为事实与知识的可能，换言之，学术要求获得与增进公共知识。

在此意义上，佛教整体甚至其基本的事实与道理，比如，不论其神圣性，还是其甚深境界性，以及不可思议的智慧神通，乃至世界观，不可能得到公共原则的承许，而直接进入佛教学术研究的学问空间。因此，佛教的基本构成不可能在佛教学术研究中呈现出来，换言之，在佛教学术研究中不可能开显真正的佛教。略举几个例子，可知佛教的核心事实与道理必定被排除于学术研究的知识之外：

一者，佛陀、菩萨、独觉、阿罗汉等作为圣者，与多佛身，以及化身示现，超越于人的存在；

二者，涅槃与解脱、觉悟以及真如，超越于人的境界；

三者，除人、畜生外的三界六道众生，在人间不直接显现，但存在；

四者，三界、净土超越于人间范围，以及科学认识之外；

---

① 学术共同体又称知识共同体，乃学术研究者所共许的价值平台与学问空间。

五者，亲证、神通超出人的常识与认知，难以得到科学检验；

六者，生死轮回超出人这一生范围，无法用科学认知与检验。

这些由于超越于人的存在或者认知，无法用科学方式验证，甚至涅槃与解脱、觉悟以及真如等不能用思维来分别以及逻辑与语言来表达，皆不满足公共原则，所以佛教的基本内容都不可能直接进入客观知识领域，在此意义上，为佛教学术研究所排斥。

由此可知，公共原则直接体现了现今文化背景中共业所摄的普世性与公共性方面，对佛教的本位意义及其基本构成强大消解力，从而直接与以出世间性为本质的佛教本位相违。

（4）真实原则

真实原则谓佛教学术研究内容要具有可验查的真实性，以保证其成为公共知识。这种公共知识意义上的真实性，是建立在学术共同体或者说知识共同体的验查与许可的基础上的。当然这种真实与佛教及其义学研究所要显示的真实是不同的，尤其后者最终所要趣求的真实即诸法实相真如，作为圣者的亲证境界，更不可能通过学术共同体的验查而得到许可，乃至前文所说的涅槃、解脱、觉悟、圣者、三界、净土、六道、生死轮回、亲证、神通等也如此。也正是在此处，佛教与佛教学术研究的事实基础的差别就鲜明地凸显了出来。

简而言之，佛教学术立场的原则层面，作为对佛教学术研究的原则指导与限定，允许对佛教的学术探究与表述，但排除了佛教自身作为圣道的基本内容直接进入学术知识范畴，也就排除了与佛教本位立场直接融合的可能。

3. 佛教学术立场的规范层面

佛教学术立场的规范层面，即佛教学术研究的规范层面，谓佛教学术研究的具体规范，其依于佛教学术立场的原则层面建立，目的在于直接规范研究以使研究内容能够公正地增加佛教学术知识。由此，就需要对研究的过程与成果作约束，这包括两方面：一者研究者方面，二者学术共同体方面。

简略地看，对研究者方面的约束有五：

一者，要求产生学术成果的因素来源在学术共同体那里视为可靠并得到共许，比如来源已被承认或者可以验证，以及不能弄虚作假等；

二者，要求学术成果产生的方式正当，这相当于道德要求，如不能剽窃、不能不正当竞争等；

三者，要求学术成果具备有价值的公共知识增量，如不能完全重复等；

四者，要求学术成果表达的方式如用语需合乎学术用语规范，以能用于公共交流，而且在引述、注释、参考文献等等方面也得满足规范要求，如不能自说自话等。

五者，要求学术成果内容中的事实作为公共知识可以验查，这样就排除了个人情感、个体体验等个体性事实成为学术研究认可的知识内容的可能。

对研究者的约束需要学术共同体来建立。而且为了保证学术研究的品质，学术共同体还需建立佛教学术研究的种种具体规范，以及相应的审查与监督制度，一旦发现不符合研究规范的研究，需责令研究者改正，涉及严重的道德问题者更要予以惩罚。总之，学术共同体负有建立、维护学术研究的学问空间的责任。当然，学术共同体以及研究者都会受到社会的监督。

由于佛教学术立场的规范层面乃佛教学术研究的原则层面的具体体现，因此，如前文所述，这就决定了佛教自身作为圣道的基本内容大多无法满足学术规范，从而无法成为大众可交流的公共知识，同时，佛教义学研究也无法符合佛教学术规范而进入佛教学术研究的学问空间。这具体可通过检视佛教学术规范的五条约束相对佛教及其义学研究的关系予以了知：

第一条要求产生学术成果的因素来源在学术共同体那里视为可靠并得到共许，这明显与佛教及其义学研究的意趣不一致。因为在后者中，定以佛陀圣教为依止，以及以圣者自己的亲证为依止，但此二者都不会得到学术共同体的共许，亦不会被视为可靠，这在前文已有具体说明，此处不赘述。

第二条要求学术成果产生的方式正当，这倒不与佛教及其义学研究在道德方面的要求相矛盾，甚至后者更严格，当然也更内在化。

第三条要求学术成果具备有价值的公共知识增量，这与佛教及其义学研究的趣求相违，因为后者并不属于学术共同体的公共知识的范畴，而且也不追求这种世俗的公共知识的增加，相反倒是努力去信受、随顺、相应于佛陀圣教，努力去把握佛陀圣教的意趣，由此逐渐破除对世间相的执著，去证悟绝非世间相的诸法实相。既然佛教及其义学研究根本上是去缚去执，其内容就必须与此相随顺，故难以成为学术意义上的公共知识增量。

第四条要求学术成果表达的方式如用语需合乎学术用语规范，以能用于公共交流，这在佛教及其义学研究那里本质上是不能满足的。后者的很多名相与道理无法直接进入学术的用语系统，也不能用公共的学术术语直接表达。

第五条要求学术成果内容中的事实作为公共知识可以验查，这也是与佛教及其义学研究是矛盾的，事实上，后者最根本的事实如圣者、解脱、觉悟、涅槃、亲证、真如、净土、三界、六道、轮回等在学术共同体那里都不能得到验查。

4. 佛教学术立场的根据层面与共业平台所摄的普世理性

佛教学术立场所诉求的在学术意义上的客观、中立、公共、真实性，不仅为学术共同体，也为社会最广泛地许可，已经普世化为现今文化内在的基本精神，潜移默化地被认为是理所当然、自明的。此原则层面及依其所建立的学术规范层面本质上与佛教及其义学研究的立场和趣求不同，是世间性，而且是普世性，这意味其反映的是人道众生的共业性，而且是极共业性。要认识这种研究立场的本质，须深刻观察极共业对其的根基性。人道的极共业所摄的认识特征，笔者曾概括为五义，即人本主义、科学主义、历史主义、逻辑主义、话语主义。[①] 此五种主义构成了佛教学术立场的根基，是隐含在其中而被先在地认定的。这样的根基直接体现了共业性，摄五种主义而成一个内在的、普世化的世界观、真理观、价值观、方法论等意义平台，可称共业平台。[②] 共业平台作为现今普世化认识的基础，就是所谓的普世理性。

从本质上看，普世理性并没有无可置疑、超越性的正确性，仅是人类极共业在认识上的反映而已，在佛教看来属于人类普遍性的共执，构成了认识佛教真实的共业障、共执障，不仅不能作为佛教的认识基础，相反是佛教修学需要克服的执障。

人本主义是人道最基本的共业所摄之见，以人为一切的出发点与尺度，而人本文化以人本主义为中心建立，相应于人的存在、理性、情感、认识、经验等，不承许超越于人的层面者。这是学术立场的根源。人本主义直接否定了有超越于人的圣者及其境界存在的可能性，是对宗教和传统文化的"神性""圣性"予以"祛魅"的基本价值观。

科学主义是以人本主义为基础的共业所摄见，在主客分离的前提下，内在体现为科学理性，外在体现为对共业所感的世界发起的科学认识，而成立科学事实、科学世界、科学规律、科学理论、科学知识、科学文化等。科学主义作为人道极共业性的反映，乃是学术立场的客观性、中立性、公共性、真理性的最直接基础，排除了在科学之图像外存在任何真实的可能性，换言之，排除了有不接受科学检验程序而不属于科学事实的真实存在的可能性，如佛教中的真如、涅槃、解脱、觉悟、三界、六道、净土、圣者、轮回、神通、亲证等。

历史主义乃依于人本主义与科学主义形成的人本、经验的历史观，将一切事物视为人道与人类经验、情感、认识的平面性时空的因果展开，伴随人本主义、科学主义成为产生公共知识的基础之一，因

---

① 周贵华：《完整佛教思想导论》，宗教文化出版社，2013 年，第 38-47 页。
② 同上书，第 48-49 页。

此否定有超越于人本、经验的历史事实存在的可能性，如解脱、觉悟、涅槃、圣者等。

逻辑主义以逻辑为人类认识、思维、分析、推理、判断等的可靠性的保证，乃极共业性在人类理性中的重要反映。话语主义则以言说为表达、交流的唯一可靠渠道，也是人道众生极共业性的直接体现。此二者作为成立公共知识的主要辅助方法，排除了真如作为"言语道断、心行处灭"的离言真实以及涅槃作为不可思议的圣者境界等的存在的可能性。

从上可知，佛教学术研究立场的原则层面宣称客观、中立、公共、真实，但实际隐含着共业平台的意义设定，构成相当牢固的共执性，也正因为属于共业所摄，潜移默化地深根于人道大众内心中，所以带有极大的蒙蔽性，大众罕有所察，而反视其为客观理性，具有天然的正当性、普世性。

总之，人本主义、科学主义、历史主义、逻辑主义、话语主义这五种共业所摄见构成的共业平台，作为普世性的世间学术立场的内在意义设定，即普世理性，与出世指向的佛教及其义学研究立场构成的价值平台即善根平台①在性质与意义上大相径庭。实际上，此五种主义及其形成的宗教学方法、宗教经典诠释方法、宗教思想史方法以及文献学方法、历史考据方法等，作为佛教学术研究的理性与方法，是消解佛教的本位意义、解构佛教的内在基本构成的最强大力量。这是我们开展佛教义学研究所要清醒意识与清楚认识的。

五、佛教义学研究的立场

佛教义学研究的立场，即佛教义学立场，反映的是佛教义学共同体的共同立场，乃佛教义学研究开展的前提。此处佛教义学共同体是佛教义学研究者所共许的价值平台与学问空间。佛教义学立场最基本

---

① 周贵华：《完整佛教思想导论》，宗教文化出版社，2013年，第179-180页。

的表达是基于佛教本位，但其较为笼统，故有待具体阐明。前文从三个层面即根据、原则与规范论及佛教学术研究立场，下文也以类似三层面说明佛教义学立场。

1. 佛教义学立场的根据层面与善根平台、佛教本位立场

佛教义学研究立场的根据层面，是指开展佛教义学研究的最终依止。显然，作为根据的层面，必定是内在的，以能够保证佛教义学研究作为佛教闻思修的组成部分的佛教性质不变。在此意义上，根据层面也必定是开展佛教学修的最终依止。

具体而言，佛教义学立场的根据层面大致可分三方面：一者教位根据，谓以佛陀为教位根据；二者学位根据，谓以因位善根为学位根据；三者相应位根据，谓以因位善根与佛陀相应而发用为相应位根据。其中，因位善根谓众生（即未成佛者）所具的内在善根。

（1）佛陀作为教位根据

佛教义学研究，如同一切佛教修学，最终的根据首先是教位方面，即佛法僧三宝。但在三宝中佛宝为先、为本，所谓佛陀为"法根、法眼、法依"，而且三宝由佛陀建立①，故以佛陀来统摄三宝。在此意义上，教位即以佛陀代表，由此以佛陀成立教位根据。既然教位乃度化众生之位，就意味以佛陀为本即是以佛陀的善根为本，进一步以佛陀的觉悟为本，再进一步则以佛陀普度众生出世说法为本，即以佛陀圣教为本。如果没有佛陀为本，就不可能建立佛教的学修，也就不可能建立佛教义学立场。

（2）因位善根作为学位根据

众生内在具有善非善两种势力，其核心部分称为善根与非善根（即染根）。众生染根中由极共业所摄的部分及其相互关联乃佛教学术立场的最终根据，而其表现出来的共业平台则为佛教学术立场的直接依据。与此相对，众生善根（即因位善根）及其相互关联作为佛教义

---

① 《杂阿含经》卷二之三六经，《大正藏》第 2 册，第 8 页上。

学立场的根据层面所摄的学位根据，显示了佛教义学研究作为众生闻思修的系统开展，必然具有内在的因位善根作为依据。显然，没有因位善根的存在，佛教义学研究的开展是不可能的，因为染根，即使是极共业所摄的部分，绝不可能开展出基于佛教本位的佛教义学。此中，善根根本是佛性、如来藏，而其发用是善种子势力。

（3）相应作为相应位根据

相应位作为因位善根对佛陀（身口意）的随顺与相应，指因位善根成熟后相应于佛陀的身口意而发起的胜用。其中，因位善根成熟以真正皈依三宝为标志。相应位的存在意味佛教学修的发起，也就意味佛教义学研究的开展或者有了开展的现实可能。换言之，佛教义学的开展必然要以相应位的成立作为前提之一。

（4）善根平台与佛教本位立场

佛教义学立场的根据层面所摄的教位、学位与相应位根据，本质上是佛果位善根与众生因位善根以及二者的和合相应，这就包括佛以及一切众生的一切善根及其相应，从而构成了佛陀善根摄一切众生根的善根共同体。在此基础上成立佛教的真理观、染净观、方法论等意义平台，称为善根平台。由此可知，佛教义学立场的根据层面实际意味以善根平台为根据，也正是在此意义上可称其为佛教本位立场。

从研究与学修角度看，佛教本位立场的发起，是以皈依三宝为标志的。在此意义上，"佛教本位立场"又可称为"佛教信仰立场"。

2. 佛教义学立场的原则层面

佛教义学立场基于根据层面可成立原则层面，而原则层面直接体现佛教义学研究的精神特质。相对于佛教学术立场的原则层面所摄客观、中立、公共、真实四原则，佛教义学立场的原则层面可摄依教、随趣、善摄、如量四原则。这反映了前者依于共业平台而后者依于善根平台的本质差别。

（1）依教原则

佛教学术研究强调客观性，但佛教义学研究作为佛教闻思修的系统开展，强调作为学位的研究者必须尽可能亲近而贴近教位，即必以依于教位而"如是我闻""如实信受"为原则，换言之，以依于佛陀圣教进行正闻熏习为研究开展的前提，在此意义上可成立佛教义学立场原则层面的第一原则，即依教原则。这要求佛教义学研究必须依于佛陀圣教开展。其中必须指出，依于佛陀圣教（即作为所依）研究，并非指研究对象（即作为所缘）一定与所依同一，所缘也可是任何对象。

佛陀圣教本身有总别的不同，其所诠也如此，而且亦摄有种种因位善知识①的言教，由此，依教原则在贯彻于研究中时必定表现出种种差别。

首先看佛陀圣教的总别。佛陀所说有众多圣教，依于部分可称别门，依于整体可称总门。在别门意义上，依教原则意味依于佛陀部分圣教为前提开展研究，而在总门意义上，意味依于佛陀全体圣教即完整佛教开展研究。这就构成了总别的差别。就佛教义学研究作为佛教学修的组成部分而言，依于完整佛教研究是最应当的选择。

其次看佛陀圣教所开显内容的总别。佛陀出世说法，乃是为了度化众生成就佛果，故其所说圣教皆是指向佛果的一乘性，但众生的善根、垢障及心行的因缘情况不同，佛陀为了方便摄受与引导，就针对性地安立了种种类圣教，开显了种种乘道，如大乘、小乘（声闻乘、独觉乘）以及人天乘（人乘、天乘），因此，佛陀圣教所开显的内容就有总别的不同。其中，总者，即总相，为一乘，摄大乘、小乘、人天乘为一整体；别者，即别相，为三乘，所谓大乘、小乘与人天乘。一般而言，依于佛陀圣教的总别最终都落实到依于乘的总别上，从而有了依于佛陀圣教总相乘即一乘的研究，以及依于佛陀圣教别相乘即大乘、小乘、人天乘的研究。依于总相乘的研究与依于别相乘的研究，都不可或缺，都应强调。

---

① 因位善知识指尚未成佛的一切善知识。

在中国佛教史上，古代强调圆教、顿教（皆取一乘性）而忽视别相乘大乘、小乘与人天乘及其构成的佛教整体，是偏颇的，而现今偏重强调小乘或人天乘而忽视甚至否定大乘、一乘，则过失更大。

佛教的每一道乘包括境、行、果部分，也有总别的依止角度。别门者，谓依于境行果中个别或部分而开展研究；总门者，谓依于境行果整体进行研究。其中，后者为最上。但在中国佛教中，古今少有注意境行果整体的，应该反思。

最后看佛陀圣教及其所摄因位善知识言教的主从。不仅佛陀（诸佛）度化众生，还有作为佛弟子的无量善知识度化众生，故就摄受与引导众生的言教而言，以佛陀圣教为主，还应摄因位善知识的言教为辅，构成主从的教说结构。由于因位善知识的言教必须依止、随顺与相应于佛陀圣教，故在研究中可成立两门，即主摄从门，与从摄主门。但二者中，前者以佛陀圣教摄因位善知识言教作为所依开展研究，为根本门，而后者以因位善知识言教摄佛陀圣教为所依开展研究，为方便门。毕竟因位善知识未成佛，其言说无法与佛陀圣教相比，因此如果过度强调，容易偏离佛陀圣道指向，故有根本与方便之别。还必须注意，如果将佛陀圣教与因位善知识言教割裂开来，忽视、舍弃甚至否定另一方，都是错误，这在印度与中国佛教的义学研究与践行中并不少见。

（2）随趣原则

佛教学术立场强调中立原则，但实际蕴含有根据层面作为共业平台的意义设定，佛教义学研究立场就没有这样的内在矛盾性，明确依于根据层面而显示自身随顺佛陀意趣的意义指向，建立随趣原则。

按照《法华经》，佛陀出世以种种方便、种种因缘、种种譬喻言辞为众生说法，主要有两个意趣，即为众生开示佛之知见，以及引导众生悟入佛之知见，其中"佛之知见"即佛之智慧及其境界。由此佛教义学研究在依于佛陀圣教开展时，意味其乃闻思修与度化众生之行，而可建立随趣原则，略有三义：

一者契理，即随顺乃至相应于佛陀智慧及其境界，后者体现为在经教中开显的种种道理以及诸法实相；

二者应机，或者称契机，即随顺众生善根、垢障与心行而应机随缘；

三者导正，即引导众生（包括自他）逐渐悟入佛陀智慧境界。

这三者不仅包括契理契机的意趣，也包括引导众生成就佛果的意趣。

（3）善摄原则

佛教学术研究强调公共原则，意在强调公共可理解性，以成立公共知识，佛教义学研究虽然不可能承许学术意义上的公共性，但许可建立佛教义学意义上的公共性，即在佛教义学共同体乃至善根共同体上的公共可理解性，①这要求佛教义学在表达上要建立善摄原则，略有三义：

一者遵循，谓遵循佛菩萨等圣者的表达；

二者随顺，谓随顺凡夫善知识的一些恰当表达；

三者巧摄，谓善巧地摄受外明即医方明、声明、工巧明、因明等世间共学的一些内容、方法等来进行表达，当然前提是须消解所摄受的内容、方法等的本位意义，仅在工具意义上或者说方便意义上来摄用。

通过遵循与随顺原则，能够在善根共同体获得公共可理解性；通过巧摄，不仅能够在佛教义学共同体乃至善根共同体上获得更广大的公共可理解性，而且能够熏习一般社会大众的善根，摄受与引导他们宽容佛教乃至逐步理解佛教。

（4）如量原则

佛教学术研究强调真实性，但这种真实并非佛教意义或者佛教义学意义上的真实，前者是在共业平台上成立的，后者是在善根平台上承许的。而且在后者中，佛教义学意义上的真实是依于佛教意义上的真实建立的。这里的真实在佛教意义上用"量"显示，由此佛教义学意

---

① 善根共同体即佛与众生的一切善根相应、和合而成的整体。

上的真实就用对量的随顺即"如量"来显示。

一般佛教的量分为三种，即圣教量、现量与比量。但其中真正可称为量者，只有圣教量与现量。现量指圣者的证悟，包括智慧及其所证境界，其中佛陀是圆满证悟者，因位圣者则是一分证悟者。圣教量并非现量，而是佛陀依于现量而安立的圣教，能够用于方便开显真实，并引导众生对治执著而证悟真实，故方便称量。因位圣者由于对真实有所证悟，其教说也可作为量，但次于佛陀圣教量，称准圣教量，而可摄在圣教量中。凡夫善知识的如理的言教，也可作为凡夫研究者随顺的依据，可称随圣教量，虽然意义上要弱于圣教量和准圣教量。

比量指通过逻辑、名相、共许来成立者，但逻辑、名相乃至凡夫的共许乃世间共业性，不能独立成立作为真实或者指向真实的量，如现量与圣教量那样。世间法只有在圣者特别是佛的摄受下作为圣教的一部分才能成为量，即圣教量（摄准圣教量），故佛教自身真正的量唯圣教量与现量，不许可比量。① 比量只有在随顺现量和圣教量的意义上才可方便安立。

基于佛教的圣教量、现量，就可成立佛教义学意义上的真实，即"如量"，可分二义：

一者，随顺现量者，谓因位圣者作为研究者随顺自己的亲证而开展的佛教义学；

二者，随顺圣教量者，谓研究者随顺佛陀的圣教量以及因位圣者的准圣教量、凡夫善知识的随圣教量开展的佛教义学。

总的来看，凡夫研究者只能随顺圣教量、准圣教量、随圣教量进行研究，而因位圣者可以随顺圣教量、准圣教量以及现量进行研究。

必须注意，虽然可随顺凡夫善知识的随圣教量进行佛教义学研究，但一般不能做独立依据，需要再依据圣者的圣教量与准圣教量，

---

① 周贵华：《完整佛教思想导论》，第16-17页；《作为佛教的佛教》，第160-165页，宗教文化出版社，2010年。

否则容易发生过度诠释。

3. 佛教义学立场的规范层面

佛教学术研究的规范层面主要是基于佛教学术共同体，再普摄社会共业平台建立的，而佛教义学研究的规范层面当然与此有别，是基于佛教义学共同体并摄善根共同体，再普摄社会大众善根建立的，而且由于佛教义学研究乃佛教学修的一部分，更强调对研究者的严格要求。其规范作为对佛教义学研究的约束，大致有九相，即发趣、摄取、法义、会通、识见、表达、殊胜、自警、平台规范，可简述如下：

（1）发趣规范，即对开展佛教义学研究应具备的前提条件的规定，略有四义：

一者，要求佛教义学研究者真正皈依三宝，并（对大乘修学者而言）发起誓愿成佛、普度众生的大菩提心，否则不可能将佛教研究开展为佛教义学研究；

二者，要求认识佛教义学研究作为闻思修的重要组成部分的意义，反对将其视为无益的文字游戏，即戏论；

三者，要求认识佛教及其义学研究与包括科学、哲学等在内的世间学以及佛教学术研究有本质不同；

四者，要求认识开展佛教义学研究对破除邪见，开显、抉择、弘扬正见，普度众生，而令正法久住具有必要性，而且在深度末法时代，具有紧迫性。

（2）摄取规范，即对佛教义学研究内容所摄取的因素来源的规定，主要有三：

一者，要求一般佛教义学著述所摄取的重要因素来源应主要是佛菩萨等圣者的经论以及教内共许的凡夫善知识的重要如法著述；

二者，要求从世学包括佛教学术研究著述那里摄取的内容应主要是工具性、资料性方面，避免植入世学的本位意义；

三者，要求不能随便采用佛教学术研究以及外道的术语，因其具有自己的世俗意义设定，如对大乘佛教义学研究而言，就不能称阿含佛教为"原始佛教""根本佛教"，以及不能持大乘发展演变观，即认为大乘佛教是自阿含经、部派佛教发展而来，盖因这些见暗含有"大乘非佛说"之义；又如对佛陀的教义安立不能说受到了印度外道的"影响"，否则就是在否定佛陀乃圆满觉悟者。

（3）法义规范，谓对佛教义学研究自己的法义建立方式的规定，主要有二义：

一者，要求以佛教自己特有的意趣、事实与道理为基础开展研究，对这些绝不能随顺世间法予以舍弃，如佛等圣者、解脱、觉悟、涅槃、智慧、真如、如来藏、无漏、度化、神通、三界、六道、净土、轮回等；

二者，要求方便建立佛教义学研究自己的名相系统，其中必须反映不断变化的时代与文化背景下的针对性。

（4）会通规范，即要求对佛菩萨等圣者的经论中看似矛盾或者不合理之处，（在排除翻译、传抄、印刷之误后，）不能怀疑、否定与批判，而应善巧理解与会通，但对凡夫善知识的著述在抉择法义的意义上可以批评。

（5）识见规范，即要求凡夫研究者在研究中其识见要随顺圣教量（摄准圣教量、随圣教量）来建立与阐说，不能搬运进或者偷运进世间见，也不能随自意虚妄分别而立见。

（6）表达规范，即要求用语方式、引述、注释、参考文献等等方面符合佛教义学共同体的规定。

（7）殊胜规范，即要求在内容上有深度化的识见、组织化的结构、条理化的叙述以及独特的贡献，避免肤浅的表达与简单的开示，以及重复旧有的内容。

（8）自警规范，即要求佛教义学研究者对自己的每一佛教义学研究的发心、目的、过程、内容等保持警醒，以令其不违背佛教本位立场，同时方便随顺世间的道德要求。

（9）平台规范。这是对佛教义学共同体乃至善根平台而言的，要求其建立、维护佛教义学研究的学问空间，具体有三方面要求：

一者，须建立佛教义学研究的具体规范，以保证佛教义学研究的佛教性质以及品质，并与佛教学术研究以及其他世间学问研究区别开来；

二者，对佛教义学研究的过程、内容以及成果予以引导、审查与监督，保证佛教义学的学问空间的健康存在与扩展，令佛教义学学脉延续而不坠，从而维护与支持佛教正法法脉久住世间；

三者，在社会范围内，对诽谤、破坏佛教以及佛教义学研究者，要予以谴责与批判，以维护佛教以及佛教义学研究的社会、文化以及圣道的合法性与正当权利。

六、现代佛教义学的学科化开展

1. 开展现代佛教义学的必要性与紧迫性

进入近现代，人类政治、经济、文化、社会发生了天翻地覆的变化，工业文明取代了农业文明，佛教面临的生存与弘化的环境与古代差别巨大，而且科学人本文化成为文化主流，令佛教如同一切宗教传统乃至一切思想传统一样，其本位意义遭到"祛魅"，以致在公共学问空间，除了佛教学术研究外，基于佛教本位的佛教义学研究的踪影几乎已经完全消失。在这种空前严峻的状况下，复兴佛教义学研究，接续佛教义学学脉，以维护佛教的本位意义和久住世间，就具有了必要性与紧迫性。

在现今开展佛教义学研究，具有四大基本意义：

第一是建立佛教的理论"防火墙"，以凸显佛陀圣教作为具足向上一路与向下一路的完整佛教的本来面目，澄清正法与相似法、世间法的性质差别，护持、捍卫佛陀圣教不受世俗性的遮蔽与玷污，而久住世间。

第二是以种种言说庄严佛陀圣教，阐明、显扬佛陀圣教的甚深道理、微妙境界与广大方便。

第三是以种种方便开显佛教普度众生成就圣果的无上殊胜意义，以及安顿和净化世道人心、奠基文化和道德的积极社会价值。

第四是契理契机建立种种佛教现代表达，包括向上一路以及向下一路，以随顺时代而如法开展佛教，建立连接众生与佛陀圣教的桥梁，并引导未信众生与佛教结缘乃至进入佛教，已信修学者能够保持正向而不断趋近涅槃。①

简而言之，佛教义学的开展对正法久住、法轮常转具有不容置疑的重要性。

置身于一个世俗化已达充分化的深度末法的时代，要复兴佛教义学，将面临着科学人本理性为本的现代文化普世化的意义消解，以及佛教学术研究的全面挤压，这要求我们树立佛教的忧患意识与担当意识，以勇猛开拓、炽燃精进的菩萨精神，直心荷担这一现时代的"大事因缘"。

开展佛教义学研究，既要回到佛陀的完整本怀，又要随顺广大众生的善根因缘，还要应对时代共学，或者批判，或者摄受，因此对古代中印佛教义学传统有继承，也有创新，这样形成的佛教义学在内容、形式与方法上皆会有别于古代佛教义学，故称现代佛教义学。

2. 古代中印佛教义学研究与现代佛教义学研究的差异

古今佛教义学在本质和意义上是一致的，但时代与众生不同，因而也有显著差别，略明如下：

一者，背景差别。古代印度佛教的大背景属农耕文明时代，神、圣文化盛行，世间或者世俗处在文化的低端，受到批判与抑制，而以超越世俗为精神趣求；其中尤其强调凡圣之别，但其可通过修道来转变，而实现转凡成圣。古代中国相似，最大的差别在于神教传统的影响较小，不过圣道作为其精神趣求的最高端也是中国文化的鲜明特征。到了近现代，进入全球化的工业文明，科学人本主义全面渗透，

① 周贵华：《完整佛教思想导论》，第167页。

世俗化达到充分化的程度，共业平台在相当意义上实现了世俗价值的全方位趋同，神、圣传统的本位意义遭到全面消解，成圣之道被划入了自高自大、自说自话的宗教迷信，退出了公共学问空间。

二者，学问性质差别。在古代印度与中国，佛教研究基本是教内佛弟子进行的，皆属佛教不同教派或者学派间竞争，所以即使没有自身的学科自觉，一般也属于基于佛教本位的佛教义学研究性质；但到近现代则情况大为不同，共业平台普世化，基于科学人本理性的学术研究成为压倒性的学问主流，佛教学术研究取代传统的佛教义学研究，独领佛教研究之名占据了佛教学问空间，本来在近现代前不绝如缕的佛教义学学脉就此几乎彻底断裂。

三者，学科意识差别。古代中国佛教义学包摄面较广，虽然大多内在契合佛教本位的要求，但少有明确强调基于佛教本位的学科意识的，而近现代佛教义学衰微，佛教义学研究相当部分都是在明确其依于佛教本位的学科意识下进行的，比如支那内学院欧阳竟无先生强调佛教义学为内学，乃"结论后之研究"，太虚法师强调佛教义学要"契理契机"地开展，印顺法师强调佛教义学要"以佛法研究佛法"。换言之，现代的主要佛教义学家都将佛教义学研究与世间其他研究区别开来。

四者，研究竞争差别。古代中国佛教研究基本是佛教义学研究，由此在佛教研究领域没有其他类型的研究来竞争，但在现代，佛教义学研究本来就衰微，又有基于科学主义人本主义的共业平台支撑的佛教学术研究的强势竞争，后者作为佛教的世俗性外在研究，几乎占据了整个佛教研究的学问空间，甚至佛教内部的学问空间，而佛教义学研究作为佛教自身的学问在社会的公共学问空间已找不到一席之地。所以，佛教义学研究作为佛教自身所应具的、内在的佛教研究，在现代须要通过自尊自信的开展与探索，赢回自己在佛教学问空间本来应有的地位，并且要清醒地认识到是主非客，佛教学术研究作为外在的佛教研究，反倒应是客，由此渐令佛教义学研究进入社会的公共学问空间。

五者，研究形式差别。在古代中国，佛教义学研究主要是注疏性质以及造论性质，也有史、文献等方面的开展，这些有一个共同特点，即大多属于佛教宗派义学研究范围。在古代印度也如此。古代印度的佛教义学研究大兴于部派佛教阶段，当时就大部派而言，就有二十余个，发展出小乘宗派义学；到大乘时期，形成两大派即中观派与瑜伽行派，大乘佛教义学也主要以此二派的宗派义学形式开展。佛教传入中国，在南北朝时期突破了格义佛教窠臼后，佛教义学开始以涅槃、成实、毗昙、地论、摄论等学派义学形态开展，并随着宗派如天台、三论等宗的建立，转以宗派义学形态进行。简言之，古代佛教义学研究主要表现为宗派义学形态，并在此基础上推进到各自的高峰，虽然不乏偏颇和过度诠释。但在现代，佛教义学研究除有传统佛教义学的开展外，还有新型的佛教义学形态的兴起。正是后者代表了佛教义学在新的时代与文化背景下的转型，称为现代佛教义学。现代佛教义学的基本特点是学科化开展，即以学科分类为基础的深入、系统的研究。

3. 现代佛教义学的学科化开展

在现代的佛教义学开展包括有传统佛教义学以及现代佛教义学形态，其中后者作为学科化的研究，体现出佛教义学在"现代性"面前的时代转型特征。

（1）印度古代佛教义学研究的学科分类

古代印度的佛教义学最重要的开展是在宗派义学研究方面，但从具体开展看，分为了三个阶段。第一个阶段是直接依教的开展。佛陀之教分经教与律教两方面，所以就有依据经教的开展以及依据律教的开展，前者可称经教研究，即经学，后者可称戒律研究，即律学。第二个阶段是在宗派兴起后，先有小乘部派的开展，后有大乘部派的开展。小乘宗派的佛教义学研究后来多称毗昙（对法），大乘分为中观与瑜伽行研究，简称中观与瑜伽。在瑜伽行派兴起后，提倡内明与外明，这种精神后来在那烂陀寺的教学中得到发扬，实现了前述学科的大团圆。这是第三个阶段。这时的佛教义学的学科分类将外明也摄在内，而成内明与外明两大类。其中，内明又分为了戒律与教理，而教理进一步分为小乘教理即毗昙（对法），大乘教理即般若与瑜伽；外明则以因明代表。这样在印度那烂陀寺鼎盛时期自然形成了五类佛教义学科目，所谓"五科佛学"，即戒律、对法、般若、瑜伽、因明。[①]后来还有大乘密教即密法科。

（2）中国古代佛教义学研究的学科分类

中国古代佛教义学研究即中国传统佛教义学研究的学科开展大致分为两个阶段。第一个阶段是宗派兴起前，佛教义学研究大致可分为四类：一者教理研究，二者历史研究，三者文献学研究，四者语文学研究，后者相当于训诂等小学研究。其中，教理研究最为丰富，构成佛教义学研究主体，略分注疏类与造论类。注释类甚至形成了学派如涅槃、毗昙、成实、地论、摄论等学派，而造论类则为佛教的中国化奠定了思想基础。第二阶段是在宗派兴起后，围绕宗派形成了中国佛教宗派义学传统，主要有天台宗、三论宗、唯识宗、华严宗、禅宗、律宗、密宗、净土宗。宗派义学是中国古代佛教义学开展的最重要形态。

（3）中国现代佛教义学研究的学科分类

在现代，除了传统佛教义学的开展外，还有现代佛教义学的开展。传统佛教义学研究继续以宗派义学为主，但扩展到印度佛教宗派等。现代佛教义学研究则超越宗派传统，而在明确佛教本位立场的基础上，开展学科化研究。这是因为，相对于佛教学术研究的学科化，作为现代文化背景下的佛教义学开展，也摄用相似的形态。这种分类研究是在全体佛教范围内界定的，并非局限于宗派开展，这也是即使以这种方式研究宗派，也常常不会判为宗学的原因。也正是在此意义上，称现代佛教义学为学科化的开展。

现代佛教义学研究的最初代表是支那内学院。欧阳竟无、吕澂先生提倡内学研究，试图回到印度佛教，接续中观与瑜伽行派的佛教义学传统。他们以那烂陀寺的兼收并蓄态度开展佛教义学，按照"五科

① 吕澂：《吕澂佛学论著选集》第 3 卷，齐鲁书社，1991 年，第 1381-1389 页，

佛学"即戒律、对法、般若、瑜伽、因明的规模教学，但他们强调内学（即内明），只摄取其中四科，即戒律、对法、中观、瑜伽。戒律、对法通大小乘，中观、瑜伽是大乘的代表性两支，但实际大乘思想还可分为中观、瑜伽与如来藏学，故他们又加入涅槃学，相当于如来藏学。由此成立内学五科，即毗昙（对法）、般若、瑜伽、涅槃、戒律科。[①] 可以看出，支那内学院强调教理以及戒律的义学研究，尤以教理研究为重心。而且这样的学科分类是以印度佛教为直接基础开展的。

针对佛教学术研究以及一般世学的多学科开展，现代佛教义学不能仅局限于教理研究。在笔者看来，现代佛教义学可以古代传统的四分类即教理研究、历史研究、文献学研究、语文学研究分类作为宏观分类，然后再针对现代社会的文化特点做进一步安立，从而形成一个学科分类金字塔。在分类时，虽然要因应佛教学术研究的分类，但更应针对作为佛教本位学问应具有的意义。在现代开展佛教义学，其最终目的并非在于建立公共知识，而是意在通过现代佛教义学的确立，修学、维护与弘扬佛教正法，故在分类上必须体现这个根本意趣。

考虑到要与佛教学术研究划界，而且强调依于佛教本位的立场，因此所有学科都加上"教"字限定，如历史研究称为教史研究。这样可将第一层次的学科分类为教理学、教史学、教典学。其中，佛教义学的文献学与语文学皆是围绕佛教经典开展的，因此可合称教典学；教理学包括了佛教一切教义教理，主要摄义理以及修行研究两方面。此三类属内明。还有外明，如《瑜伽师地论》所说的声明、医方明、工业（巧）明、因明，可称教摄学，用作内明度化众生所摄受的方便。这样，第一层次共有四类学：教理学、教史学、教典学与教摄学。

第二层次的学科分类要考虑面对现时代背景如何凸显佛教的面貌，以维护正法不坠的问题，故重在佛教教理的研究与开显，可进一步划分教理学，略为四分：一是教正学，即佛教的护教学，用于破邪显正；二是教诠学，即佛教的诠释学，用于研究佛教的诠释意趣；三

---

① 吕澂：《吕澂佛学论著选集》第 2 卷，齐鲁书社，1991 年，第 605-642 页。

是教度学，即佛教的圣道学，乃佛教的主体，用于引导佛教学修者走向涅槃；四者教化学，即佛教的人天乘及结缘之学，用于普摄众生以及引导众生进入佛教。

由此，现代佛教义学第二层次的学科分类可分为七学，即内明有六学，谓教正学、教度学、教化学、教诠学、教典学、教史学，而外明有一学，即教摄学。这个层次是现代佛教义学学科分类的基本层次。在此基础上，仍可进行下一层次的亚学科分类，这是现代佛教义学的第三层次学科分类。当然，类似的亚分类还可以有任意多层次。

（4）现代佛教义学的基本学科分类：一本五支一辅

现代佛教义学的基本学科规模可分为七学，即教正学、教度学、教化学、教诠学、教典学、教史学、教摄学，构成"一本五支一辅"的关系。其中，一本者，即教度学；五支者，即教正学、教化学、教诠学、教典学、教史学；一辅者，即教摄学。

一者，教正学。"正"显示抉择、批判意趣，即破邪显正。教正学相当于佛教的护教学，乃抉择正法与非法、相似法，凸现、维护正法之学。教正学的开展在现今这个世俗化已达充分化的深度末法时代不仅具有必要性，而且具有紧迫性。

二者，教度学。"度"谓到彼岸，即引导众生实现涅槃，这显示教度学重在依于佛陀圣教开显指向涅槃的境、行、果道次第系统。因此，教度学作为佛教自体之学，也就是圣道之学，又可称教体学，乃佛教义学的主体。

三者，教化学。"化"谓教化，即依于佛教本位而行世间教化，其直接的指向并非涅槃，而是人天果报，因此，有别于"度"。教化学作为人天乘与结缘之学，重在于人天道安顿众生，令其保有人身，或者获得人天福报，以摄受其与圣道结缘。

四者，教诠学。教诠学乃依止于佛教本位对佛教的诠说或者诠显方式的研究，可分为教位与学位两分。其中，佛教教位诠说方式作为佛教内在诠说方式，乃在教位的佛教自我诠说方式，而佛教学位诠说方式指从学位角度对佛教的诠说方式。简言之，教诠学乃基于佛教本位的佛教诠释学。

五者，教史学。教史学谓依于佛教本位，对佛教在具体时空的流布、开展与度化、学修的研究。其中，教史可分为内部史与外部史。内部史是佛教经典所叙述的佛教流布过程，是佛教在内部度化时空的历史。外部史是在凡夫共业平台上所显现的佛教历史，即是在凡夫共业时空中显现的佛教流布过程。不过，外部史虽是在凡夫共业平台上的显现，但不接受凡夫立场的诠释，而是基于佛教本位，对佛教在凡夫共业平台上的显现予以如法诠释而成。在此意义上，区别于从世间立场上对佛教的流布形成的佛教世俗史。特别要注意，从学术立场所作的各种佛教史，都属于佛教世俗史。

六者，教典学。教典学谓依止于佛教本位，对佛教所摄的言教、结集、撰作、文本、流布、语言、译传、考订、辨伪等的研究，主要是对佛教善知识的言教及其出现、流布的全方位研究，以确立佛教的如实言教，保证佛教言教的如法流布、久住世间。教典学主要乃基于佛教本位的佛教文献学与语文学。

七者，教摄学。教摄学不直接属于佛教义学，乃有助于佛教义学开展的种种辅助性学问，主要包括五明中的四外明，即声明、医方明、工巧（业）明、因明，即摄各种科学、逻辑学、语言学、医学等知识以及各种技术。教摄学之所摄皆为普世性世学，但已抽除了各自的本位意义，以与佛教义学的意义不相违背。

在七学中，内明所摄的六学即教正学、教诠学、教度学、教化学、教史学、教典学为主体，外明所摄的教摄学为辅助，而且在主体六学中，教度学为本，其他五学为五支，而成"一本五支一辅"的结构。[①]

（5）现代佛教义学的亚学科分类

现代佛教义学第三层次的学科分类可针对七学逐一进行，构成其亚学科分类，略分如下：

---

① 参考周贵华：《完整佛教思想导论》，第165-167页。

教正学可区分为破邪学与显正学。前者重在破斥，后者重在比较、抉择而显正、显胜。

教度学按照教乘的区分，可有小乘教度学、大乘教度学以及一乘教度学。其中还可以按照宗派继续区分，而成种种宗派教度学，如印度小乘宗派（上座部、说一切有部、经量部、正量部、大众部等）、印度大乘宗派（中观派、瑜伽行派）、中国佛教宗派（三论宗、天台宗、唯识宗、华严宗、禅宗、律宗、密宗、净土宗）、西藏佛教宗派（格鲁派、宁玛派、萨迦派、觉囊派等）、南传佛教宗派等之教度学。但宗派学中过度诠释以及相似建立较为普遍，所以需待反思、抉择。

教化学可略分为人天乘学与教缘学（结缘学）。前者是人乘、天乘之学；后者是与圣道结缘之学，可区分为人间佛教学、佛教教育学、佛教政治学、佛教经济学、佛教科学、佛教技术学、佛教哲学、佛教伦理学、佛教历史学、佛教心理学、佛教文学艺术、佛教医学、佛教生态学、佛教养生学、佛教素食学、佛教管理学、佛教建筑学，等等。

教诠学可区分为经典诠释学、教理诠释学与教行诠释学，三者分别围绕经典、义理与修行开展。还可根据大乘、小乘、人天乘以及宗派做进一步区分。

教史学可区分为内部教史学与外部教史学，如前文所说。还可根据大小乘、国别、人物等来区分。

教典学可区分为佛教文献学、佛教语文学与佛教义类学等。

教摄学可按传统外明分类方式区分为语言学（声明）、医学（医方明）、科学技术（工巧明）、逻辑学（因明）等。

更多层次的亚分类须根据具体的义学开展来区分，此处不赘述。

七、现代佛教义学的学问空间的建立

在现今佛教学术研究几乎独占佛教研究的学问空间的情况下，现代佛教义学如何才能得到有效开展，从而开拓出自己的学问空间，并进入佛教研究的公共学问空间，是一个急待解决的紧迫问题。这需要在认清佛教学术研究立场与佛教义学研究立场的本质区别的基础上，一方面坚持佛教义学立场全面、深入开展佛教义学研究，另一方面呼吁、推动佛教学术研究从武断性佛教学术立场向建设性佛教学术立场转化，以与佛教义学研究构成相待兼容、良性并存，重建佛教研究的公共学问空间。

（1）佛教学术研究与佛教义学研究及其学问空间

在近现代科学人本主义兴起后，以现代共业平台为基础开展的学术研究，形成知识共同体，构成公共学问空间。佛教学术研究作为其中之一，占据佛教研究的学问空间，没有给佛教义学研究留下余地，盖因后者本于善根平台的佛教本位，毕竟与本于共业平台的佛教学术研究的性质难以相容。尤其是在现今，佛教义学研究衰微，未能张开自己的学问空间，以致大多数从事佛教研究的佛弟子都从事佛教学术研究，尚未有意识或者因种种原因不愿开展佛教义学研究，而能承诺佛教义学研究立场者在教内的僧俗信众中不说寥寥无几，但至少可说比例较小。总的来看，现代佛教义学研究处于四重的弱势：

一者，佛教本身在现代社会的文化意识形态中早已边缘化；

二者，基于佛教本位的佛教义学研究衰微，没有形成规模，从而未能张开自己的学问空间；

三者，佛教学术研究已经形成自己的学问空间，并几乎完全占据了佛教研究的学问空间，并在公共学问空间中成为佛教研究的唯一代表者；

四者，佛教信仰者大多缺乏佛教的认知主体性、价值本位性意识与信仰自信，难以认识到佛教义学研究的重要意义，更遑论去主动推动与开展了。

因此，开展现代佛教义学研究的当务之急首先是要解决观念上的问题，其次是积极推动佛教义学研究，具体需解决如下一些问题：

一者，佛弟子应认识到佛教义学作为佛教自身的学问存在的必要性，以及佛教义学对在现代社会中正法久住、法轮常转、扭转佛教正法衰颓的末法势运所具有的重要性，树立推动与开展佛教义学的意识；

二者，佛教义学乃佛教这个伟大传统自身的学问，作为佛弟子的佛教研究者应树立佛教义学研究的研究自信，放弃作为佛教学术研究的佛教研究客位，而回到作为佛教义学研究的佛教研究主位或者说本位；

三者，佛弟子应坚守佛教义学研究立场，全面开展佛教义学研究，建立佛教义学自身的学问空间，形成佛教义学共同体；

四者，推动佛教学术界放弃完全排斥佛教义学的武断性佛教学术研究立场，建立建设性佛教学术研究立场，从而能够容许佛教义学研究的存在，形成兼容佛教学术研究与佛教义学研究的佛教研究的学问空间，并以此作为佛教研究的公共学问空间。

（2）建设性佛教学术立场与佛教义学立场以及佛教研究的公共学问空间

在前文已述，依于现代共业平台的佛教学术立场与依于善根平台的佛教义学立场在性质上相违，现今佛教学术研究构成对佛教义学研究的全面拒斥，其所形成的学问空间排除了兼容佛教义学学问空间的可能。事实上，佛教学术研究在现代通过独占佛教研究的学问空间，对佛教义学研究形成了一边倒的压制，严重妨碍了佛教义学研究的开展。所以必须认识到现今佛教学术立场对佛教义学的拒斥不仅是武断的，而且是有害的。这并非是唯从佛教本位角度得出的结论，从社会角度看也是如此。

从西汉佛教传入中国，到南北朝渐本土化而融入中国文化，佛教影响儒、道转型，并与二者一道成为构建近世中国传统文化的三大主体之一。不论从大众层面的善恶报应的道德奠基，还是精英层面的境界诉求看，佛教早已经与民族的文化性格不可分割，因此，从近世始佛教中的优秀传统皆作为中国传统文化的代表之一而为社会意识形态所肯定。在世界范围内佛教也是作为正面的存在而受到法律保护。在此意上，在佛教研究的学问空间，佛教义学研究应拥有一席之地。

而且，在佛教看来，一切众生都本具善根，特别是在佛教在社会合法存在的缘法范围内，众生皆具有宽容、同情甚至理解佛教的现实可能，所以武断性佛教学术立场在佛教研究的学问空间排斥佛教义学研究，与大众普遍容受佛教的同情心理相违背，最终将造成对大众的精神趣求的阻碍与阉割，无益于大众的精神与心理品质的提升。

因此，在现代，在武断性佛教学术立场形成的同时，也存在着消解其排斥佛教精神的内在的、普遍的张力，这意味在佛教研究的学问空间需要弱化佛教学术立场的武断性，以及容许佛教义学的存在。

武断性佛教学术立场依于共业平台采取了强立场，以认知、方法、价值观上的极端性、绝对性、武断性，将凡不能由其判定者都判为不真实、不存在，比如佛教的真如、涅槃、解脱、觉悟、三界、六道、净土、圣者、轮回、神通、亲证等，这直接违背了其追求真实的原则。事实上，真正恰当的立场是存疑或者不做判定，以避免对佛教的事实与意义做过度的判定，从而遮蔽存在自己不能判定的真实的可能性。这也在呼唤弱化佛教学术立场的武断性。

佛教学术立场本于科学人本主义，既是一种理性方式，又是一种价值立场，当其受到对佛教文化以及佛教种种善缘的同情之感的调节时，就转变为一种新的佛教学术立场，可称"建设性佛教学术立场"。在其中已经没有了原本佛教学术立场的一分极端性、绝对性、武断性，而对佛教采取一种"同情之理解"态度。"同情之理解"最早在现代西方提出，而在中国最初的提倡者是陈寅恪先生，主要用于指导传统文化研究，要求在研究时对优秀文化传统要有尊重之心，要贴近其产生背景与内容去如实考察与认识，可予以质疑，但不能轻易否定，应悬置判定以待进一步研究。所以，以此"同情之理解"来调节与制约佛教学术立场，当能在佛教研究中兼容佛教义学研究，开辟出佛教学术研究与佛教义学研究良性共存的学问空间，换言之，能使佛教义学研究与佛教学术研究一道进入公共学问空间。

当然这其中最重要的是树立佛教信仰自信，树立佛教义学研究自信，全面开展佛教义学研究，以优秀的佛教义学研究成果，切实张开佛教义学研究的学问空间，由此才能获得与建设性佛教学术研究并存的可能性。一旦现代佛教义学研究自己形成了深度、厚度与规模，也就是其真正进入社会的公共学问空间之时。